FÉ E DES CRENÇA

FÉ E DESCRENÇA

O DRAMA *da* DÚVIDA *na* VIDA *de* QUEM CRÊ

RUTH TUCKER

Traduzido por **Almiro Pisetta**

Editora Mundo Cristão
São Paulo

Editora responsável: Silvia Justino
Editora assistente: Tereza Gouveia
Supervisão editorial: Ester Tarrone
Assistente editorial: Miriam de Assis
Coordenação de produção: Lilian Melo
Colaboração: Pâmela Moura
Capa: Douglas Lucas
Imagem: Marcus Spedding

Os textos das referências bíblicas foram extraídos da Nova Versão Internacional (NVI) da Sociedade Bíblica Internacional, salvo indicação específica.

Dados Internacionais de Catalogação na Publicação (CIP)
(Câmara Brasileira do Livro, SP, Brasil)

Tucker, Ruth A.,

Fé e descrença: o drama da dúvida na vida de quem crê / Ruth A. Tucker; traduzido por Almiro Pisetta — São Paulo: Mundo Cristão, 2008.

Título original: Walking Away from Faith.
Bibliografia.
ISBN 978-85-7325-540-9

1. Crença e dúvida 2. Ex-membros da Igreja 3. Fé I. Título.

08-04197 CDD-234.23

Índices para catálogo sistemático:
1. Dúvidas de fé : Cristianismo 234.23
2. Fé : Dúvidas : Cristianismo 234.23
Categoria: Espiritualidade

Publicado no Brasil com todos os direitos reservados pela:
Editora Mundo Cristão
Rua Antônio Carlos Tacconi, 79, São Paulo, SP, Brasil, CEP 04810-020
Telefone: (11) 2127-4147
Home page: www.mundocristao.com.br

1ª edição: julho de 2008.

Sumário

Prefácio

"Eu creio, Senhor! Ajuda a minha incredulidade." Essas conhecidas palavras são de Marcos 9:24 (RC), proferidas por um homem que trouxe seu filho a Jesus, pedindo-lhe que o curasse de ataques epiléticos. Jesus disse-lhe que tudo era possível — se ele tivesse fé. Esse homem poderia ter simplesmente respondido com uma declaração de fé, mas ele conhecia muito bem seu próprio coração. Jesus o recompensou, apesar da confissão de falta de fé. Curou-lhe o filho.

Meu capítulo introdutório intitula-se "Eu creio, Senhor! Ajuda a minha incredulidade". Um amigo que leu esse capítulo em sua primeira versão perguntou-me indignado: "Qual é a idéia? Você está querendo chocar os leitores?". Eu lhe disse que não — que estava sendo honesta. Mas, pensando nos comentários dele, voltei a ler o texto e percebi o que eu sempre soubera: que aquilo que um autor quer dizer nem sempre é o que o leitor entende. Eu confio que o leitor entenderá minhas lutas com a fé e, ao mesmo tempo, também minha sincera e honesta busca de Deus.

Onde está a linha que divide a crença da descrença religiosa? Não tenho certeza. Todos nós em nossa fé nos situamos nalgum ponto no vasto espectro subjetivo que vai da absoluta certeza ao ceticismo completo. Alguns professam uma crença confiante em Deus que não é nunca questionada; outros se agarram a uma crença cheia de dúvidas, situada a um milímetro da descrença. Alguns se sentem inseguros em sua descrença, ao passo que outros parecem satisfeitos em sua crença de que Deus não existe. Independentemente de onde nos situamos nesse espectro, nós precisamos ouvir outras vozes e evitar julgamentos precipitados.

Mary Kingsley, jornalista que explorou a África em 1893 e depois escreveu sobre suas descobertas na obra *Travels in West Africa* [Viagens pela África Ocidental], passou algum tempo com Mary Slessor, a grande pioneira missionária presbiteriana em Calabar. Sobre Slessor, escreve Kingsley: "Ela me proporcionou alguns dos dias mais agradáveis de minha vida". Elas conversavam por horas sobre questões espirituais, mas falavam-se a partir de dois mundos muito diferentes, conforme a visitante confessou a sua anfitriã missionária: "Eu daria tudo para acreditar no que você acredita, mas não consigo. Quando Deus me criou ele deve ter esquecido aquela peça que nos faz acreditar".[1]

Eu me identifico com essa mulher, e meu coração se inclina para ela e para todas as Mary Kingsleys deste mundo. Para elas eu não tenho nenhuma condenação. Por que acontece que ela e muita gente como ela aparentemente não conseguem acreditar? E por que outros aparentemente não conseguem manter a própria fé, apesar de corajosos esforços? Ponderei essas questões durante décadas e agora quero apresentar algumas respostas provisórias — primeiro por meio da voz daqueles que, por assim dizer, *passaram pela experiência, viveram isso.*

As questões teológicas relacionadas com a crença e a descrença, e com o possível abandono individual da fé, preenchem muitos volumes. Todavia, esses enigmas doutrinais não constituem o foco deste livro. Em vez disso, eu procuro atacar a questão da crença e da descrença de uma perspectiva humana, trabalhando com a premissa de que certamente existe a *aparência* da perda da fé. Esse, portanto, é o paradoxo para aqueles dentre nós, na tradição da Reforma, que acreditam que a salvação do cristão é garantida e não pode simplesmente ser perdida ou negada ou abandonada. Ficamos num impasse. Como explicar o caso de alguém que trabalha fielmente na igreja por muitos anos e depois abandona a fé? A resposta, em minha opinião, é que simplesmente não há explicação — nenhuma que resolva o problema, nenhuma que satisfaça. Assim, tendemos a evitar a questão quando vemos irmãos ou irmãs no Senhor que *parecem* abandonar a fé. Evitamos a questão em vez de *viver* no paradoxo.

Vou tratar desse tópico através da lente da perspectiva humana. Não posso ver por meio dos olhos de Deus e distinguir quem é realmente sincero de quem é insincero. Tampouco posso saber quem no tempo de Deus se ajoelhará diante do trono para confessar o nome de Jesus. Essas questões estão todas nas mãos de um Deus soberano. Mas esses indivíduos devem ter uma audiência honesta. Como cristã, tenho de ouvir as histórias deles para entendê-los melhor e procurar estabelecer com eles um diálogo de amor mais leal. Muitas vezes a resposta cristã se caracteriza pela ira e por acusações. Sentimo-nos ameaçados pela simples presença dos que abandonaram as verdades que nos são caras, e às vezes nos perguntamos se nossa própria

[1] W. P. LIVINGSTONE, *Mary Slessor of Calabar: Pioneer Missionary*, 1915.

insegurança não é a causa da interrupção da comunicação entre os que acreditam e os que no passado acreditaram.

Então, como vemos os que abandonaram a fé? Fui desafiada esta noite com esse enigma durante uma conversa com Rob e Kim em sua casa em Grand Rapids, a quinze minutos de onde eu moro. Passaram-me o nome de Rob como sendo alguém que eu precisava conhecer — alguém que havia abandonado a fé. Ele me convidou a sua casa, e à noite conversamos na sala de visitas, ele, sua mulher Kim e eu. Os dois foram criados como católicos, mas no início da vida adulta tornaram-se crentes "renascidos" e ingressaram na Igreja Batista Reformada na qual atuaram intensamente por mais de doze anos.

"Eu teria dado a vida pela fé", lembra Rob. "Quinze anos atrás, nem em meus sonhos mais loucos, eu poderia imaginar que esta noite estaria sentado aqui contando para você que sou ateu." Mas era isso que ele estava fazendo. A história dele é igual a tantas outras que ouvi e li muitas e muitas vezes. Primeiro, houve perguntas — relativamente pequenas — envolvendo aparentes inconsistências bíblicas. Depois, perguntas mais importantes e questões não-resolvidas. Por fim, todo o sistema pareceu ruir e esfacelar-se. A jornada do fundamentalismo para o liberalismo e agnosticismo levou alguns anos. "Eu jamais poderia voltar atrás", diz Rob. "Jamais."

O que mais me impressionou durante a visita foi ver como Rob e Kim são agradáveis e bem-humorados. São inteligentes e muitos lidos — pais de quatro filhos de sete a dezessete anos. Comunicavam-se facilmente entre si e comigo, e não havia razão para eu duvidar de que eles haviam descoberto um certo grau de felicidade na vida — felicidade que, insistiu Rob, não caracterizava a experiência dele na fé. Pareciam levar uma vida incrivelmente normal. Este não é o quadro de uma vida feliz em família que nós, como evangélicos, nos permitidos imaginar. O que está acontecendo aqui? Essa é a pergunta fundamental que procuro responder neste livro. Como explicamos este mistério de crença e descrença?

O foco deste volume, que apresenta o perfil dos que abandonaram a fé, é limitado sob muitos aspectos. O "abandono" mais freqüente é o de quem é criado numa família cristã e professa a fé na juventude, mas a abandona na adolescência ou no início da idade adulta — ou talvez numa fase posterior da vida. Há mais apatia do que raiva e raramente se professa o ateísmo ou o agnosticismo. De fato, quando entrevistadas, essas pessoas podem até dizer que são cristãs e afirmar que acreditam em Deus e no céu e na importância da Bíblia, mas, para todos os efeitos, a fé cristã não é praticada nem particular nem comunitariamente. Por mais interessantes que sejam as histórias dessa gente, este livro não trata delas. Também não trata de jovens rebeldes que comentam filosofias atéias sem jamais terem levado a sério a fé cristã; tampouco trata dos que passam para outra denominação ou culto ou religião.

Rob e Kim representam melhor as pessoas que aparecem neste volume — outrora professando com entusiasmo a fé cristã, que hoje são agnósticas. E o foco se volta mais sobre a cena norte-americana e, mais especificamente, embora não de foma intencional, sobre descendentes de europeus. Se há testemunhos significativos de africanos ou afro-americanos ou hispânicos que abandonaram a fé e agora professam o ateísmo, eu inadvertidamente não os observei.

Uma coisa que descobri trabalhando neste projeto é que, para muita gente, a questão do abandono da fé toca um ponto nevrálgico. Para alguns, a simples idéia de alguém abandonar a fé é algo muito ofensivo e ameaçador. Para outros, é algo desconcertante e triste. Recentemente eu estava na companhia de um amigo no momento em que ele se encontrou com a filha no aeroporto. Depois de sermos apresentadas, ele lhe falou sobre uma palestra que tínhamos acabado de ouvir exatamente sobre este assunto do abandono da fé. O comentário dela foi: "Não consigo entender como alguém pode fazer isso". Eu consigo. De fato, deixando de lado a graça soberana de Deus, eu às vezes não consigo imaginar como alguém poderia continuar crendo. Quanto a mim, apesar da descrença sempre presente, tenho uma sensação de segurança que garante totalmente que eu nunca poderia abandonar a fé. É uma coisa que não sei explicar. Para mim é um mistério que a crença e descrença existam em constante tensão em minha vida — uma aflição, talvez, mas uma aflição que me estimula a avançar e nunca me deixa relaxar em minha peregrinação espiritual.

A maior parte do tempo eu não mergulho no fundo de mim mesma para tentar desvendar esse mistério. Mas recentemente fui levada a fazê-lo quando li um parecer sobre este manuscrito quase acabado, encomendado pelo editor. O parecerista fez algumas observações ponderadas e sagazes:

> Lendo as entrelinhas, cheguei à conclusão de que Tucker se conteve num grau significativo. E fiquei com a sensação de que em seu coração ela estava inclinada a explorar mais exaustivamente esses tipos de questões. [...] Tucker num certo sentido discorda de modo intenso da teologia dos evangélicos num nível muito profundo. [...] Houve momentos em que eu me perguntei se Tucker simplesmente se restringia demais em

> seu esforço devido à extrema energia exigida para ser sutil e cautelosa. [...] Tucker tem profunda consciência de que o tema explorado é de fato um barril de pólvora. [...] Todavia, eu acredito que ela tem tanta consciência da natureza "chocante" de seu material que não chega aonde deveria chegar em suas explorações. Sua honestidade é muitíssimo cautelosa, e eu me pergunto se essa cautela em certos momentos não a atrapalhou.

Achei engraçado quando li essas observações. Meu primeiro pensamento foi este: *Ele não me entendeu direito. Esse homem não me conhece e, como tal, não percebe que a pessoa que ele está forçando a explorar as profundezas do entendimento é alguém que sempre e somente se sentiu confortável nas águas rasas.* Pensadores profundos tendem a acreditar que devem descer às profundezas para descobrir verdades profundas. Talvez isso seja verdade, mas eu fico nas águas rasas e corro os olhos pela superfície em busca de *insights* e verdades que muitas vezes são ignorados pelos pensadores profundos. Se meu texto resultar inconsistente, superficial e impreciso, eu aceito a avaliação, mas não acho que estou querendo camuflar meus verdadeiros sentimentos e pensamentos. Se gasto uma energia extrema para ser sutil e cautelosa, isso talvez se deva à incerteza mais do que a qualquer medo de ser totalmente honesta — embora eu deva levar muito a sério a intuição desse parecerista, pelo menos em meu proveito, se não for em proveito dos outros.

Na Parte 1 eu apresento o tema da perda da fé, primeiro procurando mostrar honestamente minha própria peregrinação e depois apresentando outros dois "estudos de caso": um que segue o caminho de dois evangelizadores e outro que traça o perfil da luta de uma família para manter-se na fé. Essa seção também considera o mistério do "protagonista" neste drama, Deus, e a misteriosa busca de Deus, muitas vezes descrita como o "caminho escuro" ou "a noite escura da alma".

A Parte 2 enfoca desafios históricos e contemporâneos à fé cristã. Essa seção apresenta as histórias de pessoas que já professaram a fé e a abandonaram. Explora também as várias "razões" do abandono da fé — como as que surgem quando se estudam certos aspectos da ciência e filosofia, quando se sondam complexidades teológicas e críticas bíblicas, quando se buscam respostas a questões psicológicas e sociológicas e quando se enfrentam desapontamentos com Deus e com os outros crentes.

A Parte 3 procura apresentar os dois lados da história: por um lado, descrevendo aspectos da nova vida da descrença (positivos e negativos) e apresentando missionários da descrença e, por outro lado, respondendo a questões graves levantadas pela descrença e contando histórias de retornos à fé.

Este livro é para quem crê e para quem não crê. Meu desafio para os crentes é levá-los a entender melhor os que não crêem — sobretudo aqueles que abandonaram a fé — e levá-los a escutar atentamente as histórias deles e a responder com honestidade e sensibilidade. Para os crentes que lutam com dúvidas que ameaçam a fé, este livro não oferece respostas fáceis. Mas oferece uma oportunidade de vocês abraçarem as questões do mistério e do paradoxo — de seguirem o conselho de Parker Palmer, que desafia seus alunos a amar os questionamentos e a "viver as tensões" da vida. "Só há uma alternativa: não viver a vida."[2]

Meu desafio para os que não crêem é levá-los a refletir com muita seriedade sobre aquilo que vocês estão perdendo em sua vida de descrença e a perguntarem-se se vocês não estão negando a fé por razões que são todas falsas — como a exigência de provas para uma fé que não se fundamenta em provas. A jornada da fé não é para quem tem coração fraco. Às vezes pode parecer-se com uma corrida com obstáculos numa pista de areia movediça ou sobre um pântano. Todavia, as recompensas ao longo do percurso — por mais intangíveis que sejam — fazem a jornada valer absolutamente a pena.

[2] *The Courage to Teach: Exploring the Inner Landscape of a Teacher's Life*, p. 85-86.

Parte 1

Para entender o fenômeno do abandono da fé, precisamos ouvir as histórias com mente e coração abertos e compassivos. A fé é um dom de Deus, mas é também um "esforço" humano. Como tal, a fé nunca é estática. Está sempre se movendo para perto ou para longe de Deus. Assim eu começo, no Capítulo 1, com minha própria caminhada hesitante, que ora me aproxima, ora me afasta de Deus. Apresento minha história não porque a considere particularmente interessante, mas porque os leitores podem perguntar-se sobre a caminhada espiritual daquela que escreve sobre o tema do abandono da fé.

O Capítulo 2 apresenta, de um viés diferente, as histórias de Billy Graham e Chuck Templeton. É a história da caminhada decidida de um homem em direção a Deus e a caminhada tortuosa de outro homem para longe de Deus. Esse capítulo, entre outras coisas, desfaz o mito de que as pessoas que se afastam de Deus são revoltadas e rebeldes. Para Templeton e para muitos outros, esse processo é recheado de dor e sensação de perda. O Capítulo 3 realça a história de Robert Pearsall Smith e Hannah Whitehall Smith, famoso casal de ministros cristãos do século XIX. É uma vigorosa ilustração de como a natureza faz parte da cena. Essa família parece quase possuir um *gene da descrença*, mas ela também viveu num ambiente de descrença. É uma história que oferece lições importantes para os dias de hoje.

O capítulo seguinte lança a pergunta: Quem é Aquele que está no ponto focal de nossa discussão? Aquele é Deus, o conhecido e o desconhecido, Aquele que tanto consome o indivíduo no processo do abandono da fé. Ele é o Deus soberano que me segura, apesar de minha fé vacilante. O quinto e último capítulo dessa seção força a definição da fé até seus limites. O meio principal de encontrar a Deus por meio da Bíblia — como em "Lâmpada para os meus pés é tua palavra, e luz para o meu caminho" (Sl 119:105) — é virado de cabeça para baixo nos testemunhos sobre "o caminho escuro". De meu ponto de vista, que é o de alguém que se criou no mundo fundamentalista e evangélico, esse caminho é estranho e assustador, mas é importante na literatura de formação espiritual, especialmente em obras escritas da perspectiva católica romana. Assim, é crucial entender esse "caminho" não como um "abandono" de Deus, mas como uma alternativa de encontrá-lo no meio da escuridão da distância, do silêncio e do desconhecido. É um caminho sobre o qual os cristãos em luta com a dúvida deveriam meditar em sua peregrinação espiritual.

1 "Eu creio, Senhor! Ajuda a minha incredulidade"

Quando escrevemos sobre o que para nós é mais importante,
as palavras nos levam a lugares para onde não queremos ir.
Começamos a ver que temos de dizer coisas que não
queremos dizer, coisas que pode até ser perigoso dizer,
mas que são absolutamente necessárias.
Kathleen Norris

Onde está Deus na vastidão do universo? Onde está Deus entre os bilhões de estrelas e bilhões de anos-luz e bilhões de pessoas deste planeta? Repostas fáceis soam vazias. A fé serena, infantil de anos passados parece insuficiente em face de descobertas científicas que com demasiada facilidade atiram Deus num buraco negro. Quando contemplo o céu noturno, às vezes me pergunto se minha fé não é uma ficção de minha imaginação. Onde está Deus — não o Deus do *big bang*, não o motor imóvel, não o fundamento do ser, mas *Deus* — exatamente o Deus da Bíblia que me conhece e conhece todos os meus pensamentos?

No início do novo milênio ouvimos falar muito sobre renovação, reavivamento e assistência missionária. As pessoas buscam a Deus. Há no ar uma intensa sensação de espiritualidade. A venda da espiritualidade está em toda parte — quase como a venda de indulgências nos dias de Martinho Lutero. À medida que o ano 2000 se aproximava, o estardalhaço religioso acontecia em toda parte. Eu descobri por acaso um folheto de propaganda todo colorido, de 28 páginas, intitulado "Tudo o que você precisa para agitar a maior celebração em dois mil anos". Uma página apresentava aos leitores um volume intitulado *Manual do ministério masculino* por 25 dólares e, na parte inferior da página, a resposta à pergunta "Como conhecer a Deus pessoalmente" por 25 centavos — uma verdadeira pechincha.

Mas há outro lado, um lado obscuro, dessa conscientização do milênio — um aspecto da fé que não é novo para esta geração. De fato, ele está conosco desde tempos imemoriais: é aquele aspecto da fé de que raramente falamos — em palavras simples, é a perda da fé. Ninguém quer jogar um balde de água fria na celebração, de modo que a perda da fé não é um tema tipicamente discutido em agradáveis reuniões religiosas. Mas é um fato real que os cristãos devem enfrentar com seriedade nesta era de orações, de jejuns e de mãos erguendo-se para Deus.

O pós-modernismo propiciou um ambiente mais aberto à aceitação do sobrenatural. Mas esse ambiente não interrompeu o vazamento nas tubulações do cristianismo — esse vazamento que resiste à cola Teflon e à fita adesiva à prova d'água e simplesmente continua vazando — num contínuo pinga-pinga que nenhum produto dos encanadores pós-modernos consegue estancar. De fato, nestes tempos da espiritualidade pós-moderna, que varia da nebulosidade do movimento *New Age* ao fervor carismático, a velha ortodoxia quase chega a parecer racional. Mas os céticos de tendência humanista não se impressionam com uma fé religiosa racional. E apesar das loas dedicadas ao "humanismo secular" e ao naturalismo científico, o modernismo não está morto e não foi substituído pelo pós-modernismo. O humanismo está vivo e passa bem. E esse credo filosófico continua sendo, em minha opinião, a razão por trás do abandono da fé.

Meu interesse no fenômeno da perda da fé persiste há décadas. Lembro-me dos tempos de faculdade quando debatíamos se uma pessoa que estava salva podia perder a salvação. A doutrina ensinada em meus cursos de teologia negava essa possibilidade, mas eu não me sentia tolhida por uma fórmula doutrinal. Olhava ao redor e raciocinava em meu coração que alguém podia ser cristão e mais tarde inesperadamente renunciar a seu compromisso religioso por meio de um aparente ato de vontade. A segurança eterna pressuposta dessa forma pela maioria dos cristãos que eu conhecia naquela época, e conheço hoje, nunca foi tão segura em meu modo de ver.

Como devo interpretar os testemunhos passados e presentes de indivíduos que perderam a fé? Que devo fazer com Dan Baker, que — após seu longo ministério como evangelizador, escritor e editor de música cristã — não apenas deixou de crer, mas agora professa o ateísmo? Ele nunca foi cristão? Posso alegar isso, se essa for a única maneira de encaixar sua história em meu sistema teológico. Mas essa atitude minha significa que não confio na palavra dele. Ou então eu poderia dizer que, embora alegando não mais sê-lo, ele de fato é cristão. Mas isso também seria desconsiderar suas afirmações. Pois eu não tenho nenhum motivo para presumir que ele retornará à fé durante a vida.

As fórmulas teológicas são preciosas, mas elas não deveriam nos amarrar com uma linguagem precisa e terminologia metafísica a ponto de não mais compreendermos a realidade da vida — e morte — da fé.

Como as pessoas discutidas neste livro, eu tenho uma história — uma história que se entrelaça com a crença e a descrença. Este livro se baseia amplamente em histórias. De fato, a narrativa é um elemento-chave no esclarecimento do mistério da crença e da descrença. Minha história começou numa comunidade rural no norte do estado de Wisconsin, e minha peregrinação religiosa principiou quando eu era menininha. Tratando-se da conversão de uma criança, a minha é de fato muito importante. Era o último dia da escola bíblica de verão. Tinha eu seis anos. O convite foi feito, e minha irmã de nove anos levantou a mão. Eu pensei que, se ela podia, eu também podia. Por isso, também levantei a mão. Depois me levaram para os fundos da igreja onde fiquei esperando no fim de uma pequena fila para receber a salvação.

Enquanto eu esperava, um menino veio correndo avisar que minha mãe tinha chegado para nos levar para casa. Naquele momento, minha preocupação de perder a carona para casa pareceu mais importante do que a de perder o céu, e eu saí correndo na direção do carro. Foi nesse momento que minha verdadeira busca da fé começou. Minha família não era considerada religiosa. Freqüentávamos regularmente aquela igrejinha do interior, mas o pessoal lá de casa não fazia parte do grupo "engajado". Meu pai flertava demais com os Adventistas do Sétimo Dia e com qualquer outra crença religiosa que lhe fosse apresentada. E minha mãe tinha um *ponto de vista pessoal*. Não sei bem por quê. Mas, com base em pistas que ela me deu na infância e adolescência, acho que a rebelião dela era contra os sermões sobre o inferno de fogo e enxofre que ela ouviu na infância e continuou ouvindo na fase adulta.

A falta de incentivo no *front* de minha família, todavia, não sufocou minha busca da fé — ou, para ser mais exata, meu medo de ir para o inferno. Eu queria ser salva mesmo que minha mente de seis anos me dissesse que tinha perdido a oportunidade. Mas tão certo como o novo desabrochar das flores na primavera era o fato de que teríamos a escola bíblica de verão no mês de junho seguinte. Então eu esperei — durante um ano inteiro. Eu me agüentei durante a primeira aula matinal, mas depois que a professora, a senhorita Buck (aluna da faculdade bíblica), nos dispensou para o almoço, eu a alcancei a caminho da casa da igreja. Eu tinha uma pergunta muito simples: "Eu posso ser salva?". Ela ficou perplexa. Na verdade, pôs-se a chorar. Eu não sabia como reagir, e tinha certeza de que dissera a coisa errada. Mas esse temor logo foi aliviado quando ela se curvou, envolveu-me em seus braços e sugeriu que voltássemos para a igreja.

Fomos para o porão daquela igrejinha interiorana, e ali nos ajoelhamos juntas sobre o concreto frio. Foi naquele momento que eu "convidei Jesus para meu coração". Não demorou muito. E quando a oração terminou, a senhorita Buck assegurou-me que meu nome estava escrito no livro da vida do Cordeiro. A palavra-chave foi *escrito*. Tomei aquilo como se significasse que meu nome estava escrito em cursivo, tendo eu pouco antes aprendido a escrever meu nome da maneira comum. Eu pude visualizar Jesus *escrevendo* meu nome, Ruth Anne Stellrecht, no livro da vida do Cordeiro.

Essa é uma experiência que nunca vou esquecer — que vou preservar o resto da vida. Meus dois irmãos e duas irmãs também fizeram confissões de fé em escolas bíblicas de verão, mas eles já não caminham na fé. Quanto a mim, as dúvidas emergiram depois de semanas de minha experiência de conversão. Lembro-me de perguntar-me como o relato bíblico da criação combinava com aquilo que eu havia aprendido sobre dinossauros. Mas ao lado de minhas dúvidas havia uma fé infantil com a qual eu podia erguer os olhos para as fofas nuvens de um dia quente de verão e saber com certeza, nas palavras de meu hino preferido na infância: "Nalgum lugar além do azul, há uma mansão para mim".

Minha fé superou as dúvidas na juventude, e aos treze anos, num acampamento bíblico de verão, assumi o compromisso de ser missionária. O conferencista daquele dia, um missionário na África que estava de licença, passou um recado comovente. Pus-me de pé ante o convite que nos fez, indicando minha resposta a Deus. Era um "chamado" tão real quanto o que pode sentir qualquer adolescente no meio de uma intensa emoção; e teve uma influência em minha formação para a vida. Uma nota de rodapé dessa história apareceu recentemente num noticiário. O relato falava de abuso sexual num internato missionário na África, e o nome daquele mesmo missionário saltou da página aos meus olhos. Fiquei estarrecida. Dois anos antes de ele vir para o acampamento bíblico onde eu o ouvira falar, ele era responsável por um dormitório e molestava menininhas. Às vezes eu me pergunto se o fato de as pessoas perderem a fé deveria causar surpresa.

Meu "chamado" para ser uma missionária estrangeira serviu-me de inspiração e também foi um fardo pesado durante o curso secundário, a faculdade e o início da idade adulta, e acabou morrendo uma morte lenta, para ressuscitar mais tarde quando me envolvi com obras missionárias no exterior, escrevendo, lecionando, pregando e assumindo outros breves compromissos. O tempo inteiro minhas dúvidas ficaram cada vez mais inflamadas. Na faculdade, quando fiz uma habilitação secundária em estudos bíblicos, eu lutei com a questão do cânon. Quem decidiu que livros entrariam no cânon? Mesmo se a Bíblia é a palavra inspirada de Deus (ou mais do que isso — se os manuscritos originais são inerrantes), a determinação de quais livros deviam ser incluídos e quais excluídos ainda é uma decisão muito humana. Ninguém reivindicava inspiração para isso. É claro que eu sei que existe uma boa tradição da igreja por trás do cânon — vi as listas que comprovam um certo grau de uniformidade entre os pais da igreja (nenhuma mãe da igreja aparecia entre eles) — mas ainda há espaço para o erro. E se certos livros que não deviam entrar entraram, e outros que deveriam entrar não entraram, então temos um problema. Esse era o problema em meus dias de faculdade, e até certo ponto ainda é um problema hoje em dia.

Excetuando-se minhas dificuldades com o cânon, eu não tinha dúvidas doutrinais particulares. Alguns duvidam da divindade de Cristo, ou do parto virginal, ou da ressurreição, ou da realidade do céu. Eu nunca tive problemas específicos com coisas dessa natureza, talvez porque minhas dúvidas se dirigiam para a maior de todas as questões — a própria existência de Deus. E precisamente nesse ponto estão minhas dúvidas hoje. Quando contemplo o céu à noite e sei que há bilhões de estrelas e galáxias e anos-luz de espaço além do que vejo, com demasiada facilidade eu me pergunto onde nesta vastidão de espaço está Deus. De fato, a maioria de minhas dúvidas é do tipo "céu noturno". As próprias descobertas científicas que levam tantos cristãos a adorar a Deus em assombro me deixam indiferente. De fato, muitas vezes pensei comigo mesma que me daria melhor numa espécie de cristianismo medieval, no qual a terra era o centro do universo de Deus, e as estrelas haviam sido postas em seus respectivos lugares no quarto dia da criação. Mas infelizmente para mim sofro todos os dias o impacto de novas descobertas científicas que situam Deus cada vez mais longe de meu alcance.

E não é apenas o céu noturno que me atormenta. Há alguns anos ministrei um curso de história da filosofia. A primeira vez que dei o curso não foi ruim. O tema me ocupava tanto que me sobrava pouco tempo para contemplações. Meu único objetivo era entender de forma satisfatória a matéria para de algum modo ensinar a disciplina a meus alunos. Mas quando o curso foi repetido a experiência foi totalmente diferente. Eu contemplava o que aqueles filósofos diziam, e o que eles diziam não corroborava minha fé. Alguns anos mais tarde, tive a oportunidade de ler alguns livros sobre a sociologia da religião para um projeto em que estava envolvida. Pela primeira vez enfrentei argumentos que com nitidez desafiavam os fundamentos sobrenaturais de crenças e práticas religiosas. Quando concluí o projeto, decidi que simplesmente guardaria distância daquele tópico.

Há um incidente em minha vida que também exerce um efeito em minha crença e descrença. Era o dia 23 de setembro de 1969. Um telefonema de meu irmão deu-me a notícia de que nossa mãe fora morta num acidente de trânsito. Meu mundo ruiu. Era muito ruim ter uma mãe — mulher vibrante, de fala fácil, que não escondia seu orgulho por seus cinco filhos — morta, mas pior que isso era contemplar o fato de que ela talvez não tivesse ido para o céu. Meu fundamentalismo (embora eivado de dúvidas) não permitia que alguém do estilo da família de minha mãe fosse para o céu. Ela freqüentava regularmente a igrejinha rural da Aliança Cristã e Missionária onde eu fui salva — mas ela nunca havia "jogado o jogo". Quando tinha um "testemunho", ela nunca o manifestava em público e nunca orava em voz alta. Isso por si só era suficiente para torná-la suspeita. Não importava o fato de que *No jardim* era seu hino preferido e que ela se sentiu muito feliz ante minha decisão de ir para a faculdade bíblica. Eu sei que ela acreditava, e sua fé em muitos sentidos era mais forte que a minha. Mas eu oro tão bem em público, dou testemunhos tão bons e até faço bons sermões de vez em quando — o que, aos olhos de muita gente, é o que conta.

Mas a morte de minha mãe foi uma coisa que eu não consegui facilmente reconciliar com minha percepção de Deus. O acidente não ocorreu num engavetamento de vinte carros numa nevasca no norte de Wisconsin. Aconteceu numa tarde clara no início do outono num cruzamento perdido de uma estrada do interior. O acidente fatal foi acompanhado de insultuosa ironia: aconteceu muito perto da casa onde minha mãe passou a infância (o irmão dela, que na época morava na propriedade, foi o primeiro a chegar ao local) e a apenas cinco quilômetros da fazenda onde eu cresci. Eu tinha atravessado aquele cruzamento (onde não há nenhum semáforo) centenas de vezes e *nunca* avistara algum carro se aproximando. Mas naquele dia havia dois carros se aproximando do mesmo cruzamento, e nenhum dos dois motoristas enxergou o outro a tempo de parar.

Já em luta com dúvidas abstratas, eu tinha agora dúvidas muito pessoais acerca do Deus que eu adorava e de como esse incidente, esse acidente, se encaixava em minha fé. "Todas as coisas contribuem conjuntamente para o bem" — eu conheço o versículo (Rm 8:28) de cor. *Mas não, não, não!*, gritava eu, *se realmente lá fora existe um Deus que é todo-poderoso, por que, ó Deus, por que*, perguntava, *não impediste esse terrível acidente?* Eu me fiz essa pergunta ao longo dos dias e meses e anos que seguiram o acidente, mas nunca com alguma verdadeira indignação justificada. Afinal, eu tinha minha própria culpa para administrar — por não ter salvado minha mãe antes de sua morte.

Há um poema, uma oração, de Meredith Gray que expressa as palavras de meu coração naquela época — palavras que deixam sem solução a luta do indivíduo com Deus em tempos de dor:

> Bom Deus!
> Como podes caminhar serenamente
> Pelos eternos campos estrelados,
> Balançando tua lanterna enluarada,
> Anunciando às longas vigílias da noite:
> "Tudo está bem! Tudo está bem!"
> Quando o único céu de meu coração
> Está negro de dor...
> A grande candeia de minha vida, quebrada e escura,
> E eu — tateando... sem mãe![1]

Muitos anos mais tarde, enquanto eu ministrava em equipe um curso muito concorrido no Calvin College, assisti pela primeira vez ao filme de uma representação da peça de Elie Wiesel *O julgamento de Deus*. Deus estava sendo julgado pelo Holocausto. Foi uma experiência intensa, e eu voltei ao meu grupo de discussão e, sem premeditação alguma, pus Deus no banco dos réus. Disse aos alunos que, embora nenhum de nós tenha de lidar com um holocausto, nós todos, sem dúvida, temos uma causa contra Deus. Pedi-lhes que contemplassem sua própria situação, e eu lhes apresentei minha causa contra Deus. Foi tudo espontâneo. Nunca antes passara pela minha cabeça pôr Deus no banco dos réus, mas foi o que fiz ali mesmo diante de 23 alunos.

Contei-lhes sobre minha mãe e meu profundo amor por ela. Disse-lhes que ela estava em pleno vigor físico aos 57 anos — mostrei-lhes como ela evoluíra do estado de simples mulher de um camponês até conseguir sua própria "carreira" como auxiliar de enfermagem num hospital; como ela gostava de freqüentar leilões e vendas

[1] "Motherless", em *Mother: Tributes from the World's Great Literature*, p. 64.

de imóveis na companhia de algumas amigas que ela acabara de fazer no emprego. Ela estava perdendo peso, e a pressão estava baixa. Tinha diante de si vinte e cinco anos. E, então, naquele dia terrível, ela foi morta. Eu nunca conseguira dizer "faleceu". Nem mesmo "morreu" descreve o fato. Ela foi *morta*, e por mais dura que a palavra pareça ela combina com o acontecido. Ela não viveu para ver-me virar mãe. Eu tinha me casado um ano antes, e meu filho Carlton demorou cinco anos para chegar. Ela o teria adorado.

Foi assim que a descrevi aos meus alunos, sufocando as lágrimas. Devo explicar que não estou dizendo — e não disse naquele dia — que alguém intencionalmente *matou* minha mãe. Mas se existe um Deus todo-poderoso que vê cada pardal que sucumbe, por que isso aconteceu? O que está acontecendo aqui? Se Deus realmente não *quisesse* que aquilo acontecesse, devo acreditar que ele no mínimo poderia tê-lo impedido. E isso num tribunal de justiça — em meu tribunal, com Deus no banco dos réus — parece, no mínimo, um veredicto de assassinato.

Terminada minha história, os estudantes se abriram mais do que eu jamais imaginara. Um por um, contaram suas histórias — e houve muitas lágrimas naquela tarde de janeiro naquela sala. Quando todos terminaram, fiz uma oração de compromisso e pedi perdão se o Senhor achou que nós fizéramos algo errado e precisávamos ser perdoados. Eu não tinha certeza. O curso informal continuou diariamente por mais duas semanas, e eu notei que no mínimo havia uma consciência mais profunda de Deus entre os estudantes e uma sensação mais forte da vulnerabilidade de cada um.

Para mim, pôr Deus no banco dos réus liberou uma raiva profundamente arraigada da qual eu nem tinha consciência e me ajudou a ultrapassar esses sentimentos. Mas um problema mais sério persistiu: pôr Deus no banco dos réus certamente não é um sinal de descrença. De fato, é o sinal supremo de fé. Por que alguém passaria pela experiência de um exercício tão sacrílego se não acreditasse em Deus? Meu problema era mais ameaçador do que a raiva. Meu problema era o silêncio de Deus.

Eu não ouço a voz de Deus como outros a ouvem. Minha amiga Marcia, de Evergreen, Colorado, ouve a voz de Deus. Ela dispõe de uma espécie de comunicação direta de cuja existência eu nunca ouvi falar, a não ser no caso de alguns profetas do Antigo Testamento. E Deus se apresenta a ela ao vivo e em cores. Ela é uma artista e passa suas visões para a tela. Adoro ficar em sua companhia. Ela tem fé mais que suficiente para nós duas e me aceita e ama como sou.

Mas eu simplesmente não entro em contato com Deus como ela. Com demasiada freqüência a voz de Deus está calada — exceto quando estou cantando um hino ou quando ergo as mãos em meio a uma multidão entusiasmada cantando: "Brilha, Jesus, brilha". É nesse momento que às vezes penso ouvir a voz de Deus — e sinto a presença dele com a mesma certeza com que minhas vibrações vocais penetram o universo. Mas essas ocasiões não constituem as experiências que caracterizam minha vida. Eu me conformei com isso, em parte mediante a poesia de Emily Dickinson.

Eu sei que Ele existe.
Algures — no Silêncio —
Sua rara vida está escondida
Ao nosso olhar sem nobreza.

É uma peça instantânea.
É uma emboscada amorosa —
Só para que a Felicidade
Tenha sua própria surpresa!

Mas — se a peça se revelasse
Tão séria de doer —
Se a alegria se vidrasse
No olhar fixo — dos mortais —

A diversão não pareceria
Demasiado cara?
A brincadeira não teria —
Se arrastado longe demais?[2]

"Eu sei que Ele existe." Essa é a mais confiante confissão de fé que Emily Dickinson conseguiu formular. Eu também confesso isso. Declaro-o por escrito. Sim, Deus existe. Mas como Emily Dickinson e como o salmista, muitas vezes eu sinto que Deus está escondido — nalgum lugar além das galáxias. Felizmente para

[2] "I Know That He Exists", em *Poems of Emily Dickinson*, 1:389.

mim, faço parte da tradição da Reforma — mais especificamente da tradição cristã reformada — que leva os salmos muito a sério. O *Saltério* é o hinário de nossos cultos, e muitos coros de louvor contemporâneos derivam dos salmos. "O silêncio de Deus é um tema que se repete nos assim chamados salmos de lamentação", escreve Kelly Clark, que leciona no Calvin College. "Quase metade dos Salmos são lamentações envolvendo o aparente abandono por Deus de seu povo. São gritos de queixa dirigidos a um Deus que parece indiferente à mísera sorte de Israel."[3] O salmo 13:1-2 é um exemplo: "Até quando te esquecerás de mim, SENHOR? para sempre? Até quando esconderás de mim o teu rosto? Até quando consultarei com a minha alma, tendo tristeza no meu coração cada dia?".

Nos últimos anos, contemplando dúvidas e lendo livros sobre o assunto, preocupou-me o fato de que poucos escritores levam o lado negativo da dúvida tão a sério quanto, em minha concepção, o caso exige. A dúvida — independentemente de quem escreve sobre ela — não é devidamente respeitada considerando-se a força que ela tem. Grande parte dos escritos sobre o tema visa assegurar a quem duvida que, no fundo, duvidar é bom, que na dúvida a fé se fortalece, que para ser um cristão bom e consciente deve-se provar a dúvida. O título do livro de Alister McGrath diz tudo: *The Sunnier Side of Doubt* [O lado mais ensolarado da dúvida]. Em *Living Faith While Holding Doubts* [A fé vivida enquanto se alimenta a dúvida], Martin Copenhaver assegura ao leitor que "a crença em Deus é um dom" e "a dúvida também é um dom". Lesslie Newbigin intitulou um dos capítulos de seu livro: "A dúvida como o caminho para a certeza". Mas pouco se fala do escuro, cruel, velho aspecto da dúvida e do passo lógico seguinte — a descrença.

Isso, de fato, constitui o tema deste livro. Os relatos nesta obra são testemunhos de pessoas que outrora professavam a fé — muitas delas envolvidas por um longo tempo no ministério cristão. Este não é, portanto, um livro que fala das alegrias da dúvida. Os relatos são reais. Não são alegres — exceto nos casos em que os indivíduos dão testemunho de uma felicidade maior que foi encontrada fora da crença cristã. As histórias por trás dos testemunhos incluem parte da mais fascinante literatura que já se escreveu dentro do contexto cristão. Quem são essas pessoas que enfrentam a dura batalha de crer e muitas vezes — embora não sempre — acabam sendo os perdedores? A linha que abre o livro do pe. Michael Paul Gallagher, *Help My Unbelief* [Ajude minha incredulidade], é simplesmente fascinante: "Foi na noite

[3] *When Faith Is Not Enough*, p. 9.

de quinta-feira durante a missa que entrei em meu ateísmo mais profundamente do que nunca o fizera antes".

É minha interpretação dessas histórias que faz este livro ser único. É um volume que leva a sério a progressão da crença à descrença e o faz com compreensão. Eu compreendo a descrença. Leio os relatos e digo: "Eu também". Mas ao contrário daqueles que abandonaram a fé, eu não o farei — se não for por outro motivo, pelo misterioso fato de que Deus me segura com pulso firme. Além disso, esta é minha cultura, minha tradição. Amo as histórias da Bíblia e os antigos hinos da fé. Posso fechar os olhos e alegrar-me "na cruz, dela vem graça e luz para minha santificação". Adoro sentar-me ao piano e cantar: "Manso e suave Jesus convidando" e outros hinos convidativos das páginas seguintes daquele surrado hinário. Ensino minha querida netinha Kayla canções e versos bíblicos. Esta é a minha fé, e eu nunca a abandonarei — tampouco Deus me abandonará.

Mas eu creio nisso? Se tudo depende de minha crença, existem alguns dias nos quais penso que estaria perdida. Mas minha salvação não depende da força de minha fé. Depende apenas da graça de Deus. Mesmo quando minha fé é fraca, tenho confiança no domínio de Deus sobre minha vida. Às vezes invejo quem tem uma fé inabalável — gente que, em muitos casos, é muito mais inteligente do que eu. Gostaria muitíssimo de não ter de brigar e lutar para conseguir cada fração de fé que tenho. Gostaria que, pelo menos não conscientemente, não estivesse sempre diante de mim a grande pergunta: existe de fato um Deus fora de mim, ou será que minha tradição de fé é uma criação fictícia dos homens, como diriam os sociólogos da religião? Mas eu aceito os conflitos e as indagações como parte de minha constituição psicológica e espiritual, o que me permite socorrer humildemente aqueles que enfrentam lutas similares.

As palavras de Friedrich Heinrich Jacobi, impressas num cartão sobre minha escrivaninha, expressam minha luta:

> Eu... sou pagão na mente e cristão de todo o coração. Nado entre duas extensões de água que jamais se juntarão de modo que, conjuntamente, elas possam manter-me à tona, mas enquanto uma sempre me sustenta, a outra sempre me deixa afundar.

Refleti muitas vezes sobre por que acreditar em Deus parece mais difícil para mim do que para a maioria de meus amigos e colegas cristãos. Ponderando a citação de Jacobi, penso em minha própria formação religiosa, que não me permitiu quase nenhuma fusão de *razão* e *coração*. Por apelos e reavivamentos do altar na igrejinha interiorana da infância, fui apresentada a uma religião do *coração* que se conectava com Deus por meio da experiência. As pessoas muitas vezes davam testemunhos muito pessoais de como Deus falava com elas e atendia a suas orações e às vezes de como ele até se manifestava em milagres, visões e vozes. Essas experiências não eram minhas. Se Deus estava usando esses meios para chegar até mim, eu não captava os sinais. Todavia, eu procurava a Deus do único jeito que conhecia — mediante minhas emoções, meu coração.

Depois, durante os primeiros anos da vida adulta, passados num ambiente de fundamentalismo mais rigoroso, a ênfase na experiência foi substituída por uma ênfase num literalismo bíblico racional. Mas isso não me trouxe para mais perto de Deus. Mais uma vez parecia-me que não conseguia captar nenhum sinal real que Deus talvez estivesse me enviando. A apologética racional a meu ver apenas levantava mais perguntas e dúvidas. E minha vida *secular* separava-se cada vez mais de minha vida *espiritual*. Esse dualismo de *razão* e *coração* continua para mim até hoje. Às vezes penso que seria melhor se minha fé pendesse para um ou para outro lado. Mas esse desequilíbrio não tem a estabilidade necessária para navegar nas tempestades e nos mares turbulentos da incerteza. Se o dilúvio da dúvida irrompe seja dos vagalhões da dor e sofrimento, seja das correntes submarinas das discussões metafísicas, não há nenhuma estabilidade quando o barco da fé oscila para cá e para lá ou aderna com todo o seu peso para um lado ou para outro. O equilíbrio acontece quando as cargas do coração e da razão estão fundidas numa só e firmemente ancoradas na graça de Deus.

No contexto atual, afirmar tanto o coração quanto a razão é mais fácil do que foi para os que viveram uma geração atrás. O racionalismo já não reina como reinava antes, e a maioria dos cristãos não luta para manter-se à tona como fez Jacobi — e como faço eu. Cheguei a um acordo com essa adversidade espiritual, do jeito como às vezes penso nela — uma adversidade que impede a razão e o coração de se unirem no mar da incerteza. Flannery O'Connor usou uma metáfora aquática semelhante: "A fé vem e vai. Sobe e desce como as marés de um oceano invisível".[4] Assim, enquanto o *coração* continuamente me sustenta, a *razão* sempre me deixa afundar. Mas sempre consciente desse repuxo da contra-corrente submarina, agarro-me muito mais aos salva-vidas do coração — especialmente os antigos hinos da fé.

[4] *The Habit of Being*, p. 451.

Guia, Cristo, minha nau
Sobre o revoltoso mar,
Tão enfurecido e mau,
Quer fazê-la naufragar...

Como sabe serenar
Boa mãe o seu filho,
Vem, acalma, assim o mar...
Vem Jesus, oh! vem guiar

Se no porto quando entrar,
Mais o mar se enfurecer, ...
Que me possa deleitar
Em ouvir Jesus dizer:
"Entra, pobre viajor,
No descanso do Senhor".[5]

De uma coisa tenho certeza: A realidade — a existência — de Deus não depende de mim, nem de minha crença ou descrença. Deus conhece e entende minha fé muitas vezes hesitante. Deus sabe lidar com a confissão honesta de meu coração. Deus certamente ouve minha oração: "Trazido pela minha escravidão, dor e escuridão, Jesus, aqui estou, aqui estou", mesmo se às vezes não consigo prosseguir para os versos seguintes com a mesma confiança: "Buscando a tua liberdade, alegria e luz, Jesus, aqui estou diante de ti".[6] E Deus sabe, muito melhor do que eu, por que para mim crer é uma luta tão grande. Talvez esteja nos genes da família. Talvez nenhum de nós cinco filhos estejamos verdadeiramente capacitados para crer, mas, ao contrário de meus irmãos, eu entrego minha descrença a Deus.

"Vem Jesus, oh! vem guiar."

[5] "O piloto", nº 584, *Harpa Cristã*.
[6] "Jesus I Come", letra de William True Sleeper, 1887.

2 A história de dois evangelizadores

Billy Graham & Chuck Templeton

Quando o tem, você tem tudo,
mas também perde tudo quando o perde.
Fique com Cristo, embora seus olhos não o vejam
e a razão não o alcance.
Martinho Lutero

O Centro Billy Graham em Wheaton, no estado de Illinois, se caracteriza por sua Rotunda de Testemunhos — uma sala circular com enormes bandeiras de tecido penduradas nas paredes, mostrando as imagens de nove grandes santos da história cristã. Cada bandeira exibe uma citação. Uma delas em especial me impressionou — a que representa Martinho Lutero, exibindo na parte inferior a citação acima.

Visitei recentemente o Centro Billy Graham. Vagando pelo museu, eu tinha consciência daquela citação de Lutero enquanto corria os olhos sobre milhares de fotos e recortes de jornais de Billy Graham e o desenvolvimento de seu ministério ao longo dos últimos cinqüenta anos. Uma fotografia em especial prendeu-me o olhar. Nela aparecem Billy Graham e três outros jovens na frente de um avião, fotografados quando estavam prestes a partir do aeroporto O'Hare para Londres. Um dos jovens é Charles "Chuck" Templeton. Aos olhos de um visitante comum do museu, essa foto não teria sobressaído. Mas eu acabara de ler a autobiografia de Templeton, *Farewell to God* [Despedindo-me de Deus]. Senti a ironia da situação: vejo Templeton e seus colegas evangelizadores despedindo-se de seus auxiliares e da terra natal, partindo para proclamar a palavra de Deus; e eu li sobre Templeton despedindo-se de Deus em seu livro. Perguntei-me se havia um exemplar daquela obra na biblioteca do museu ou se o curador planejava fazer uma atualização sobre Templeton.

A histórias de Billy Graham e Chuck Templeton ilustram o mistério da crença e da descrença. Da perspectiva humana, não se pode discernir nenhuma explicação lógica para esse mistério, apesar das teorias apresentadas pela psicologia e sociologia. Não há respostas fáceis para a pergunta de por que para uns acreditar é algo tão natural como respirar e para outros é uma luta emocional e intelectual que no fim não vale a pena. Houve quem especulasse que pode existir um gene que proporciona uma predisposição a crer; que a crença é moldada pela *natureza*. Outros sugerem que a *educação* desempenha um papel-chave; que o ambiente e as influências da família são os elementos mais importantes. Pensei nessa dicotomia natureza/educação enquanto assistia a *Larry King Live* na CNN, onde se apresentavam Franklin Graham e Ann Graham Lotz. Eles têm fortes semelhanças com o pai — na aparência, nos maneirismos, no tom de voz e até em seus respectivos chamados. Os dois falavam de sua persistente crença em Jesus, como "o caminho, a verdade e a vida", uma crença vinculada a um fervoroso comprometimento com a divulgação daquela mensagem, que faz lembrar o zelo de seu pai pelo evangelismo. Existe algo nos genes da família Graham? Será o ambiente e a criação em casa? Será a combinação das duas coisas?

Quer dependa da natureza, quer da criação, a capacidade de crer parece maior em alguns indivíduos do que em outros e às vezes um indivíduo critica o outro: quem crê com facilidade muitas vezes vê rebeldia e obstinação como obstáculos à crença; em contrapartida, quem tem dificuldade para crer muitas vezes vê o pensamento superficial e o "suicídio intelectual" como o caminho fácil para a crença. O fato é que os dois julgamentos podem estar certos. Mas, para a finalidade deste estudo, nenhuma das duas acusações tem utilidade — embora o ônus da justiça caiba ao crente que é obrigado a estender a mão preocupada e compreensiva àquele que abandonou a fé.

Dizer que as pessoas que lutam com dúvidas ou abandonam a fé são rebeldes ou desonestas simplesmente não está de acordo com os testemunhos. Todavia, as acusações persistem. Uma reação típica apareceu no trabalho que uma aluna apresentou recentemente num de meus cursos. Escreveu ela: "Eu acredito que as lutas intelectuais não são a base para a perda da fé. Elas são simplesmente máscaras ou desculpas necessárias para racionalizar a descrença. [...] Com essas desculpas, os que abandonam a fé têm meios de evitar o confronto com a verdadeira questão de ter de comparecer perante um Deus santo".

A maioria das pessoas que abandona a fé não está numa situação que exige a apresentação de desculpas. O processo muitas vezes se prolonga durante anos, e quando as pessoas revelam as assim chamadas desculpas, elas já se consideram descrentes. "Comparecer perante um Deus santo" não é um conceito de fácil definição e se presta à subjetividade. Assim, pouco adianta insistir que quem enfrenta lutas intelectuais está realmente mascarando uma indisposição de "comparecer perante um Deus santo". Quem pode julgar isso, a não ser o próprio Deus?

A história de Chuck Templeton diz respeito a essas questões. Em seu livro, ele se identifica como "um agnóstico — não um ateu, não um teísta, não um cético e certamente não um indiferente".[1] Além de ser pessoal, a obra oferece um catálogo-padrão dos argumentos contra a Bíblia, o cristianismo e a crença em geral. A primeira seção se intitula "O mito de Deus". A seção sobre Jesus intitula-se "O Deus que os homens criaram". Suas posições não são sutis ou disfarçadas; são radicalmente diferentes do que eram na noite em que ele conheceu Billy.

Foi na primavera de 1945. Estavam nos bastidores de um apinhado estádio de Chicago. A guerra terminara. A nação ansiava por avançar deixando o passado para trás. O foco incidia sobre o futuro — a geração jovem sobre a qual caíra o manto deste gigante militar e industrial. Dois homens de menos de trinta anos encontravam-se pela primeira vez enquanto conversavam, oravam e planejavam o grande evento da noite. Chegado o momento, subiram ao palco. O vasto mar de rostos jovens aguardava-os cheio de eletricidade e expectativa. Era um encontro da Juventude para Cristo. Ao ser apresentando para tomar a palavra, Billy inclinou-se e sussurrou: "Ore por mim, Chuck. Estou morrendo de medo".[2]

Chuck era um pastor evangélico de Toronto. Envolveu-se com o ministério na mocidade e começou a trabalhar com Graham na Juventude para Cristo. Continuaram trabalhando juntos mesmo quando a vida e o ministério os conduziram para direções diferentes. Alguns meses depois daquele evento em Chicago, encontraram-se com outros líderes para formar a Juventude para Cristo Internacional. Chuck foi escolhido para ser um dos três vice-presidentes, e Graham foi indicado como evangelizador geral. O novo movimento cresceu rápido, e quando a equipe partiu de Chicago para a Europa e as Ilhas Britânicas, os repórteres e fotógrafos vigiavam cada um de seus passos. Durante três semanas conduziram reuniões todas as noites. "Não havia prédio amplo o suficiente para abrigar os jovens que acorriam aos encontros."[3]

1 *Farewell to God: My Reasons for Rejecting the Christian Faith*, p. 17.
2 Idem, p. 4.
3 Idem, p. 5.

Criação diferente

Embora os dois tenham provindo de famílias economicamente carentes, as circunstâncias em que Billy e Chuck cresceram foram muito diversas. Billy, um menino sulista de Charlotte, Carolina do Norte, foi criado num lar cristão. Ali Deus ocupara um lugar de honra desde o primeiro dia do casamento de seus pais. O pai, Franklin Graham, propôs casamento a sua namorada Morrow em 1912, mas só no outono de 1916 ela estava pronta para atar o enlace.

> Antes de partir para a lua-de-mel nas montanhas, ela guardou com cuidado um exemplar da Bíblia na mala — "Eu simplesmente não me sentiria uma pessoa decente sem levar comigo minha Bíblia". Na noite de núpcias, finalmente a sós num acanhado e mal-iluminado quarto de hotel, Franklin logo pediu à noiva que se ajoelhasse ao lado dele sobre o linóleo desgastado e ali mesmo conduziu um longa e ligeiramente hesitante oração, "dedicando nosso casamento e nossa família ao Senhor".[4]

O pai de Billy sentira o chamado de Deus para o ministério, embora não o seguisse na esfera pública. Mas em casa levou muito a sério suas responsabilidades cristãs. Desde as primeiras lembranças de Billy, o estudo da Bíblia, a oração e as devoções em família eram uma parte fundamental no lar dos Graham:

> Ele cresceu [...] num regime de diligentes práticas piedosas em família; ao chegar aos dez anos de idade, ele já havia memorizado cada um dos 107 artigos do Catecismo Abreviado. "Praticávamos a leitura da Bíblia e a oração logo depois do jantar, antes mesmo de pôr a cozinha em ordem", lembra a sra. Graham. "Ficávamos todos ajoelhados e orávamos, isso mesmo, às vezes de vinte a trinta minutos. Aquele era o principal acontecimento do dia em nossa casa." [...] Aos domingos, Billy estava proibido de ler as histórias em quadrinhos no jornal, jogar bola, aventurar-se pelos bosques — as únicas diversões nesse dia eram o manuseio da Escritura e de folhetos evangelísticos. Depois, à tarde a sra. Graham reunia os filhos na sala e ali, sentados todos juntos, ouviam no rádio o programa *Old Fashion Revival* [Reavivamento à moda antiga] de Charles Fuller.[5]

[4] Marshall Frady, *Billy Graham: A Parable of American Righteousness*, p. 28.
[5] Idem, p. 48.

A vida na família de Chuck era muito diferente. Ele se criou em Toronto, com os pais e quatro irmãos — até seu pai partir para nunca mais voltar, deixando a família na pobreza e sem nenhuma escolha exceto depender da "assistência social". Foram anos difíceis, como ele bem lembra:

> Houve um período inesquecível de vinte e quatro horas em que não havia nada em casa — nem um bocado de comida. Muitas vezes nós seis ficávamos paralisados em silêncio, como animais gelados de terror ante a aproximação de uma ave de rapina, até que o cobrador se afastasse de nossa porta. Ainda consigo visualizar minha mãe à mesa da cozinha contanto as moedas que guardava num bule de louça, enquanto enxugava os olhos com um lenço.[6]

Considerando essas duas biografias, devemos ponderar a questão da paternidade. Num livro recente intitulado *Faith of the Fatherless: The Psycology of Atheism* [A fé dos órfãos: A psicologia do ateísmo], Paul Vitz argumenta que o papel do pai na formação da criança está intimamente ligado à crença da criança em Deus. Depois de estudar a biografia de proeminentes ateus e crentes em Deus, ele concluiu que esse tipo de "decepção e ressentimento de um indivíduo em relação ao próprio pai justifica sua rejeição de Deus". Trata-se do reverso do conceito de desejo de realização de Freud, segundo o qual a crença em Deus é uma ilusão, "uma projeção de nossos próprios intensos desejos inconscientes". Vitz usa Freud para explicar o ateísmo: "A ironia é que [Freud] propicia sem perceber um poderoso meio de entender a ilusão como a base psicológica para rejeitar a Deus — isto é, propicia uma teoria da projeção do ateísmo".[7] A teoria de Vitz, como a de Freud, certamente não é fácil de entender. Mas, quando comparamos as experiências de Billy e Chuck, ela faz sentido e oferece uma possível interpretação para essas duas jornadas espirituais.

Com exceção das diferenças óbvias no relacionamento de cada um deles com seu pai, os dois jovens tiveram muitas experiências em comum. Ambos foram apaixonados pelo esporte. Billy sonhava ser jogador de beisebol — e de fato chegou a receber para jogar pelo time local. O primeiro emprego importante de Chuck foi o de cartunista do *Globe* de Toronto. "Os dólares que eu recebia por semana

[6] Charles TEMPLETON, *Farewell to God*, p. 2.
[7] *Faith of the Fatherless: The Psychology of Atheism*, p. 6-9.

correspondiam aos meus anos de idade — dezoito."[8] Mas, sob outros aspectos, a vida deles seguira direções opostas. Billy, o "filho de pais devotos, que não fumava, não bebia e freqüentava a igreja", converteu-se durante um encontro de reavivamento aos dezessete anos. Terminado o curso secundário, matriculou-se na Universidade Bob Jones e depois se transferiu para o Instituto Bíblico da Flórida, onde se preparou para ser pregador.[9]

Chuck freqüentou a escola apenas até o fim do colegial, embora fosse esperto e levasse uma vida intensa. Mas tudo isso mudou de um momento para o outro. Certa noite ele sofreu uma transformação ao voltar para casa às 3 horas da manhã após um show de *striptease* que ele descreve como "uma questão delicada". A mãe ainda estava acordada e foi conversar com ele.

> Ela começou a me falar sobre Deus, e sobre como desejava ver-me com os outros filhos na igreja. [...] Eu me senti baixo, sujo. [...] Caminhando pelo corredor, ia formulando mentalmente as primeiras palavras atrapalhadas de uma oração. Ajoelhei-se aos pés da cama na escuridão. [...] Achei-me — não sei quanto tempo mais tarde — com as mãos na cabeça, encolhido no chão, no centro de vasto vazio escuro. Pouco a pouco, um peso começou a desprender-se de mim. [...] Eu mal ousava respirar, com medo de talvez alterar ou terminar aquele momento. E me ouvi sussurrando baixinho repetidas vezes: "Obrigado, Senhor. Obrigado. Obrigado. Obrigado".[10]

Um ministério eivado de dúvidas

Aos dezenove anos, Chuck deixou seu emprego no *Globe* a fim de entrar para o ministério. Depois de ler alguns livros e de encontrar-se com pastores locais, ele foi ordenado como ministro na Igreja do Nazareno. Durante os três anos seguintes serviu como evangelizador itinerante, viajando pelo continente de Ontário à Califórnia. Numa passagem por Michigan, consumiu algum tempo na biblioteca de um pastor onde, pela primeira vez, confrontou-se com livros que desafiavam a fé cristã — obras de Thomas Paine, François Marie Voltaire, Bertrand Russell e Robert Ingersoll. Os argumentos deles tanto lhe abalaram a fé que parou de pregar por várias semanas. "O caminho de volta", escreve ele, "foi tortuoso e lento". Pouco tempo

[8] Charles Templeton, *Farewell to God*, p. 2.
[9] Stanley High, *Billy Graham*, p. 72-73.
[10] *Farewell to God*, p. 2-3.

depois, enquanto pregava numa campanha evangélica em Grand Rapids, conheceu Constance Orosco. "Ela era a cantora, e eu o evangelizador. Seis semanas mais tarde nos casamos."[11]

Depois do casamento, os Templeton fixaram residência em Toronto, onde alugaram o prédio de uma igreja com 1.200 assentos e começaram a realizar seus cultos. No primeiro serviço dominical, havia 12 pessoas na igreja — quase todos parentes. Seis meses depois, todavia, a igreja não mais comportava as multidões que apareciam para os encontros nas noites de domingo. Depois que um incêndio destruiu o prédio da igreja, outro maior foi construído, e o crescimento da comunidade continuou nos anos seguintes. Foi por essa época que Chuck passou a trabalhar com Billy na Juventude para Cristo. Mas as dúvidas que o assombraram antes voltaram à tona. "Lentamente, contrariando muito minha vontade, pois eu via o risco implícito, minha razão começara a desafiar e às vezes a refutar as crenças fundamentais da fé cristã."[12]

Por fim, depois de "freqüentes crises de desespero", Chuck concluiu que as dúvidas poderiam agravar-se por sua falta de escolarização teológica e assim decidiu-se por um treinamento formal. Inscreveu-se no Seminário de Princeton, recorrendo a seus influentes laços canadenses, e foi admitido como aluno "especial" num programa sem diploma. Demitiu-se de sua igreja em Toronto e começou a preparar-se para o semestre do outono. Duas vezes naquele verão encontrou-se com Billy — uma vez deslocou-se até Montreat, na Carolina do Norte, para conversar com ele e, numa segunda ocasião, o encontrou na cidade de Nova York, onde "passaram a maior parte de dois dias trancados num quarto do Hotel Taft". Foi nessa ocasião, segundo Chuck, que suas "diferenças ficaram claras".

> No decorrer da conversa, eu disse:
>
> — Mas, Billy, simplesmente já não é possível acreditar, por exemplo, no relato bíblico da criação. O mundo não foi criado no período de poucos dias milhares de anos atrás. Ele evoluiu ao longo de milhões de anos. Não é uma questão de especulação; é um fato demonstrável.
>
> — Não aceito isso — disse Billy. — E há respeitados estudiosos que não o aceitam.
>
> — Quem são esses estudiosos? — perguntei. — Homens das faculdades cristãs conservadoras.

[11] Edward T. BABINSKI, *Leaving the Fold: Testimonies of Former Fundamentalists*, p. 285-286.
[12] *Farewell to God*, p. 6.

— Na maioria, sim — disse ele. Mas esse é o ponto. Acredito no relato da criação de Gênesis porque está na Bíblia. Descobri uma coisa em meu ministério. Quando interpreto a Bíblia literalmente, quando a proclamo como a Palavra de Deus, minha pregação tem poder. Quando lá, de pé sobre o púlpito, eu afirmo "Deus diz" ou "a Bíblia diz", o Espírito Santo me usa. Há resultados. Homens mais sábios do que você e eu discutiram questões como essa durante séculos. Eu não disponho de tempo nem de inteligência para examinar todos os aspectos de cada discussão teológica. Então decidi, de uma vez por todas, parar de questionar e aceitar a Bíblia como a Palavra de Deus.

— Mas, Billy — protestei — você não pode agir assim. Você não pode simplesmente parar de pensar sobre a questão mais importante da vida. Agindo assim, você começa a morrer. É suicídio intelectual.

— Não sei nada dos outros — disse ele — mas eu decidi que esse é o caminho para mim.[13]

Passado pouco tempo após esse encontro, Billy voava para Los Angeles para conduzir uma campanha evangélica — apenas mais uma — mas uma que lhe traria fama nacional. Chuck era apenas mais um aluno — um "aluno especial" — no Seminário de Princeton.

Pouco antes daquela campanha, "tudo atingiu seu apogeu" para Billy. Foi numa noite enluarada, e ele estava fazendo um retiro nas Montanhas de São Bernardino. Ajoelhou-se no chão e fez uma oração que estabeleceria o roteiro de seu futuro ministério. Segurando a Bíblia, ele orou: "Pai, eu vou aceitar isto como a Tua Palavra — pela *fé*. Vou permitir que a fé ultrapasse meus questionamentos e dúvidas intelectuais e vou acreditar que isto é a Tua Palavra inspirada".[14]

Estudos para pregações futuras

Enquanto estudava em Princeton, Chuck procurou resolver algumas das dúvidas com as quais vinha lutando — não apenas com seus estudos, mas também com disciplinas espirituais. Jejuava um dia por semana e passava horas orando e meditando, sobretudo à noite quando costumava caminhar sozinho pelo campo de golfe perto do seminário. Estava em busca de uma experiência de Deus que de algum modo confirmasse sua fé em face das dúvidas intelectuais. Então ela aconteceu sem aviso prévio:

[13] Idem, p. 7-8
[14] Lee Strobel, *Em defesa da fé*, p. 10.

> Fui arrebatado num transe. Parecia-me que toda a criação, as árvores, o firmamento, o próprio céu, todo o tempo e espaço e até mesmo Deus estavam chorando. Eu de certo modo sabia que choravam pela humanidade: por nossa obstinação, nossos ódios, nossas centenas de milhares de crueldades, nosso amor pela guerra e violência. E no coração dessa eterna dor eu vi a sombra de uma cruz, como uma figura perfilada sobre ela... chorando.[15]

Depois de completar seus estudos em Princeton, Chuck foi ordenado pelo Presbitério da Filadélfia da Igreja Presbiteriana dos Estados Unidos. Depois ele aceitou um cargo no Conselho Nacional de Igrejas para realizar "missões de pregação" — campanhas que apelavam principalmente para a juventude. A revista *Time* noticiou essa indicação e comparou Chuck e seu modesto salário com Billy e seus sacos recheados de "ofertas de amor". Em seu benefício, escreve Chuck, deve-se dizer que Billy "imediatamente estabeleceu um salário para si mesmo".[16]

O sucesso de Chuck como evangelizador de forma alguma rivalizou com o de Billy. Mas seu ministério chamou a atenção o suficiente para ser noticiado pelos principais jornais e revistas. Numa série para a televisão, foi apresentado como um "jovem canadense" que estava "ultrapassando a velha pirotecnia oratória da condenação e do fogo do inferno" e substituindo-a com atualizada "abordagem persuasiva que apresenta a religião como uma mercadoria tão necessária na vida como o sal", criando um novo padrão para a evangelização das massas. Durante uma campanha de duas semanas em Evansville, Indiana, mais de 90 mil pessoas se fizeram presentes. Em Harrisburg, na Pensilvânia, o jornal da cidade descreveu o encontro final como "a maior multidão que jamais se reuniu na história de Harrisburg".[17]

Talvez tenha sido uma experiência arrebatadora para ele ganhar popularidade e fama. Mas, viajando de Harrisburg para casa em Nova York, ele disse à mulher que havia decidido abandonar o ministério. "Eu as encobria com orações e atividades, mas logo haveria um fio de fumaça e o bruxulear de uma chama e depois um incêndio descontrolado de dúvidas." Ele lutou com a depressão e a dor no peito, que ele achava resultar do tumulto espiritual por que passava. Seu afastamento do ministério cristão, todavia, foi um processo mais lento do que ele havia previsto. Foi convidado a dirigir o Departamento de Evangelização da Igreja da Pensilvânia dos

[15] Edward T. BABINSKI, *Leaving the Fold*, p. 289.
[16] Charles TEMPLETON, *Farewell to God*, p. 10.
[17] Idem, p. 12-13.

Estados Unidos e, durante os três anos seguintes, treinou ministros, apresentou um programa de televisão, escreveu livros e às vezes pregou aos domingos.[18]

No entanto, as dúvidas continuavam e se intensificavam, especialmente depois de um encontro com o capitão da equipe de debates de Yale. Eles discutiram — e debateram — os méritos do cristianismo, e depois do evento Chuck estava eufórico: "Eu havia derrotado o capitão da equipe de debates de Yale". Mas essa experiência concluiu sua decisão de deixar o ministério. Já não podia fingir acreditar no que não acreditava. "Não havia de fato escolha. Eu podia continuar no ministério e viver uma mentira, ou então interromper minhas atividades. Minha mulher e eu ajeitamos nossas pequenas posses num *trailer* alugado e pegamos a estrada de volta para Toronto onde, dezenove anos antes, eu havia começado."[19]

Nenhuma questão em particular havia levado Chuck a sua gradual perda da fé, mas o problema da dor e do mal o atormentaram mais do que qualquer outro. Se houve um tormento que separou o tempo de sua crença do tempo de sua descrença, ele aconteceu quando Chuck viu uma fotografia na revista *Life* mostrando uma africana com seu bebê morto nos braços, "os olhos erguidos para o céu com uma expressão de extremo abandono". Vendo o desespero naquele olhar, ele se perguntava: "É possível acreditar que existe um Criador que nos ama e cuida de nós quando tudo o que essa mulher precisava era de *chuva*?".[20]

Quando o ministério de Chuck chegou ao fim, a celebridade Billy cresceu. Milhões participavam anualmente de suas cruzadas, e dezenas de milhares se apresentavam após ouvir seus convites. Ao longo dos anos, eles se mantiveram em contato, e no início da década de 1970, ao passar por Toronto, Billy foi à noite visitar os Templeton. "A visita terminou mais cedo do que o planejado", relembra Chuck. "Simplesmente ficamos sem assuntos de interesse mútuo." Depois de levar Billy de volta para o hotel, Chuck recorda que sentiu "um profundo sentimento de tristeza". Billy havia percebido aquele sentimento. Alguns anos mais tarde, ao ser entrevistado para um livro, Graham refletiu sobre sua amizade com Chuck:

> Gosto de Chuck até hoje. É um dos poucos homens que já amei na vida. Ele e eu fôramos muitos íntimos. Mas depois, de repente, nossos caminhos estavam se separando. Ele começou a ficar um pouco frio comigo. Acho... que Chuck sentia pena de mim.[21]

[18] Idem.
[19] Idem, p. 14.
[20] Lee STROBEL, *Em defesa da fé*, p. 14.
[21] Charles TEMPLETON, *Farewell to God*, p. 9.

Depois que Chuck publicou *Farewell to God* em 1996, sua saúde deteriorou-se. Ele revelou numa entrevista a Lee Strobel que vinha sofrendo do mal de Alzheimer por três anos. Contudo, sua mente estava lúcida o suficiente para discutir questões de crença e descrença. Respondeu às inquietações de Strobel de que talvez ele estivesse preocupado sobre estar errado acerca de Deus, especialmente considerando sua doença terminal. Chuck insistiu que não estava. Por quê?

> Porque passei uma vida inteira pensando nisso. Se fosse uma conclusão simplista alcançada por um capricho, o caso seria diferente. Mas para mim é impossível — *impossível* — acreditar que existe alguma coisa que se poderia descrever como sendo um Deus amoroso capaz de permitir o que acontece em nosso mundo diariamente.[22]

Quando Strobel perguntou se ele gostaria de acreditar, Chuck respondeu: "É claro que sim! Se eu pudesse, acreditaria. Tenho 83 anos de idade. Estou com mal de Alzheimer. Estou morrendo, pelo amor de Deus!".[23]

Reflexões sobre uma amizade

Refletindo sobre sua amizade com Billy, Chuck fez algumas observações interessantes e reveladoras:

> Às vezes acompanho Billy em suas campanhas na televisão. Quarenta anos depois de nosso trabalho em conjunto ele está dizendo as mesmas coisas, usando as mesmas frases, seguindo o mesmo padrão. Quando faz seu convites para que as pessoas se apresentem, a seqüência, até mesmo as palavras, são as mesmas. Desligo o aparelho e às vezes me domina a tristeza.
>
> Acho que Billy é o que tem de ser. Discordo dele em quase todos os pontos sobre sua visão de Deus e do cristianismo e acho que muito do que ele diz do púlpito é absurdo pueril e arcaico. Mas não há fingimento em Billy Graham: ele acredita no que acredita com uma inocência invencível. É o único evangelizador de massas em quem eu confiaria.
>
> E sinto saudade dele.[24]

[22] Lee Strobel, *Em defesa da fé*, p. 15.
[23] Idem, p. 15-16. Charles Templeton morreu em 7 jun. 2001.
[24] Charles Templeton, *Farewell to God*, p. 9.

Um chamado alternativo para o altar

A reação de Chuck às mensagens televisivas de Billy não surpreende. A maioria das pessoas que abandonou suas crenças cristãs teria reação semelhante — talvez de fato não tão caridosa. Mas a mensagem e o convite de Billy não sensibilizaram Chuck a voltar para sua antiga fé. Há uma mensagem, pergunto eu, que poderia apelar mais diretamente aos que lutam com dúvidas ou que abandonaram a fé? Billy Graham é inquestionavelmente o supremo evangelizador da América — e do mundo —, mas suas palavras nem sempre são numa linguagem que se comunique com eficiência com os mais atribulados pela descrença.

Há outros indivíduos, porém, que chamam as pessoas de volta para a fé — aqueles cujas palavras para alguns são mais fáceis de ouvir do que as palavras de Billy; aqueles cujas vozes precisamos ouvir no começo deste milênio. Uma dessas vozes é a do amplamente reconhecido sociólogo da religião, Peter Berger. Como Billy, ele nos desafia com as palavras da Escritura — com a mensagem da cruz que é tão relevante hoje como foi nos tempos antigos. Mas ele também fala a quem está lutando com a descrença e o silêncio de Deus.

> Foi a mensagem, a "palavra da cruz" pregada por Paulo, que chocou tanto os judeus quanto os gentios como um absurdo escandaloso. [...] A "palavra da cruz" de Paulo é, naturalmente, o cerne do Evangelho: o fato de que Cristo veio ao mundo assumindo a improvável figura de um carpinteiro do interior que se transformou num pregador itinerante, que foi executado como um criminoso, desprezado e abandonado, morto e sepultado - e que depois, num momento que transformou toda a estrutura da realidade, ressurgiu dos mortos para tornar-se o poder mais forte do universo e o senhor de todos os destinos humanos. [...] A escandalosa proposição de Paulo diz que a *fraqueza* de Deus revela o verdadeiro poder dele, inclusive o poder de triunfar sobre o pecado e a morte.[25]

Berger prossegue sugerindo que por meio da tecnologia moderna — e geralmente do modernismo — coisas "preciosas" foram perdidas. Aqui ele se refere sobretudo à maravilha espiritual que se perde quando a ciência procura explicar todos os fenômenos em termos naturais. Ele fala de anjos, fazendo-me lembrar o livro de Graham sobre o mesmo assunto que li alguns anos atrás:

[25] *A Far Glory: The Quest for the Faith in an Age of Credulity*, p. 5-6.

> Nossos ancestrais não conheciam a física das partículas, mas falavam com anjos. [...] Temos nós, *podemos* nós ter certeza de que as verdades da física moderna necessariamente implicam a falsidade dos anjos? Eu não tenho nenhuma certeza; de fato, estou fortemente inclinado a acreditar no contrário. Se esse for o caso, as igrejas cristãs (e outras instituições religiosas) estariam pagando um preço muito alto pela "atualização" de suas tradições — o preço de algumas preciosas verdades que elas foram as últimas a defender.[26]

Em seu livro *A Far Glory* [Uma glória distante], Peter Berger intitula seu epílogo "O fardo do silêncio", citando Isaías 21:11-12:

> Sentença contra Duma [significando "silêncio"]. Gritam-me de Seir [onde Deus apareceu a Moisés entre labaredas de fogo antes de sua morte (Dt 33)]: Guarda, a que hora estamos da noite? Guarda, a que horas? Respondeu-me o guarda: "Vem a manhã, e também a noite; se quereis perguntar, perguntai; voltai, vinde".

Berger transporta essa cena para a nossa situação contemporânea:

> Nós também temos nossos "guardas" hoje em dia. Alguns fingem saber que horas são em nossa noite de vigília; mas inevitavelmente sempre se trata da hora errada. Outros, piores ainda, tentam nos convencer de que não há nada a esperar; que a noite em que estamos é tudo o que há; que na verdade a manhã de Deus jamais chegará. Temos também guardas honestos, como o que fazia sua ronda na distante Seir, os quais nos dizem que eles não sabem. Hoje como outrora, esta é uma resposta que desanima. Nosso breve texto, porém, termina em tom de esperança: voltai e perguntai novamente, pois a manhã *vai* chegar. O fardo do silêncio de Deus será retirado e ele voltará mais uma vez na madrugada, "com labaredas de fogo à sua direita", na "plenitude de sua glória".[27]

O convite de Berger a acreditar se estende àqueles que, como Chuck, estão atribulados com o silêncio de Deus. O convite é para aqueles que lutam com a descrença e a dúvida, e a resposta está nas palavras do previsível hino de apelo das Cruzadas de Billy Graham, "Tal qual estou":

[26] Idem, p. 13.
[27] P. 218.

Tal qual estou, sem esperar
Que possa a vida melhorar,
No teu poder vou confiar.
Ó Salvador, eu venho a ti.[28]

[28] Charlotte Elliott, "Tal qual estou", nº 300, *Hinário para o culto cristão* (HCC), 1836.

3 A família Smith

Estudo de caso sobre a dúvida e a descrença

Nessa fase de depressão notei os livros empoeirados de Hannah Whitall Smith que dormiam em minha estante desde 1967. Abri o primeiro volume, intitulado God of All Comfort *[Deus de todo conforto], e me pus a ler. Embora ela o tivesse escrito numa época em que era assediada por todo tipo de dificuldades, a sra. Smith trazia uma mensagem do delicado amor e cuidado de Deus que caiu como chuva de vida sobre o solo ressecado de minha alma.*

Marie Henry

A história de Hannah Whitall Smith e seu marido, Robert Pearsall Smith, é a história fascinante de uma família e um estudo de caso sobre a dúvida e a descrença. Vemos ali questões de psicologia e de estilo de vida convergindo e afetando a crença religiosa. E assim como no caso da história de Billy Graham e Charles Templeton, essa história está intimamente ligada ao velho debate sobre a natureza e a educação. O que predomina na determinação da história de uma família, os genes ou o ambiente? Hannah Smith comparou sua constituição psicológica àquela do marido, observando as reações emocionais diferentes à experiência da fé. Viu o marido como o emotivo, mas foi a *emoção* — a morte de seus filhinhos — que a fortaleceu na fé. Quando Robert negou a fé, a natureza emotiva dele foi de novo um fator decisivo, mas igualmente importantes foram questões de moral de estilo de vida. No fim Hannah tirou suas próprias conclusões teológicas para lidar com a descrença. Alguém poderia dizer que ela criou um Deus a sua própria imagem — a imagem de uma mãe cujo amor pelos filhos em última análise é inesgotável.

Hannah é mais conhecida que seu marido, em grande parte por seu clássico campeão de vendas da literatura cristã, *O segredo de uma vida feliz*. (Até 1984 cerca de 10 milhões de exemplares haviam sido vendidos pelo mundo afora.) Hannah foi provavelmente a autora cristã mais lida de seu tempo, mas segundo sua biógrafa Marie Henry a "fé triunfante" sobre a qual ela escreveu "seria fortemente desafiada durante uma série de tragédias pessoais que fazem lembrar Jó". O lema de toda a sua vida, um versículo muito citado (Jó 13:15), resumia sua determinação de seguir a Deus: "Embora ele me mate, ainda assim esperarei nele".[1]

Hannah e seu marido eram professores de Bíblia e evangelizadores intimamente ligados ao movimento Keswick ou "Vida Superior", que tinha tendências perfeccionistas. Tiveram sete filhos, dos quais apenas três atingiram a idade adulta; mas os netos de Hannah, que foram abandonados por sua filha Mary, tornaram-se filhos dela depois de perderem o pai. De sua numerosa família tão imersa na fé cristã, apenas Hannah viu a fé sobreviver até o fim — e mesmo ela com freqüência passou por muitas dúvidas.

"Conheço" Hannah há muitos anos. Ela possui uma dessas vozes que ressurgem da sepultura e falam comigo. Identifico-me com ela de muitas maneiras. Compreendo suas dúvidas e admiro-a por ser forte e ter proclamado os direitos da mulher muito antes que isso fosse uma atitude popular. E defendeu com veemência a igualdade no casamento: "Meu ideal de casamento implica uma *parceria igualitária*, sem que nenhuma das partes assuma controle sobre a outra. [...] Qualquer casamento diferente disso é, em minha opinião, tirania de um lado e escravidão do outro". Mas eu me identifico muito mais com ela no papel de mãe e avó. Ela estava mais convencida do que a maioria das mulheres de seu tempo de que seu maior compromisso era com as responsabilidades da maternidade, e depois do nascimento do seu primeiro neto ela descreveu a si mesma como "uma avó perfeitamente abobada".[2] Tudo o que eu posso dizer é o seguinte: *Sim, Hannah, eu conheço esse sentimento: seu sentimento é o meu.*

Uma luta para encontrar a Deus

Hannah cresceu num lar quacre muito piedoso, mas começou a provar dúvidas religiosas logo no início da vida adulta. Em 1855, quatro depois de se casar com Robert, passou por um período difícil de questionamento de Deus, como ela relembrou mais tarde: "Comecei a perguntar-me se Deus podia ser todo-poderoso, uma vez que as criaturas parecem dotadas de tão pouco poder para resistir ao mal". No ano seguinte, voltou a refletir sobre aquele período: "Pelo menos agora não me encontro naquele estado de completo desamparo como no ano passado. [...] Deve existir um espírito bom, misericordioso e amoroso nalgum lugar do universo". Foi a dor

[1] Marie Henry, *The Secret Life of Hannah Whithall Smith*, p. 26, 47.

[2] Idem, p. 119, 126.

inconsolável de perder sua pequena Nellie aos cinco anos de idade que fez Hannah sair de sua escuridão espiritual.[3]

> Pela primeira vez no espaço de dois anos desde que Hannah havia abertamente questionado sua fé, ela sentiu a presença de Deus. Nellie parecia estar por perto, encorajando-a a lutar seriamente pela santidade. Certa vez ela invocou a ajuda de sua filha: "Minha preciosa criança, meu anjinho, eu confio que de fato tu hás de ser um elo de união que me puxará para o céu".[4]

Outro momento traumático para Hannah aconteceu quando ela decidiu abandonar sua herança quacre. A leitura da Bíblia, que não fora incentivada entre os quacres, começou a transformar-lhe a vida, e ela se convenceu da necessidade de ser batizada e participar da Ceia do Senhor com outros crentes. Em conseqüência dessa escolha, foi repudiada por sua família "como uma excluída da casa de meu pai terreno". Todavia, com o passar do tempo, a indignação e a ferida diminuíram, e os laços de família foram reatados.[5]

A partir da época de seus primeiros contatos com os batistas, os Smith avidamente procuraram o aconselhamento espiritual de cristãos de outras tradições de fé — sobretudo nos grupos de santificação metodistas. Foi durante um encontro num acampamento de santificação que Robert provou a "segunda bênção", também mencionada como o batismo do Espírito Santo: "De repente, dos pés à cabeça, Robert foi sacudido por algo semelhante a uma vibração magnética de deleite celestial", escreveu Hannah mais tarde, "e pareceu que um dilúvio de glória fluía por ele, corpo e alma".[6]

Hannah ansiava pela experiência que o marido tivera, mas simplesmente não a conseguia. Caminhou em direção ao altar, armada de lenços, achando que não conteria as lágrimas. Mas nada aconteceu. No ano seguinte, ela jejuou e orou durante duas semanas antes do encontro bíblico. Outros, inclusive Robert, também oravam por ela. Finalmente, a noite do evento chegou; horas se passaram enquanto as lâmpadas iam se apagando, mas Hannah não teve nenhuma experiência maravilhosa a relatar. Concluiu que tinha uma consciência da presença de Deus e não havia

[3] Idem, p. 28.
[4] Idem, p. 31.
[5] Idem, p. 38.
[6] Idem, p. 51.

"nada mais de que precisasse, nenhuma manifestação de sua presença ou seu amor, nenhuma efusão do coração, nenhuma plenitude de alegria".[7]

Mais tarde ela concluiu, sem dúvida utilizando Robert como seu exemplo direto, que "as bênçãos da emoção" não eram tão estáveis e permanentes como as verdades espirituais que brotavam da Escritura.

Em 1872 Hannah chorou a morte do filho mais velho Frank, vitimado aos dezoito anos pela febre tifóide. A dor indescritível só exacerbou problemas que já haviam aflorado no casamento. Robert era emotivo — muitas vezes mentalmente instável — e queria que Hannah fosse mais amorosa e compreensiva com ele. Dos diários e das cartas de Hannah, sua biógrafa concluiu que provavelmente "não era uma mulher sensível aos estímulos sexuais".[8]

Provações no casamento

Em 1873 Robert fez uma viagem ao exterior, na esperança de achar a cura para a depressão e outros problemas físicos. Hannah estava grávida quando ele partiu, e naquele mesmo ano deu à luz um bebê natimorto. Algumas semanas antes, ela escrevera à prima Carrie, dizendo: "A vida com seus fracassos tem-me acabrunhado com a mais indizível tristeza". Depois do parto, ela voltou a escrever: "Ah, Carrie, eu ansiava pelo meu bebê de um modo tão inefável. Ninguém sabe quanto eu preciso do simples conforto que um bebê sempre me traz".[9]

As provações de Hannah vieram de muitas formas. Em 1874 ela viajou para a Inglaterra e juntou-se ao marido, já recuperado da depressão. Juntos, pregaram com eficácia em conferências do movimento Vida Superior — embora muitos se opusessem à idéia de uma mulher fazendo pregações. Todavia, Hannah continuou pregando em todas as oportunidades que se apresentavam — mesmo a bordo de um navio, quando voltavam para os Estados Unidos, apesar de sentir-se "um pouco embaraçada por ter perdido a dentadura durante a convenção de Oxford". Depois disso, ela passou a carregar consigo uma "dentadura de reserva".[10]

Robert voltou à Europa sozinho em 1875 e logo tornou-se "uma figura internacional, encantando grandes platéias com suas pregações", muitas vezes feitas diante

[7] Idem, p. 53.
[8] Idem, p. 61.
[9] Idem, p. 66.
[10] Idem, p. 72, 75.

de milhares de ouvintes apinhados em auditórios. Ele relatou a seu filho que "toda a Europa está aos meus pés". Quando Hannah se juntou a ele, ela também foi saudada como grande professora bíblica. Os estilos, porém, eram diferentes: o emotivo Robert levava suas platéias às lágrimas, ao passo que Hannah ensinava a Bíblia de um "modo vigoroso, simples".[11]

No verão de 1875, Hannah partiu da Inglaterra para a Suíça para um breve repouso. Durante quase dois anos, sua vida fora agradável. "O nervosismo de Robert desapareceu quase por completo. Ele se tornara um pregador conhecido mundialmente. Havia de novo uma doce harmonia entre o marido e a mulher."[12] Tinham quatro filhos sadios, e o *best-seller* de Hannah, *O segredo de uma vida feliz*, fora publicado.

Mas nuvens tempestuosas surgiam no horizonte. Antes do fim de sua viagem pela Suíça, Hannah recebeu um telegrama informando que Robert estava enfermo em Paris e que ela precisaria ir imediatamente para lá. Ao chegar, ela soube pelo marido que ele havia sido dispensado de suas pregações na conferência de Brighton porque uma jovem senhora relatara que ele havia entrado no quarto dela fazendo-lhe insinuações indecentes e "lhe explicou as emoções físicas ao alcance de um homem e uma mulher enquanto se abraçam e oram" (uma "doutrina" em que Robert passara a acreditar alguns anos antes). Agora o famoso evangelizador ganhava as manchetes outra vez: "Famoso evangelizador flagrado no quarto de seguidora apaixonada".[13]

Da salvação das almas à perda da fé

Os Smith voltaram para Filadélfia, onde a condição mental de Robert piorou. Hannah relatou a uma amiga: "Não tenho a menor esperança de que ele se recupere disso". Todavia, no verão de 1876, Robert havia-se recuperado o suficiente para voltar a pregar, agora nos Estados Unidos, na conferência de Framingham. Mas quando o evento terminou, Robert concluiu que nunca mais voltaria a falar em público — e tinha um bom motivo. Tinha sérias dúvidas sobre suas crenças e, já em 1877, "entrou no processo da total perda da fé".[14]

Todas as possíveis *razões* para duvidar e perder a fé podem ser constatadas nas experiências dessa família, inclusive a depressão e enfermidade, a imoralidade, o

[11] Idem, p. 74-75, 77.
[12] Idem, p. 81.
[13] Idem, p. 82.
[14] Idem, p. 83-85.

arrazoado filosófico, a crítica à Bíblia e a decepção com Deus. Não há dúvidas de que a depressão e a enfermidade mental contribuíram para que Robert perdesse a fé e talvez influenciaram outros membros da família na luta para crer. "Durante suas crises de depressão", escreve Henry, "Robert tinha o hábito de recitar uma lista de distúrbios mentais da família".[15]

A própria Hannah lutava contra a dúvida. Ela procurara o batismo do Espírito Santo em várias ocasiões e voltou a fazê-lo em 1876 e 1877, depois do escândalo de Robert. Houve amigos que sentiram "inundações de bênçãos" a partir dessa experiência, mas ela, segundo seu próprio relato, continuou "um velho galho seco" e convenceu-se de que não recebera o batismo devido a sua incredulidade.

> Questionamentos sobre Deus continuaram a atormentá-la. Nas cartas de 1876 a 1878, ela expressava sua ansiedade e dúvida. Sendo que a fé em Deus era a coisa mais importante de sua vida, a angústia espiritual deve ter sido incrível ao temer que a estava perdendo.[16]

Mas a morte novamente interveio. "A pequena Ray, a caçula, nossa menininha perfeita, tinha apenas onze anos e uma vida repleta de promessas", escreveu Hannah em seu diário. "Para essa perda não havia conforto, mas apenas e tão somente a doce vontade de Deus. Enquanto chorava, comecei imediatamente a dizer: 'Seja feita a tua vontade', e essa abençoada vontade me cercou como uma fortaleza daquele momento até este momento."[17] Ela agora tinha mais um vínculo com o céu.

Hannah ficou arrasada quando Robert perdeu a fé. E essa perda da parte dele foi acompanhada da perda da base moral. Em 1882 ela descobriu que ele mantinha um relacionamento secreto com outra mulher. Nos anos que se seguiram, tudo o que ela podia fazer era desviar os olhos "enojada e observar Robert deixando a casa sorrateiro para visitar sua amante". Não há uma relação direta entre a perda da fé de Robert e seu relacionamento extraconjugal com sua "refinada amizade feminina", como ele dizia. Mas mesmo que houvesse conseguido enganar o público, ele não poderia ter fingido para a mulher que era um homem de fé. Seu "comportamento escandalosamente imoral a enfurecia", mas ela pouco podia fazer.[18]

[15] Idem, p. 118.
[16] Idem, p. 86-87.
[17] Idem, p. 100.
[18] Idem, p. 159, 147.

Pecados do pai visitados nos filhos

Haveria mais tribulações na vida de Hannah nos anos por vir — especialmente em relação a sua filha Mary, que abandonou o marido e duas meninas para ficar com outro homem. Hannah muitas vezes lutou contra um irado genro para manter um relacionamento estreito com suas netas, e quando ele teve uma morte prematura ela foi aos tribunais para conseguir a guarda das meninas. Ela venceu a batalha contra os curadores indicados por ele e amou as netas como suas próprias filhas.

Hannah, ao contrário de seu marido e filhos, ateve-se à fé até o fim. Defendeu-a perante a filha em termos muito práticos. Numa ocasião em particular, ela falou não de sua certeza da existência de Deus, mas da certeza de sua *crença* nele: "Tudo o que há de bom em mim provém diretamente de minha crença em um Deus pessoal. E minha força *maior* tem decorrido da persistente manutenção dessa crença ao longo dos dias e meses de feroz tentação no sentido contrário. Teu pai cedeu à dúvida, [...] à concepção e ao crescimento do agnosticismo nele". Ela pediu que seus filhos não falassem com o pai sobre questões de fé, por acreditar que "a descrença dele era contagiosa".[19]

Mas houve outros além do marido dela que influenciaram seus filhos. A família Smith quase parecia um ímã de descrentes — alguns dos quais eram celebridades de seu tempo. Walt Whitman, por exemplo, que morava na vizinhança, visitou a família em 1882, a convite de Mary. Hospedava-se na casa dos Smith, às vezes por dias a fio, e "estabeleceu uma amizade para toda a vida com todos eles, excetuando-se Hannah".[20] As crenças religiosas de Whitman eram seculares, abrangendo o eu e o individualismo. "Eu celebro a mim mesmo e canto para mim", escreveu ele na mais famosa de suas obras, *Folhas de relva*. "Divino sou por dentro e por fora, e eu santifico."[21] Whitman contemplou a possibilidade de começar uma nova religião, com sua própria Bíblia, *Folhas de relva* — uma obra que muitos consideraram obscena devido às explícitas referências ao sexo. O poeta John Greenleaf Whittier referiu-se a ela como um "delírio fálico".[22]

Se sua famosa sexualidade não chegou a alarmar Hannah, o testemunho dele o fez. "Eu nunca tive nenhuma experiência religiosa especial", orgulhava-se ele,

[19] Idem, p. 117.

[20] Idem, p. 115.

[21] Walt Whitman, *Leaves of Grass*, em David L. Larsen, *The Company of the Creative: A Christian Reader's Guide to Great Literature and Its Themes*. Grand Rapids, Mich.: Kregel, 1999, p. 275-276.

[22] David L. Larsen, *Company of the Creative*, p. 275-276.

"nunca senti que precisava ser salvo — nunca senti a necessidade de regeneração espiritual — nunca tive nenhum medo do inferno ou desconfiança do esquema do universo. Sempre senti que ele era perfeitamente certo e visava ao melhor".[23] Essa não era a mensagem que Hannah queria em sua casa — mesmo que o pregador fosse um dos mais famosos poetas do século.

Seus esforços para impedir que seus três filhos perdessem a fé foram "como tentar segurar uma avalanche usando apenas as próprias mãos", escreve Henry. "A descrença dominava os meios intelectuais, artísticos e literários entre os quais Mary, Logan e Alys circulavam." Logan mais tarde testemunhou que perdeu a fé aos onze anos de idade. Mary começou a afastar-se dela enquanto lia Herbert Spencer no Radcliffe College, e o casamento fracassado com um católico romano e um subseqüente caso com um artista livre-pensador selaram sua descrença. Alys casou-se com Bertrand Russell, cinco anos mais novo que ela, um "ateu brilhante e articulado. Menos de um mês após o casamento ela já perdera a fé".[24]

Teologia do céu e da descrença

Quando Robert morreu em 1898, Hannah se afligiu. Todo o ressentimento bloqueado pareceu dissipar-se. Logo depois dessa morte, ela escreveu a uma amiga que seu "querido marido obtivera a permissão para fugir do tabernáculo terreno" e "que esse longo período de escuridão terminou e a luz de Deus finalmente brilhou sobre ele". Ela não o censurava: "Sempre tive certeza de que sua vida foi perturbada por causas físicas e eu acredito que foi de fato das 'amarras de Satanás' que ele foi libertado".[25]

A reação de Hannah à morte de Robert — e sua capacidade de deleitar-se plenamente com os filhos e a família estendida, apesar do abandono em massa da fé — encontra sua melhor explicação em sua perspectiva teológica. Ao morrer, Robert fora "colhido em segurança", exatamente como ela acreditava que os filhos de Deus um dia seriam "colhidos em segurança" — inclusive seus próprios filhos e netos descrentes.[26]

Na verdade, Hannah foi posta sob suspeição por muitos ministros e organizadores de encontros de seu tempo devido ao que alguns definiam como universalismo.

[23] Augustus Hopkins Strong, *American Poets and Their Theology*, p. 455.
[24] Marie Henry, *The Secret Life of Hannah Whithall Smith*, p. 145.
[25] Idem, p. 153.
[26] Idem.

Ela estava convencida de que no fim Deus traria todo mundo para junto de si. Opunha-se com firmeza à doutrina da eleição, segundo a qual Deus escolheria apenas alguns para a vida eterna. Seu enfoque incidia sobre o amor divino — mais exatamente o amor materno de Deus. Ela imaginava que todos — até os mais miseráveis que via na rua — eram criaturas de Deus, e ele no fim não as abandonaria.

> Como mãe, eu jamais vou deixar de amar meus filhos, não importa o que façam. Deus, nosso Deus amoroso, tem um coração de amor materno infinitamente maior que meu. Ele nunca recusa seu amor a nenhum pecador, não importa quão impenitente seja essa pessoa ou quão obscuro seu coração. Seu amor é completamente irrestrito. Ah, é demais. Não consigo ouvir um pregador do evangelho dizer certas coisas limitadas e falsas sobre o Amor de Deus.[27]

Sua crença de que no fim Deus restauraria todo mundo para si foi denominada doutrina da "restituição" e vigorosamente condenada por quase todos os ministros de seu tempo que pregavam sobre os tormentos do inferno para os incrédulos. Mas ela insistia que a posição deles era contrária à Bíblia. Henry resume seus argumentos bíblicos:

> A mensagem de Hannah era basicamente esta: "Deus é o Criador de todos os seres humanos; portanto, ele é Pai de cada um e eles são seus Filhos. Além disso, Cristo morreu por *todos*, e declara-se que ele é a 'propiciação' não apenas pelos nossos pecados, mas ainda pelos pecados do *mundo inteiro* (1Jo 2:2). Por maior que seja a ignorância ou por mais grave que seja o pecado, a promessa de salvação não tem limites, quer ela aconteça neste mundo, quer no outro".[28]

A restauração final vem quando "ao nome de Jesus se dobre todo o joelho dos que estão nos céus, e na terra, e debaixo da terra. E toda a língua confesse que Jesus Cristo é o Senhor, para glória de Deus Pai" (Fp 2:10-11).

O esforço de Hannah para apresentar uma alternativa à doutrina cristã da condenação é compreensível. O inferno, quando é visto como um lugar de punição eterna — seja para aqueles que nunca ouviram o evangelho, seja para os membros

[27] Idem, p. 43-44.
[28] Idem, p. 69.

da família que tiveram todas as oportunidades de ouvir e, contudo, viraram as costas — é motivo de embaraço. Os cristãos através dos séculos lutaram contra a doutrina do inferno. A questão foi discutida recentemente em termos diretos quando o presidente do seminário fundamentalista Batista do Sul disse a Larry King que qualquer judeu que não professa a fé em Jesus irá para o inferno. Era essa espécie de atitude de "desempenhar o papel de Deus" que Hannah combatia.

Muita gente não acredita que a questão se resolva da perspectiva calvinista, que insiste que Deus elegeu alguns para a salvação antes das fundações da terra. Mas o típico cristão reformado logo insistiria que somente Deus sabe quem está entre os eleitos. Essa visão nega a qualquer mero mortal a autoridade de dizer ao apresentador de um programa de entrevistas quem está dentro e quem está fora. De fato, da perspectiva reformada, a eleição num nível humano é entendida de modo muito claro como um chamado para servir. Esse conceito aparece claramente nos escritos do recém-falecido missionário e bispo anglicano Lesslie Newbigin; ele argumenta que a eleição "não é um privilégio especial, mas uma responsabilidade especial".[29]

Mas Newbigin não resolve o problema do inferno. Tampouco existe um jeito de *resolver* o caso da punição eterna. De fato, excetuando-se algumas formas de universalismo como a doutrina da restauração, não há consolo fácil para quem vê uma pessoa querida abandonar a fé. O consolo do cristão deve repousar na infinita graça de Deus, a quem pertencem todos os julgamentos.

Marjorie Holmes trata dessa questão de uma perspectiva muito pessoal. Em "Meu filho perdeu a fé", Holmes tem palavras de conforto e esperança para todos os cristãos que estão desolados, como esteve Hannah, pelo abandono da fé por entes queridos.

> Meu filho perdeu a fé em ti, ó Deus, e meu coração está triste.
>
> Eu o vejo usando todos os argumentos conhecidos, surrados, que negam a tua existência. E eu quero rir, quero ralhar, quero chorar.
>
> Pois eu me lembro muito bem de minha jovem voz de arrogância e saber inflado, descartando a ti. E eu vejo minha mãe me olhando com a mesma expressão que eu agora devo ter no rosto.

[29] George R. HUNSBERGER, *Bearing the Witness of the Spirit: Lesslie Newbigin's Theology of Cultural Plurality*, p. 89.

Apenas mais machucada, mais profundamente perturbada, dizendo: "Não sei responder a sua lógica. Só sei dizer que eu *sei*".

Eu me lembro de todos os anos que a fiz esperar, que a machuquei, que a rejeitei, que transigi com ela enquanto avançava aos trambolhões por todos os sedutores caminhos apinhados de raciocínios para descobrir uma fé que ela nunca havia questionado.

Esperando o dia em que eu exclamasse: "Ora, é verdade! Eu sei".

E agora vejo meu filho jogando fora os fundamentos, partindo para a mesma jornada tempestuosa. E eu só posso pedir-te para não perdê-lo de vista. Não desistir dele por completo. E desejar-lhe um regresso seguro.

Ansiar por um tempo em que ele também (espero que não demore tanto) venha dizer, com ar de descoberta e alívio: "Eu sei".[30]

[30] Marjorie Holmes, *Who Am I God*, p. 25-26.

4 O conhecimento de Deus

Mistério ou questão de fato?

Precisamos ter consciência da profundidade
do mistério que temos diante de nós.
O homem deve hesitar quando está prestes a dizer
algo sobre o ser de Deus.
J. H. Bavinck

"Deus vs. Deus" — esse era o título de um editorial de duas páginas da revista *Christianity Today*. Eu conhecia o debate, mas mergulhei no texto ansiando por alguma nova explicação possível sobre a questão. Sabia também que esse tipo de controvérsia agitaria os alunos de meu curso.

Adoro o paradoxo, o mistério e a tensão na vida — e em minhas aulas. De fato, no primeiro dia letivo, ao apresentar o curso, muitas vezes cito o livro de Parker Palmer, *The Courage to Teach* [A coragem de ensinar]. Ele desafia o professor a aceitar diferenças e tensões na sala de aula bem como na vida: "Tenha paciência com tudo o que não está resolvido em seu coração. [...] Tente amar as próprias contradições. [...] Não procure agora as soluções, que não podem ser aplicadas porque você não seria capaz de as viver. [...] Viva as contradições agora".[1] Do ponto de vista teológico, o mistério, o paradoxo e a incognoscibilidade de Deus são compensados pela auto-revelação divina nas Escrituras. É disso essencialmente que trata o ensaio "Deus vs. Deus".

Exatamente no centro desse debate está a questão da natureza de Deus: quem é Aquele que nós, como cristãos, adoramos? O parágrafo de abertura do editorial prende a atenção dos leitores:

> Não há conceito mais chato de Deus do que aquele tradicionalmente apresentado pelo teísmo filosófico. Além disso, quem quer dirigir orações a uma divindade abstrata e

[1] P. 86.

> alienada? Com certeza, os argumentos filosóficos clássicos tendem a produzir um "Ser supremo" em vez de o Deus da Bíblia que apaixonadamente ama suas criaturas e odeia a corrupção e a opressão. O Deus bíblico não é chato, mas é, como escreveu Pascal, "Fogo! O Deus de Abraão, o Deus de Isaque, o Deus de Jacó, não dos filósofos e intelectuais. Certeza. Certeza. Sentimento. Alegria. Paz. O Deus de Jesus Cristo".[2]

O debate opõe os teístas clássicos aos proponentes do "teísmo aberto", inclusive Clark Pinnock, John Sanders e Gregory Boyd. Esses teólogos representam a Deus como alguém que tem um relacionamento pessoal de mão dupla com suas criaturas — alguém que corre "riscos por envolver criaturas perdidas em relacionamentos verdadeiramente mútuos sem ter garantias de resultados". Nessas condições, "Deus não conhece genuinamente o futuro, e ele de fato muda de idéia quando a situação o exige".[3]

Os clássicos teístas, em contrapartida, insistem que quando Deus é representando nas Escrituras como tendo limitações ou deficiências morais, o autor bíblico está fazendo uso de uma analogia humana: "No cerne dessa idéia do antropomorfismo está a idéia de que, embora falemos de Deus por meio de uma analogia humana, não temos acesso à atividade interior de sua mente".[4]

Cinco anos antes da publicação do editorial "Deus vs. Deus", a *Christianity Today* apresentou um debate sobre o mesmo tópico, enfocando *The Openness of God* [O teísmo aberto], uma coleção de ensaios de Clark Pinnock e outros.[5] Respondendo a esses autores, cuja esperança é de que a boa vontade triunfe sobre o mal, Timothy George escreve:

> Mas o "Deus aberto" não pode garantir que isso venha a acontecer. Ele pode apenas lutar conosco contra o caos e continuar tentando com maior intensidade. A gente poderia sentir pena de um Deus assim, poderia até se solidarizar com ele em sua batalha cósmica contra o poder das trevas. Mas dificilmente alguém se comoveria a ponto de cair de joelhos e adorar uma divindade tão atenuada, desprovida de transcendência. O "Deus aberto" está longe de ser o terrível, santo, nunca surpreendido (apesar de sempre surpreendente) Deus da Bíblia, o Deus que "é fogo voraz".[6]

[2] "God vs. God" (editorial), *Christianity Today*, 7 fev. 2000, p. 34.
[3] Idem.
[4] Idem.
[5] Clark PINNOCK et al., *The Openness of God*, Donwners Grove, Ill., InterVarsity Press, 1994.
[6] Timothy GEORGE, "A Transcendence-Starved Deity", *Christianity Today*, 9 jan. 1995, p. 34.

George procede sugerindo que "em seu desejo de defender 'a reputação de Deus'", esses autores "apresentam um Deus facilitado que traz uma misteriosa semelhança com [aquele de] um especulador do final do século XX. Eles não precisam ficar tão preocupados com a 'reputação de Deus'. Precisam apenas deixar que Deus seja Deus".[7]

O debate "Deus vs. Deus" não é certamente a primeira controvérsia sobre a natureza divina, nem será a última. De fato, é interessante ver que os teólogos — e eles deveriam saber das coisas — parecem lutar tanto quanto os filósofos em seu esforço para entender ou definir a Deus. Sendo que todos os teólogos cristãos dependem da Bíblia como sua fonte primária da revelação, poderíamos esperar que houvesse mais concordância entre eles.

O fato é que eles abordam a Bíblia e as interpretações teológicas de perspectivas muito diferentes. Em sua discussão contra o "teísmo aberto", destaque de capa da *Christianity Today*, Christopher Hall refere-se ao teólogo J. I. Packer: "Packer advertiu-me", escreve Hall, "para tomar cuidado e não esvaziar o mistério das Escrituras pelo desejo inapropriado de consistência racional. [...] Por isso aprendi a viver com a incompletude, o paradoxo, o incompreensível e um profundo mistério entre meu relacionamento com Deus e minhas ponderações teológicas".[8]

O debate atual entre os teístas clássicos e os teístas abertos é primeiramente uma controvérsia doméstica entre evangélicos em que ambos os lados vêem a Bíblia como a palavra autorizada de Deus. Ocorre com maior freqüência que os debates sobre a natureza de Deus opõem os liberais aos evangélicos — embora em muitos casos os evangélicos não entrem no debate para valer porque consideram a autoridade da Escritura como dogma fundamental sem o qual as discussões são essencialmente inúteis.

Teologia do processo e o poder limitado de Deus

Há quem argumente que a teologia do "teísmo aberto" se inspira na teologia do processo, que também vê limites no poder e conhecimento de Deus. Todavia, a teologia do processo limita de maneira significativa a autoridade da Escritura. Poderíamos descrever a teologia do processo simplesmente como uma visão que percebe a Deus como um verbo mais do que como um nome, uma visão em que Deus é um

[7] Idem.

[8] Christopher A. Hall e John Sanders, "Does God Know Your Next Move?", *Christianity Today*, 21 mai. 2001, p. 42.

ser ou uma essência que está sempre em movimento e sempre em mutação. Um livro popular que mostra a influência da teologia do processo é *God: A Biography* [Deus: uma biografia], de Jack Miles, um ex-jesuíta que concentrou sua formação em estudos religiosos e línguas do Oriente Próximo. As questões tratadas são descritas na contracapa do livro: "Que tipo de 'pessoa' é Deus? Qual é seu 'histórico de vida'? É possível abordá-lo não como objeto de reverência religiosa, mas como o protagonista do maior livro do mundo — como um personagem com todas as profundidades, contradições e ambigüidades de um Hamlet?". No primeiro capítulo, "É possível escrever a vida de Deus?", Miles expõe algumas das dificuldades em se fazer exatamente isso:

> A trama começa com o desejo de Deus de ter uma auto-imagem. E se adensa quando essa auto-imagem divina se torna criadora de auto-imagens, e Deus se ressente disso. Do conflito inicial, outros conflitos emergem. [...] Por que Deus criou o mundo? Por que, baseado em razões tão pequenas, o destruiu tão cedo depois de criá-lo? Por que, depois de ignorar totalmente por tanto tempo as guerras da humanidade, ele de repente se tornou um guerreiro? Por que, tendo cuidado tão superficialmente ou descuidado da moralidade, ele se tornou um moralista? Quando sua aliança com Israel pareceu fracassar, que conseqüências se lhe apresentaram? Que espécie de vida o aguardava depois daquela iminente ruptura? Como ele se adaptou ao fracasso de não manter as promessas feitas por ele mediante os profetas? Qual é sua experiência de vida como um ser sem pais, esposa ou filhos?[9]

Como deveríamos reagir a Jack Miles — ou, também, a Clark Pinnock ou John Sanders? É fácil para quem abandonou a Bíblia como a palavra de Deus descartar essas elucubrações como irresponsáveis; mas para quem a leva muito a sério, essas são questões difíceis. Em sua crítica aos argumentos apresentados pelos proponentes do "teísmo aberto", Douglas Kelly pondera que eles "não exploraram exaustivamente a profunda diferença entre o ser criado (finito) e o ser não criado (infinito)". (O mesmo se poderia dizer dos teólogos do processo e de Miles.) "Parecem trabalhar baseados na suposição", continua Kelly, "da validade unívoca da linguagem tanto para Deus quanto para o homem. Isto é, uma palavra deve significar para Deus exatamente a mesma coisa que significa para um ser humano. Por exemplo,

[9] P. 21-22.

'antes e depois' impõem à experiência de Deus as mesmas limitações que impõem à experiência da humanidade".[10]

A natureza oculta de Deus

Quem é Deus? Essa é a pergunta fundamental relacionada à crença e à não-crença. *Quem* é Deus? *Onde* está Deus? *Que* afinidade Deus tem com os seres humanos? Essas perguntas e questões desafiam teólogos, filósofos, sociólogos, psicólogos e uma multidão de outros especialistas. Para muitos cristãos, são questões supérfluas. O Deus descrito nas lições da escola dominical infantil é suficiente para toda a vida. Para muitos não-crentes, um "Deus desconhecido" é com certeza um Deus nenhum.

De fato, há muitos que facilmente confundem a questão da existência de Deus com a questão de sua "incognoscibilidade". A diferença entre a crença e a não-crença geralmente se exprime nos termos daqueles que não somente *acreditam* em Deus, mas *sabem* quem é Deus e daqueles que não acreditam e, portanto, não sabem quem é Deus. E talvez essa generalização seja válida. Mas existe uma subcategoria: a daqueles do primeiro grupo que acreditam em Deus, mas concordam que não podem alcançar a essência divina. Do salmista a Martinho Lutero e a Karl Barth, muitos falam da distância, da natureza oculta, da alteridade de Deus.

A incognoscibilidade de Deus é um conceito poucas vezes mencionado nos círculos evangélicos. Os evangélicos tendem a falar com muita liberdade de seu relacionamento pessoal com Deus; e considerando-se seus hinos, suas orações e devoções centradas na Bíblia, nota-se que eles têm muita familiaridade com Deus. Quanto mais "carismáticos" forem, tanto mais tenderão a testemunhar que *conhecem* a Deus e que Deus fala e interage com eles como se se tratasse de um relacionamento mútuo entre amigos — quase entre amigos do peito.

Aludindo ao "motor imóvel" de Aristóteles, Pinnock fala das novas maneiras de entender a Deus em seu artigo "Deus como o motor mobilíssimo: Como a teologia pentecostal da experiência está mudando nosso entendimento de Deus". Aqui Pinnock censura dois dos mais influentes teólogos da história, Agostinho e Tomás de Aquino, sugerindo que foi por meio deles que "a síntese pagão/cristão" foi "tramada", resultando numa visão unilateral de Deus que favoreceu "a distância em

[10] Douglas F. Kelly, "Afraid of Infinitude", *Christianity Today*, 9 jan. 1995, p. 32.

detrimento da proximidade". Pinnock e outros que insistem que "Deus tem sido refém da filosofia" enfatizam seu conhecimento de Deus por meio da experiência pessoal e falam de um diálogo e uma parceria com Deus.[11]

A confissão e a experiência de *conhecer* a Deus é algo que não deveria ser descartado, embora em geral nas igrejas evangélicas esse seja o único ponto enfatizado. "A natureza oculta de Deus é um tema raramente discutido pelos cristãos", escreve Kelly Clark, "mas é uma fonte primária de nossa ansiedade. Nele se enraízam problemas de dúvidas religiosas, o sofrimento humano e o significado da vida".[12] Essa natureza escondida não deveria ser exagerada, mas as dimensões *conhecidas* e as *desconhecidas* de Deus deveriam ser vistas, num sentido, como complementares e, num outro, como paradoxais. Em seu *Dictionary of Latin and Greek Theological Terms* [Dicionário de termos teológicos latinos e gregos], Richard Muller apresenta o seguinte verbete, muito útil para nosso entendimento:

> Deus absconditus/Deus revelatus: *o Deus escondido/o Deus revelado;* o paradoxo da incognoscibilidade de Deus e a automanifestação divina nas palavras de Lutero. A questão não é que Deus esteve escondido e agora se revelou, mas sim que a revelação feita ao homem desafia a sabedoria do mundo porque é a revelação do Deus escondido. Deus se revela em sua natureza oculta e se esconde em sua revelação. Revela-se paradoxalmente para frustrar os orgulhosos, e *sub contrario*, na onipotência oposta que se manifestou na cruz.[13]

Nos círculos reformados, esse paradoxo tem mais aceitação. A majestade e soberania de Deus são enfatizadas, e os Reformados (pelo menos, historicamente) tenderam a ver sua condição perante Deus como sendo de total submissão. O Deus todo-poderoso falou a todos os tempos por meio de sua Palavra, e nossa resposta na presença de Deus é cair — mesmo que só figurativamente — prostrados diante dele. A soberana vontade de Deus às vezes se confunde com determinismo, mas, qualquer que seja essa vontade, ela não sugere o relacionamento mútuo que está implícito no construto teológico conhecido como teísmo relacional ou "teísmo aberto".

[11] Clark PINNOCK, "God as Most Moved Mover: How the Pentecostal Theology of Experience Is Changing Our Understanding of God", *Worship Leader*, nov./dez. 2000, p. 34.
[12] *When Faith Is Not Enough*, p. 8.
[13] P. 90.

João Calvino, muitas vezes considerado um mestre de detalhes teológicos, prontamente reconhecia que ele mesmo muitas vezes se sentia perplexo diante da incognoscibilidade de Deus. Um de seus biógrafos escreve:

> Portanto, na ausência de revelação divina Calvino recomendava, em questões religiosas, um agnosticismo deliberado, uma *docta ignorantia* que permite que Deus seja mais sábio que nós. "Ser ignorante naquilo que não é possível ou legítimo conhecer", argumentava ele, "é ser sabido". Ele repetia com aprovação a anedota de Cícero sobre Simônides. Este, ao ser indagado pelo tirano Hieron o que é Deus, pediu um dia para pensar, foi pedindo mais tempo à medida que a pergunta era repetida e por fim concluiu que ela simplesmente ficava mais intrigante quanto mais ele refletia sobre ela. "Sabiamente suspendeu o julgamento sobre uma questão tão obscura", concluiu Calvino.[14]

J. H. Bavinck e "O Deus desconhecido"

"O Deus desconhecido" — esse é o título de um capítulo do livro *Faith and Its Difficulties* [A fé e suas dificuldades], de J. H. Bavinck. Faz pouco tempo que conheço o rev. dr. John H. Bavinck (1895-1964), e ainda não o conheço bem — tendo lido apenas dois de seus livros e alguns artigos sobre ele. Mas sinto-me intrigada. Ele foi um missionário reformado holandês na Indonésia, e sua "radical entrega a Jesus", segundo uma das fontes, "foi o poço profundo de onde fluíram suas inclinações ecumênicas".[15]

Muitos crentes reformados tendem a esquivar-se de atividades ecumênicas, mas para Bavinck o ecumenismo brotou naturalmente de sua fé. "Ele era ecumênico, não por se sentir forçado a aparecer ou seguir a moda, mas simplesmente porque em sua simplicidade de criança, grato e alegre, ele reconhecia o Espírito de Jesus Cristo em quaisquer seres humanos e comunidades eclesiais em que ele se revelasse."[16]

Algumas das descrições de Bavinck feitas por J. Verkuyl, um estudioso holandês e seu colega missionário, parecem adequar-se mais a um carismático de hoje do que a um intelectual holandês de sólida formação cujos estudos e escritos se concentraram em questões de teologia, filosofia, psicologia e missiologia.

[14] William J. Bouwsma, *John Calvin: A Sixteenth-Century Portrait*. New York: Oxford University Press, 1988, p. 155.
[15] J. Verkuyl, *Contemporary Missiology: An Introduction*, p. 36.
[16] Idem.

> O gênio de sua [de Bavinck] transparente devoção cristã estava em seu gesto de repetida e radical entrega a Cristo [...] Sua radical devoção a Jesus foi também a fonte de sua profunda sensibilidade às carências de seus semelhantes. Tinha extremo respeito pelos seres humanos e os amava a todos — gente de todas as raças e condições sociais, crianças e jovens. Sua extraordinária cortesia e amabilidade com todos não eram para ele meras regras de convivência social que ele aprendera; elas fluíam da sensibilidade em relação às pessoas que ele contínua e constantemente aprendia mediante a união com Jesus.[17]

Mas havia outro aspecto em Bavinck sobre o qual seu colega faz apenas sugestões: "Ele fora tirado do poder das trevas. [...] E com que agudeza ele conhecia os poderes das trevas, mesmo em sua própria vida!".[18] O que quer que essas trevas tenham sido, Bavinck sabia como poucos falar sobre as dificuldades da fé. Ao contrário de outros missionários que falam de Deus com a confiança de evangelizadores, ele falava sobre estar "constrangido pelo medo e terror quando nos aventuramos a falar de Deus, cujos pensamentos não podemos acompanhar, cujos motivos não podemos sondar ou entender". Não importa a linguagem usada, nós "não chegamos a fazer justiça à sua grandeza e santidade". De fato, Bavinck temia "correr o perigo de puxá-lo [a Deus] para baixo ao *nível* de minha vida e pensamento".[19]

Embora Bavinck prossiga dizendo que o *Desconhecido* pode tornar-se *Conhecido* por meio da natureza, do exemplo e da orientação, e por meio de "sua revelação em Jesus Cristo", todavia, o mistério, o temor e a incerteza permanecem:

> Em todas as vozes que chegam a meus ouvidos, em todos os livros que abro, eu o reconheço e vejo, o poderoso Desconhecido, o Regente da vida, o Soberano de todas as nações. E a cada passo que dou, sinto dificuldade para entender que o Deus desconhecido é o mesmo Deus que em Jesus Cristo dirigiu-me a palavra. E às vezes sinto-me oprimido pelo medo e pela angústia de não poder ver a confluência desses dois; de não poder vê-los avançando numa única direção; e de achar que tudo será demolido e destruído. Essa é nossa tensão e nosso esforço. E trememos de medo.[20]

[17] Idem, p. 35-36.
[18] Idem, p. 35.
[19] *Faith and Its Difficulties*, p. 9.
[20] Idem, p. 11-12.

A honestidade desse missionário, um homem que devotou a vida à proclamação da mensagem cristã, é animadora para todos os que acham difícil encontrar a Deus neste mundo contemporâneo de pluralismo global e distância cósmica infinita. Suas palavras são tão profundas hoje como foram décadas atrás quando ele as escreveu — e elas falam àqueles que lutam com a natureza oculta e a ausência de Deus.

A natureza oculta e a ausência de Deus

A maioria das pessoas que lutam com a dúvida e a incredulidade experimenta a ausência de Deus. Talvez elas sintam uma sensação de perda — ou talvez nem sequer se preocupem com a sensação reduzida ou nula da proximidade de Deus. Seu comportamento característico é não fingir que estão "correndo" ou "se escondendo" de Deus, pois não têm nenhuma sensação de que Deus está à procura deles. É verdade que Adão e Eva, Jonas e outros procuraram esconder-se de Deus, mas seus problemas particulares diziam respeito à desobediência consciente, não à dúvida. Hoje muitos mostram sua desobediência consciente, sua raiva, seus punhos cerrados contra a face de Deus porque se ressentem da interferência dele em sua vida — não de sua ausência.

No entanto, outros sentem profundamente a ausência de Deus. Aqui mais uma vez Bavinck mostra compreensão:

> De acordo com a Bíblia o mundo em que vivemos hoje é absolutamente anormal. Nosso éon é uma era obscura, nebulosa em que as coisas não são o que, na verdade, são. Uma das conseqüências disso é que muitas vezes é como se Deus estivesse ausente. O próprio Deus se esconde: "Verdadeiramente, tu és Deus misterioso", diz Isaías (Is 45:15). É comovente ler na Bíblia as inúmeras queixas sobre o segredo de Deus. Muitas e muitas vezes lemos que ele esconde o rosto, que não estende o braço, que não mostra a mão que socorre. Mesmo no momento central do evangelho ouvimos o tocante grito: "Por que me abandonaste?". [...]
>
> Deus muitas vezes permanece escondido de modo que se poderia pensar que ele não existe, mas ele executa seus planos apesar dos múltiplos eventos da história. Embora às vezes pareça que os acontecimentos tomem seu próprio curso, o dedo de Deus está presente mais do que imaginamos. Mesmo nesta época obscura, ele de fato atua muito mais como Rei do que supomos, embora não vejamos praticamente nada de seu reino.[21]

[21] *The Church Between Temple and Mosque*, p. 130, 134.

Bavinck conseguiu descobrir a presença de Deus de modo extremamente intenso no Filho de Deus vivo e encarnado, Jesus Cristo. Mas os que abandonaram a fé em Deus muitas vezes vêem a divindade de Cristo — e seu iminente retorno — como pouco mais que um mito ou uma piada cósmica. Criamos Deus à nossa imagem, insistem muitos sociólogos da religião, e Jesus é nossa chave para o entendimento desse deus com quem podemos nos identificar. A história da encarnação, argumentariam eles, foi narrada ora de um jeito, ora de outro nas tradições antigas.

Deus e o mito e C. S. Lewis

C. S. Lewis falou dessa questão de Deus e do mito. De fato, seu constante amor pela mitologia antiga lhe proporcionou percepções da fé cristã que ajudaram a remover um dos principais empecilhos para crentes e também não-crentes. Em seu ensaio "O mito tornou-se fato", ele tomou exatamente as objeções atiradas contra o cristianismo e as transformou em provas que o sustentam.

> O coração do cristianismo é um mito que é também um fato. O velho mito do Deus Que Morre, *sem deixar de ser um mito*, desce do céu da lenda e imaginação para a terra da história. Ele *acontece* numa data determinada, num lugar determinado, seguido de conseqüências históricas definíveis. Passamos de um Balder ou de um Osíris, que morrem ninguém sabe onde nem quando, para uma Pessoa histórica que é crucificada... *sob Pôncio Pilatos*. Tornando-se fato, o mito não deixa de ser mito: eis o milagre. [...] Deus é mais do que deus, não menos: Cristo é mais do que Balder, não menos. Não devemos nos envergonhar da auréola mítica presente em nossa teologia. Não devemos ficar nervosos com "paralelos" e "Cristos pagãos": eles *precisam* estar ali — seria um empecilho se não estivessem.[22]

Lewis é um poderoso exemplo de alguém que descobriu uma posição intermediária entre a teologia impessoal que muitas vezes se denomina teísmo clássico e teísmo aberto que alguns acusam de transformar Deus num deus. "Sim, Lewis nos dará a prova escolástica", escreveu Louis Markos, "mas não nos deixará descansar antes de reconhecermos e sentirmos a esmagadora realidade e presença daquele

[22] "Myth Became Fact", em *God in the Dock: Essays on Theology and Ethics*, p. 66-67.

Deus que ele descreve, de várias maneiras, como o caçador, o amante e o noivo".[23] A imagem de Deus como caçador é provavelmente a mais conhecida, sobretudo por estar ligada à própria história da conversão de Lewis.

Crer em Deus foi algo que Lewis havia aceitado tranqüilamente na infância — pelos menos até a morte de sua mãe. Por que, perguntou-se ele, Deus, se de fato existia, não havia atendido suas orações pela recuperação dela? Durante o início da idade adulta de Lewis, Deus já não aparecia; e para todos os efeitos práticos, ele era ateu. Depois da Primeira Guerra Mundial, ele foi para a Universidade de Oxford e então começou sua carreira docente. Foi nesse período da vida que sentiu "que Deus, se de fato existia, o estava seguindo de um modo quase cruel. [...] Que *ele* era a presa, e estava sendo sorrateiramente caçado sem dó, e que Deus estava fechando o cerco sobre ele". Finalmente, em 1929, ele percebeu que já não podia fugir de Deus: "Cedi e admiti que Deus era Deus, e ajoelhei-me e orei: talvez, aquela noite, [eu era] o mais deprimido e relutante convertido na Inglaterra".[24]

Lewis passou a conhecer e entender a Deus por meio das Escrituras e credos antigos bem como por meio da mitologia e experiência pessoal. Permeando esses métodos de conhecimento estava o elemento do mistério.

A proclamação de um mistério

Lewis me ajuda a compreender a Deus com maior clareza, especialmente durante aqueles períodos em que luto com uma profunda sensação da ausência divina. É o *mistério* que nos permite viver em paz com a ausência. Não consigo imaginar a fé sem a presença do mistério. O mistério permeia todas as partículas das verdades que eu mais aprecio, e os autores que proclamam esse mistério despertam e prendem minha atenção.

Frederick Buechner, ministro e autor prolífico, é um desses escritores. Ele fala do mistério em seu livro *Telling Secrets* [Revelação de segredos]. De fato, ele é um pregador do mistério — o que todo pregador deveria ser.

> Eu nunca entendera antes de modo tão claro o que pregar significa para mim. Basicamente, é proclamar um Mistério diante do qual, diante de quem, até nossas idéias mais exaltadas se tornam palha. É também proclamar esse Mistério com uma paixão

[23] Loius A. Markos, "Myth Matters", *Christianity Today*, 23 abr. 2001, p. 35.
[24] C. S. Lewis, *Surprised by Joy*, p. 228-229.

> com a qual as idéias por si sós pouco têm a ver. É tentar colocar o evangelho em palavras não como se você compusesse um ensaio, mas como se você escrevesse um poema ou uma carta de amor — colocando no texto seu coração, seu entusiasmo e sobretudo sua vida. É falar palavras que você espera, por alguma graça, sejam portadoras não apenas de um novo entendimento, mas de uma nova vida tanto para aqueles a quem você fala quanto para você mesmo.[25]

Reconhecer e admirar a Deus como mistério — em oposição ao Deus definido por fatos e provas — pode ser um passo importante para resolver problemas de dúvida e descrença. A ausência e a natureza oculta de Deus só fazem sentido no contexto do mistério. Mas enfatizar o *mistério* é um caminho perigoso, advertiu-me recentemente um apologista evangélico muito conhecido; na opinião dele, isso tinha um certo sabor de misticismo oriental. Talvez sim. Mas, na contemplação do mistério, eu estou ao lado de uma longa tradição de pensadores cristãos — inclusive J. H. Bavinck, grande missionário e evangelizador que sinceramente confessou seu medo, sua angústia e dificuldade de misturar o Deus Desconhecido com Aquele que lhe dirigiu a palavra em Jesus Cristo.

Viver em paz com o mistério é um elemento-chave na manutenção da fé — pelo menos para mim. E quando contemplo as histórias de tantos que abandonaram a fé, ocorre-me que eles se afastaram não tanto de *Deus*, mas sim de uma percepção equivocada de Deus. Ainda ontem pulei de susto no banco lá na igreja ao ouvir uma oração que concluía a mensagem das crianças num culto dominical matutino. O pastor orou assim: "Oi, Deus. Sou eu de novo". Esse tipo de familiaridade conversacional, muitas vezes ouvida nas igrejas evangélicas, a meu ver em nada ajuda nossa compreensão de Deus ou nossos esforços de levar o conhecimento de Deus a nossas crianças. Se saudamos a Deus como saudamos um amigo ao telefone, podemos facilmente nos perguntar se existe alguém do outro lado da linha. Muitos dos que perdem a fé se afastam de um "pai de bate-papo", não d'Aquele Supremo que é realmente *Deus*.

Esse Deus não é apenas meu Deus do acidente. Esse Deus é meu Deus da vida de cada dia. Dessa perspectiva, o culto de ontem para mim foi remido por meio do canto de um famoso hino: "Grandioso és tu". É uma oração que reconhece a Deus *como* Deus — ponderando intensamente a criação divina "maravilhado".

[25] Frederick BUECHNER, *Telling Secrets: A Memoir*, p. 61.

Senhor, meu Deus, quando eu, maravilhado,
Contemplo a tua imensa criação,

Se penso, então, que sem poupar teu Filho,
O enviaste para morrer por mim,

Grandioso és tu, Senhor![26]

[26] Carl Boberg, "Grandioso és tu", nº 52, *Hinário para o culto cristão* (HCC), letra em português de Paulo de Tarso da Cunha, 1964.

5 A NOITE ESCURA DA ALMA

A tênue linha entre a crença e a descrença

Lutava para conhecer meu verdadeiro Deus no escuro,
enquanto vivia no seu silêncio, com a sensação de sua ausência.
De vez em quando um raio bifurcava o céu, como uma espada mística,
ou um pálido sol clareava a orla da terra.
Às vezes eu sentia a luz fraca do espírito como uma noite clara no campo,
longe do brilho artificial da cidade. [...]
Mas a maior parte das vezes persistia uma longa escuridão,
como uma sentença de morte.
LUCI SHAW, *GOD IN THE DARK* [DEUS NO ESCURO]

HÁ UM TIPO ESPECIAL de dúvida sobre o qual eu nada sei — a não ser por meio de minhas leituras. É a dúvida e escuridão que muitas vezes acometem os místicos e os que se entregam à meditação, aqueles que dedicam a vida à busca de Deus e que, no processo desse empreendimento, vão muito fundo ou atingem grandes alturas e acabam chegando a um lugar onde encontram o vazio e a escuridão. Há também aqueles cristãos que atingem uma escuridão espiritual acompanhada de depressão psicológica. Essas experiências muitas vezes são descritas como *a noite escura* ou simplesmente *a escuridão* da alma. Segundo Georgia Harkness, essa *noite escura da alma* é uma das experiências que têm atormentado o coração dos que buscam fervorosamente em todas as épocas.

> Essa experiência da noite escura da alma é um tema comum na literatura mística. Não apenas João da Cruz, mas também sua professora e colega na reforma espiritual, Teresa de Ávila, descrevem com cores muito intensas o desamparo da alma durante períodos de luta para reconquistar o sentido perdido da proximidade de Deus. [...] A marca mais característica em todas as descrições desse estado infeliz é a da busca frustrada da presença divina. Quem descobriu em Deus uma companhia preciosa deseja avançar visando uma intimidade espiritual mais profunda e descobre, para sua grande decepção, que aparentemente está mais longe de Deus do que nunca.[1]

[1] *The Dark Night of the Soul*, p. 24-25.

Meu entendimento da escuridão da alma, embora muito limitado, deriva primeiramente das histórias daqueles que passaram por essa experiência em sua própria peregrinação espiritual. Ao refletir sobre seus testemunhos, uma das ilações mais óbvias, apesar de intrigantes, que ficam em minha cabeça é que muitas vezes há uma relação íntima entre a busca de Deus e a perda da fé — embora não ocorra necessariamente a perda total da fé. O fato de que na maioria os que falam dessa escuridão são católicos romanos talvez seja um detalhe nada desprezível. Eu me pergunto o que esses católicos têm a dizer aos fundamentalistas, pentecostais e evangélicos com suas histórias tão marcantes no gênero da "perda da fé"? Neste capítulo apresento uma série de histórias resumidas e espero que elas esclareçam a escuridão espiritual e lembrem àqueles que enfrentam uma situação semelhante que eles não estão sós, e a escuridão não é um sinal da perda da fé.

Um dos primeiros relatos desse estado é *A noite escura da alma*, obra de João da Cruz, um místico do século XVI. Ele estava convencido de que passar pela noite escura fazia parte da jornada do peregrino em busca da perfeição. Assim, essa noite era confiada somente àqueles que saberiam suportá-la.

Perigos na jornada das trevas

João da Cruz (1542-1591) fez parte da tradição carmelita espanhola e foi amigo da famosa mística Teresa de Ávila. Ao descrever a "noite escura da alma", ele fala de vários níveis, começando pela primeira noite e avançando depois para estágios mais profundos, com muitas referências à escuridão. Nessa veia, escreve:

> A noite espiritual é o quinhão de muito poucos; e são aqueles que já fizeram algum progresso, exercitaram-se nele, de quem falarei mais abaixo. [...] Assim, Deus os deixa numa escuridão tão grande que eles, com suas imaginações e reflexos dos sentidos, não sabem para onde ir. Não conseguem avançar um único passo na meditação, como antes faziam, pois o sentimento interno agora está esmagado nessa noite e abandonado a uma aridez tão grande que já não têm nenhuma alegria ou doçura nos exercícios espirituais, como tinham antes, e no lugar delas só encontram insipidez e amargura.[2]

[2] *Noite escura*, p. 285.

João da Cruz advertia os peregrinos espirituais de que eles enfrentariam perigos nessa jornada de escuridão — perigos tão sérios que aquele que demandava a Deus poderia acabar desistindo:

> Então, durante os períodos de secura, da noite dos sentidos... as pessoas espirituais têm de suportar grandes aflições... pois sentem medo de perder-se nessa estrada; pensando que estão arruinadas espiritualmente e que Deus as abandonou, porque não encontram nenhum socorro ou consolação nas coisas sagradas. [...] Nessas circunstâncias, se não encontrarem ninguém que entenda seu caso, essas pessoas desistem e abandonam a estrada certa.[3]

João da Cruz dá conselhos práticos para os contemporâneos que empreendem uma demanda espiritual. Ele nos adverte que a meditação espiritual profunda não está isenta de riscos e que a intensificação da busca pessoal de Deus não garante necessariamente que Deus será *encontrado*. De fato, seria possível perder a fé nesse processo. Para evitar esse tipo de resultado, quem busca deve estar em contato com alguém que sabe como navegar nessa rota escura. Uma questão fundamental permanece, todavia, acerca do valor de seguir intencionalmente o caminho escuro — uma questão que é levantada de modo apropriado quando examinamos o testemunho de Meister Eckhart e de outros que buscaram esse caminho.

Conhecer a Deus por meio da escuridão da alma

É importante entender que, embora a escuridão da alma muitas vezes inclua um período de dúvida e incredulidade, o objetivo de quem demanda é atingir um plano espiritual mais elevado. De fato, muitos em sua busca celebraram o conceito da escuridão como um caminho para a luz. Os místicos católicos romanos demonstraram isso em sua vida e seus escritos. Meister Eckhart, místico alemão da Idade Média, foi um "entusiástico representante do caminho escuro". Ele insistia que quando um cristão realmente começa a descobrir a Deus percebe que Aquele que é descoberto não é Aquele que foi procurado. "Procure a Deus", escreveu ele, "de modo a nunca encontrá-lo". É esse sentido de *não encontrar* e *não conhecer* que caracteriza muitos dos peregrinos na senda escura.[4]

[3] Idem, p. 286.

[4] William H. Shannon, *Thomas Merton's Dark Path: The Inner Experience of a Contemplative*, p. 11.

Para Eckhart, buscar a Deus era o mais perto que se poderia chegar de conhecer a Deus, mas sua perspectiva desse Deus incognoscível caracterizava-se pelo desinteresse:

> Lembre-se de que Deus tem sido irredutivelmente desinteressado desde o começo, e ainda é assim, e que a criação dos céus e da terra o afetaram muito pouco: é como se ele não tivesse criado uma única criatura. Mas vou mais longe. Todas as orações que um homem possa oferecer e as boas obras que ele possa praticar afetarão esse Deus desinteressado muito pouco: é como se não houvesse orações e boas obras.

No entanto, Eckhart perdia-se em Deus, convencido de que "minha bênção na eternidade depende de minha identificação com Deus".[5]

Pela senda escura

Thomas Merton (1915-1968), místico católico muito famoso, também seguiu a "senda escura" em sua peregrinação de fé. Merton é um personagem fascinante que quase virou "ídolo" nas décadas subseqüentes a sua morte prematura. Nasceu na França; seus pais eram artistas e no fundo não tinham religião. Aos vinte e poucos anos, depois de estudar em Cambridge, mudou-se para os Estados Unidos indo morar com parentes — seus pais haviam morrido alguns anos antes. Completou os cursos de graduação e pós-graduação na Universidade de Columbia, e durante esse período levou uma vida sensual, envolvendo-se com grupos radicais, inclusive o Partido Comunista. Mas ainda antes dos 25 anos, iniciou sua demanda religiosa, e em 1938 batizou-se e aderiu à Igreja Católica Romana.

Três anos mais tarde deu as costas ao mundo e entrou para a Abadia Trapista de Nossa Senhora do Getsêmani em Kentucky. Foi ali que dedicou boa parte de seu tempo a escrever e aprofundar a demanda espiritual. Sua autobiografia, *A montanha dos sete patamares*, conta a história dessa transformação espiritual e da busca de Deus.

Durante os últimos anos de sua existência, Merton abandonou o estilo de vida comunitário do mosteiro para levar uma vida solitária numa moradia isolada dentro do recinto da abadia. Esse tempo de intensa meditação e estudo o levou

[5] Raymond Bernard Blakney, *Meister Eckhart: A Modern Translation*, p. 85.

a profundezas maiores do misticismo da escuridão. O fim veio de repente: "Em 1968, durante uma viagem pela Ásia para transmitir e trocar idéias com líderes religiosos e proferir palestras numa conferência sobre a contemplação cristã asiática, que incluía monges budistas, Merton morreu eletrocutado enquanto tomava banho em Bangcoc na Tailândia".[6]

Merton via a si mesmo inserido numa tradição de contemplativos cristãos, cujos conceitos de Deus eram entendidos dentro do contexto da teologia apofática: "o Deus que se revelou a nós em seu Mundo revelou-se como desconhecido em sua suprema essência". O cristão contemplativo "é chamado a penetrar a escuridão sem palavras e a luz apofática de uma experiência sem conceitos, e aqui ele gradativamente se familiariza com um Deus que é 'ausente' e é como 'inexistente' para toda experiência humana". Deus é muitas vezes sentido como uma "ofuscante escuridão" ou como "a refulgência de uma escuridão luminosíssima". Deus é "conhecido na escuridão... mediante seu desconhecimento".[7]

A busca de Deus levou Merton a tais profundezas de escuridão e vazio que ele perdeu toda noção da presença divina. William Shannon descreve vigorosamente essa sensação de vazio.

> O Deus que nós pensávamos ter conhecido nos é tirado, e a mente já não consegue pensar nele. A alegria de sua presença desapareceu porque já não conhecemos Aquele que está presente. Nem mesmo temos certeza de que Alguém sequer esteja presente. A vontade que outrora amava a Deus com tanto ardor parece incapaz de amar, porque o objeto amado parece ter desaparecido numa escuridão impenetrável. Já não temos Ninguém a quem sequer orar; por isso "perdida está a doçura da oração. A meditação torna-se impossível, até mesmo detestável". [...] Depois, um dia, há uma iluminação. A alma passa a perceber que nessa escuridão ela verdadeiramente encontrou o Deus vivo.[8]

Ao contemplar Merton e sua "escuridão sem palavras", eu vejo a tênue linha entre o caminho escuro e a descrença, bem como as dificuldades de distinguir uma coisa da outra. Também sou levada a lembrar que esse caminho escuro provém

[6] D. L. SALVATERA, "Thomas Merton", em *Dictionary of Christianity in America*, p. 731.
[7] William H. SHANNON, *Thomas Merton's Dark Path*, p. 10-11.
[8] Idem, p. 26-27.

da tradição católica romana, onde a própria tradição tem uma importância muito maior do que nos círculos protestantes. Os protestantes, que vêem apenas as Escrituras como sua autoridade, em vão irão procurar um precedente para seguir essa senda escura. Assim, a maioria dos protestantes (e também dos católicos) contrabalança um retrato de Deus como *desconhecido* com outro de Deus como *conhecido* — conhecido particularmente por meio da revelação especial da Escritura.

O Deus ausente

A mística que talvez mais tenha provado a escuridão da alma foi Simone Weil (1909-1943). Nascida em Paris, numa família de judeus assimilados à comunidade, ela mais tarde identificou-se intimamente com o catolicismo. Aos catorze anos de idade Simone Weil escreve que "entrou numa daquelas crises de infinito desespero típicas da adolescência". Sentia-se inferior a seu irmão e temia que jamais viesse a entender a verdade da vida. "Depois de meses de escuridão interior", escreve ela, "eu de repente tinha uma convicção absoluta de que qualquer ser humano... pode aprofundar-se e atingir a verdade... se ele simplesmente almeja a verdade e constantemente concentra toda a atenção no intuito de consegui-la". Partiu então em busca da verdade.[9]

Em alguns aspectos, Weil seguiu a senda de outros peregrinos e místicos espirituais. Por exemplo, ela evocava uma ocasião em 1937, escrevendo: "Passei dois dias maravilhosos em Assis. Somente ali, na capelinha de estilo romanesco do século XII... onde Francisco costumava orar, algo mais forte do que eu pela primeira vez na vida me compelia a cair de joelhos".[10] Ela teve outras experiências semelhantes que poderiam ser descritas como típicas ou comuns para uma pessoa mística, mas Weil estava longe do místico cristão comum.

Weil leva o conceito de escuridão a um ponto extremo — embora o termo *escuridão* propriamente dito não seja usado com freqüência por ela para descrever o estado da alma. Ela falava da "vacuidade" e do "vazio". "Deus está ausente do mundo", escreve ela, "exceto por meio da existência neste mundo daqueles em quem mora o amor". Deus não apenas estava ausente, mas, para todos os propósitos práticos, ele não existia: "Temos de crer num Deus que é como o Deus verdadeiro em tudo, excetuando-se o fato de que ele não existe". Então, devemos perguntar, quem é Deus:

[9] *A Spiritual Autobiography*, em *Pilgrim Souls: An Anthology of Spiritual Autobiographies*, p. 500-501.
[10] Idem, p. 503.

"Este mundo, na medida em que não é completamente vazio de Deus, é o próprio Deus". Para Weil, alguém poderia conhecer a Deus por meio do sofrimento, seguindo o modelo de Jesus em sua morte na cruz. Seu enfoque no sofrimento formou-se por meio de observações reais do sofrimento na vida dos trabalhadores pobres e na angústia sem sentido dos campos de morte nazistas.[11]

Para a média dos que empreenderam um busca espiritual, o conceito de Deus de Weil não faz sentido. Extremamente proveitoso sob esse aspecto é o artigo de Susan Taubes sobre Weil intitulado "O Deus ausente", onde Taubes distingue o ateísmo religioso do ateísmo secular e enxerga Weil como a principal proponente de um ateísmo religioso que se caracteriza como "um ateísmo místico, uma teologia da ausência e do não-ser, da impotência divina, da não-intervenção divina e da indiferença de Deus". Weil acredita que "a existência de Deus pode ser negada sem se negar a realidade divina".[12]

Uma diferença importante entre Weil e outros místicos é que o misticismo dela se funde com um ceticismo intelectual mais do que com um sonho extático. Ela não testemunhou nenhuma revelação especial, nem visões e vozes; de fato, ela era cética em relação aos que tiveram tais experiências. "Visões e vozes", escreve ela, "resultam de uma interferência ilegítima da imaginação no amor sobrenatural; e as biografias dos santos teriam sido ainda mais maravilhosas sem elas".[13]

Será o ateísmo religioso de Weil preferível ao ateísmo secular? Para mim essa não é uma pergunta fácil de responder. Não gostaria de criticar a honesta busca de Deus de Weil ou de quem quer que seja. Se seu ateísmo místico representa a confissão de fé mais confiante que ela consegue formular, quem sou eu para julgar? Mas me parece que a confissão pessoal deve incluir a crença na existência de Deus — um componente que parece faltar na confissão de Weil.

O TÚNEL ESCURO E A CRUZ PESADA

Ocupando uma posição quase diametralmente oposta à de Simone Weil está Teresinha de Lisieux (1873-1896), conhecida como a "Pequena Flor", que se tornou a preferida dos peregrinadores espirituais cristãos, católicos ou protestantes. Morreu aos 24 anos — ainda quase menina. No entanto, o efeito exercido por ela sobre o mundo

[11] Simone WEIL, citada em Susan A. TAUBES, "The Absent God", em *Toward a New Christianity: Readings in the Death of God Theology*, org. Thomas J. J. ALTIZER, p. 108-111.

[12] Susan A. TAUBES, "The Absent God", p. 107.

[13] Idem, p. 114.

cristão tem sido enorme, especialmente desde a publicação de sua autobiografia em inglês. Ela foi considerada "a maior santa dos tempos modernos" pelo papa Pio X.

Nascida na França como caçula de cinco filhas de um comerciante abastado, Teresinha de Lisieux seguiu suas irmãs entrando para o convento carmelita local após a morte da mãe. Tinha um objetivo: "Quero ser santa". A história de sua infância foi inicialmente escrita "em obediência a sua superiora" — e depois foi expandida como a peregrinação espiritual de sua vida. O que talvez seja mais interessante sobre essa mulher piedosa é que, durante os dezoito meses que antecederam sua morte causada pela tuberculose, ela lutou com a dúvida e a perda da fé. Quando percebeu que iria morrer, "a esperança de ir para o céu", escreve ela, "encheu-me de alegria". Mas depois veio a noite escura da alma, da qual ela fala de maneira muito direta:

> Na véspera daquele dia feliz voltei alegre para minha cela e estava prestes a adormecer tranqüilamente quando meu querido Jesus me deu, como na noite anterior, o mesmo sinal de que eu logo deveria entrar na vida eterna. Naqueles dias, minha fé estava tão clara e vigorosa que eu encontrava a felicidade perfeita no pensamento do céu. Eu não conseguia acreditar que houvesse gente sem fé. [...] Mas durante aqueles radiantes dias da Páscoa, Jesus [...] permitiu que uma escuridão de breu se espalhasse pela minha alma e deixou que o pensamento do céu, tão doce para mim desde a infância, destruísse toda a minha paz e me torturasse. Essa provação não foi algo que durou alguns dias ou semanas. Eu a suportei por meses e ainda estou esperando que acabe. Gostaria de poder expressar o que sinto, mas é impossível. É preciso ter caminhado pelo mesmo túnel sem sol para entender como ele é escuro [...] A voz dos descrentes vinha zombar de mim na escuridão. [...] Que Deus me perdoe! Ele sabe muito bem que, embora não tendo o consolo da fé, eu me obrigava a agir como se o tivesse. Fiz mais atos de fé no último ano do que em toda a vida.[14]

Para Teresinha de Lisieux, a história não termina em negra escuridão. "Deus me mandou essa pesada cruz", enfatizou ela, "exatamente na hora em que eu tinha força suficiente para carregá-la". Embora não tivesse procurado aquela escuridão, ela estava convencida de que se tratava de uma restrição necessária de seus desejos

[14] *The Autobiography of Saint Thérèse de Lisieux: The Story of a Soul*, p. 3, 116-119.

naturais referentes a sua peregrinação para a perfeição — "toda a minha satisfação natural causada por meu anseio pelo céu". Até mesmo o desejo de estar com Jesus era motivado pelo egoísmo, que na opinião dela precisava ser erradicado. "Permitindo que minha fé fosse tentada, Deus aumentou muito meu *espírito de fé.*"[15]

É difícil separar as experiências espirituais das emoções individuais. De fato, exatamente como existe uma tênue linha entre a crença e a descrença, assim também há uma tênue linha entre o espiritual e o psicológico. Um psicólogo talvez avaliasse as experiências descritas por Merton, ou Weil, ou Teresinha de Lisieux de um modo muito diferente daquele de um orientador espiritual. Quais são as causas subjacentes da escuridão? A depressão é um dos fatores? Em alguns casos, a escuridão da alma não parece estar diretamente ligada à depressão, mas em outros casos há uma ligação muito íntima, como se verificou em Henri Nouwen.

A "depressão da alma" de Henri Nouwen

Durante a década de 1980, depois uma notável carreira docente na Universidade de Harvard, Henri Nouwen (1932-1996), sacerdote católico romano, renunciou ao prestígio e ao agradável convívio proporcionado por sua posição universitária e juntou-se à comunidade L'Arche Daybreak de Toronto. Não se tratava de um mosteiro, afastado do mundo. Era uma "família" — seis pessoas com problemas mentais e quatro pessoas normais. Desse grupo, quem mais afetou Nouwen foi Adam, um rapaz de 25 anos com uma significativa deficiência mental — um homem que não podia caminhar, falar, rir ou chorar. "À medida que meus medos foram gradativamente diminuindo", confessou Nouwen, "foi emergindo um amor tão pleno e carinhoso que a maioria de minhas outras tarefas pareciam chatas e superficiais comparadas às horas passadas com Adam. De seu corpo e de sua mente massacrados emergiu um belíssimo ser humano que me oferecia um dom maior que aquele que eu jamais lhe poderia oferecer".[16]

Muita gente que se inspirou nos escritos de Nouwen não faz a menor idéia da profunda depressão vivida por ele — um sentimento que misturava o espiritual e o emocional numa noite escura da alma. O pior episódio dessa escuridão aconteceu logo depois que ele começou seu ministério em Daybreak. Foi precipitado em parte pelo rompimento de uma amizade íntima com um rapaz que lá trabalhava.

[15] Idem, p. 119-121.
[16] "Adam's Peace", *World Vision*, ago./set. 1988, p. 4-7.

Bart Gavigan, um conselheiro que trabalhou ao lado de Nouwen durante sua depressão mais profunda, temeu que ele talvez não conseguisse sair dessa escuridão. O próprio Nouwen alimentou medos semelhantes. Sobre esse período, escreve Gavigan:

> Henri era corajoso e eu o admirava — mas estava de fato muito, muito escuro. Ele não conseguia definir o desespero de sua vida. Não se tratava simplesmente de uma noite escura da alma, era uma noite escura de tudo, do espírito, pondo em risco a fé, pondo em risco seu próprio ser, desejos, anseios e sexualidade. Era um noite escura que punha em risco sua própria vocação, trabalho e carreira de escritor. Mas ele não perdeu a fé.[17]

Ele não perdeu a fé — pelo menos não em algum sentido permanente — mas, segundo seu biógrafo, ele "começou a sentir-se desamparado, sem fé e abandonado. Não conseguia dormir e chorava, descontrolado, horas a fio". É interessante notar que sua única fonte de consolo durante essa fase foi seu estudo de Rembrandt, "o atormentado [...] pintor holandês cuja tumultuada jornada interior no fim o capacitara a pintar *O retorno do Filho Pródigo*".[18] A escuridão de Nouwen não foi uma peregrinação procurada intencionalmente. Ele emergiu dela com a força de sua fé intacta, e o testemunho que deixou encorajou outros que suportam o que se poderia chamar de "depressão da alma" — uma terrível depressão psicológica e espiritual fundidas numa só.

Quando procuro comparar a escuridão provada por Nouwen com o caminho escuro percorrido por Merton ou por outros proponentes da senda escura, eu vejo algumas diferenças significativas. A escuridão provada por Nouwen se assemelha à experiência de outros cristãos desde os tempos bíblicos até o presente. Sua noite escura da alma foi muito mais uma tribulação do que uma senda a seguir. E dessa tribulação provieram uma vida e um testemunho com uma poderosa mensagem da graça de Deus num mundo hostil. Refletindo sobre a noite escura de Nouwen, sinto-me inclinada a pensar que se trata verdadeiramente de uma *tribulação* que muitos cristãos são chamados a suportar. Mas não é algo que se deveria buscar como um caminho para Deus. Os riscos e perigos ao longo do percurso são muito grandes, e os benefícios, na melhor das hipóteses, são tênues.

[17] Michael Ford, *Wounded Prophet: A Portrait of Henri Nouwen*, p. 167.
[18] Idem, p. 172.

Deus no escuro

Luci Shaw escreve com vigor sobre a maldição dessa tribulação. "Se a dúvida é um pecado, sou uma grande pecadora. Sofro a maldição das perguntas, a maldição das dúvidas." Assim escreve Shaw em *God in the Dark* [Deus no escuro]. "Eu me pergunto", continua ela, "se tenho algum direito, nesse estado, de ensinar numa faculdade cristã, ministrar na igreja, ou escrever". Para Shaw, poetisa e escritora muito aclamada, Deus permanece no escuro — mesmo no final de seu livro. A uma amiga ela confessou: "Eu afrouxei meu apego a Deus, e estou esperando na noite escura da dúvida que Deus faça a *sua* jogada". A parte principal do livro enfoca a doença terminal do marido, Harold, e sua subseqüente morte. Mas as dúvidas dela vão muito além de questões de luto. O livro começa com a história de "um de seus mais longos e escuros ciclos", que durou sete anos.[19]

> Eu me lembro, eu me lembro das nuvens escuras deslocando-se através dos anos da vida, estendendo-se como um campo de trigo numa planície ao sol, ofuscado por súbitas sombras. Mutáveis como o clima, meus períodos de dúvidas e questionamento muitas vezes surgiram e depois passaram. [...] Lutava para conhecer meu verdadeiro Deus no escuro, enquanto vivia em seu silêncio, com a sensação de sua ausência. De vez em quando um raio bifurcava o céu, como uma espada mística, ou um pálido sol clareava a orla da terra. Às vezes eu sentia a luz fraca do espírito como uma noite clara no campo, longe do brilho artificial da cidade. [...] Mas a maior parte das vezes era uma longa escuridão, como uma sentença de morte.[20]

Para alguns, como Teresinha de Lisieux, a solução da escuridão, o túnel das trevas, é uma sensação real de luz no fim do túnel. Para outros, nunca há solução — a não ser levar a vida em meio a confusa névoa da incerteza. Ainda para outros, acontece a aceitação da condição. No último parágrafo de seu livro, Shaw escreve:

> Assim, estou esperando. E deixando correr. E deixei de lutar. Estou deixando que a comunidade de cristãos da igreja me carregue consigo. Neste momento sinto Jesus se aproximando de uma forma subjetiva, mas satisfatória. Não se trata de uma prova de sua realidade, mas parece suficiente por enquanto, como se algo se encaixasse com

[19] P. 252, 265.
[20] Idem, p.13-14.

um clique assumindo seu lugar como os botões de minha túnica de Leitora Leiga que vesti esta manhã para ler sobre Abraão cuja fé, apesar de imperfeita, costurada com dúvidas, era suficiente.[21]

Em minha própria peregrinação espiritual, que começou na infância, a dúvida e a fé têm coexistido. Não é uma condição que escolhi para mim, e não é algo que eu possa eliminar — nem necessariamente o desejaria. A dúvida traz tensão e vitalidade à minha fé; está sempre me desafiando a ir mais fundo, a buscar as pepitas de ouro da realidade de Deus em minha própria vida, e sempre me desafiando a pairar mais alto e a descobrir a realidade de Deus no universo. Embora eu cave nas profundezas e paire nas alturas, sempre me fundamento na Bíblia, a própria Palavra de Deus. Mas a Escritura não limita (nem deveria limitar) minha busca alhures daquilo que pode ajudar a esclarecer para mim mesma os mistérios de Deus. Assim, contemplo esses peregrinos em busca de percepções que, no mínimo, me mostrem que não estou só em minha luta para encontrar a Deus.

No fim, porém, o aspecto mais importante de minha peregrinação espiritual é conectar-me com Deus de um modo que seja autêntico para minha própria personalidade e ser. Para muitos isso pode parecer terrivelmente egocêntrico. Deus é Deus. Como ouso eu identificar meu ser como o ponto de partida? Mas eu sei que qualquer conceito que eu tenha de Deus é filtrado por meio de toda a essência de quem eu sou. Assim, quando paro olhando para trás, não me surpreende o fato de eu descobrir a Deus nem na escuridão, nem em fulgurantes êxtases. Mais uma vez um velho hino empresta palavras à oração de meu coração em minha busca de Deus:

> Não quero sonhos, êxtases proféticos,
> Não quero o véu de argila roto agora,
> Não quero ver anjos, nem céus abertos,
> Mas leva-me da alma a treva embora. Amém.[22]

[21] Idem, p. 266.
[22] "Spirit of God, Who Dwells Within My Heart", letra de George Croly, 1867.

Parte 2

Esta seção explora importantes desafios à fé cristã. O Capítulo 6 apresenta uma visão geral desde os tempos bíblicos até hoje, demonstrando que a dúvida e a incredulidade estiveram presentes em todas as épocas. Nele também são identificados os vários desafios à fé que foram surgindo ao longo dos séculos. Esses desafios e obstáculos da fé — quer intelectuais, quer emotivos — são tratados mais especificamente nos capítulos subseqüentes.

O Capítulo 7 enfoca as disciplinas mais salientes relacionadas com a descrença, ciência e filosofia, que muitas vezes funcionam como demovedores da fé cristã. Desde os tempos do iluminismo, muitos presumiram que essas disciplinas combatiam uma forma de cristianismo bíblico, embora a maior parte dos intelectuais ligados a essas disciplinas ignorasse os pontos específicos dos ensinamentos cristãos.

Certas disciplinas discutem diretamente questões de fé e dúvida religiosa, às vezes com profunda influência na cultura ocidental e no surgimento da descrença desde o iluminismo. De fato, algumas dessas mesmas disciplinas acadêmicas que supostamente deveriam reforçar a crença cristã exerceram o efeito contrário. Ótimos exemplos são as áreas de estudos teológicos e bíblicos; os desafios dessas disciplinas são apresentados no Capítulo 8. Outras disciplinas estão tão impregnadas de incredulidade a ponto de suprimir qualquer concepção de Deus. De fato, houve ocasiões em que se presumia que nenhum convincente filósofo, cientista, psicólogo ou sociólogo poderia crer no Deus da Bíblia. O Capítulo 9 trata dos campos da psicologia e sociologia bem como das questões sociais e de estilo de vida que freqüentemente demovem a fé.

Outros assuntos práticos, não teóricos funcionam como empecilhos à fé — problemas que envolvem decepção com Deus e decepção com gente de Deus. Essas questões constituem o tema do Capítulo 10, que trata da dor e do mal neste mundo e na vida pessoal; também trata do problema do pecado e da hipocrisia entre os cristãos. Todas essas *objeções* à fé cristã, identificadas nesta seção, deveriam ser levadas a sério. Descartá-las é descartar a experiência daqueles que abandonaram crenças acalentadas no passado.

6 Reflexões bíblicas e históricas sobre a dúvida e a incredulidade

Uma falácia moderna comum diz que o desenvolvimento
da ciência dificultou a aceitação do cristianismo. [...]
Só se tivermos habilidade e paciência para descobrir
por que o evangelho chocou a humanidade do primeiro século
seremos capazes de usar isso para abalar a satisfação pessoal
e elevar a visão de nossa geração.
G. B. Caird

Como historiadora da igreja e das missões, sempre senti curiosidade diante dos inúmeros relatos de dúvida e incredulidade que fui descobrindo em minhas pesquisas. Nós muitas vezes imaginamos que a história do cristianismo é uma história de crença que obedece a uma seqüência da época dos mártires, à época da fé, à época da reforma, à época das renovações, à época das missões modernas e campanhas de evangelização. É claro que cada época tem sua quota de infames hereges, e podemos distinguir com clareza os infiéis dos fiéis. Porém, debaixo da superfície, a história do cristianismo é muito mais complexa. Forma uma tapeçaria na qual fios de crença e descrença muitas vezes se entrelaçam e misturam de tal modo que fica difícil diferenciá-los.

As origens da descrença são inconfundíveis. A Bíblia se abre no paraíso, que apenas uma tentação separa da descrença. Da Queda em diante, o povo de Deus apresenta uma inclinação à descrença. Martin Marty, o principal historiador da história das igrejas norte-americanas, escreve sobre esse fenômeno:

> O que há de original na descrença de hoje? É ilusório e inútil fazer essa pergunta, como se a descrença fosse um fenômeno novo. [...] A Bíblia não autoriza seus leitores a concluir que o homem abraça a crença sem lutar ou que a fidelidade prevalecia nos tempos em que a crença predominava. Até mesmo a leitura mais superficial da história medieval revela a extensão da ignorância, infidelidade, apatia e rebelião na "Época da Fé". Os Reformadores, como eles mesmos admitem, sob muitos aspectos,

deixaram o mundo e a igreja como os encontraram, e a fé não prevaleceu. Como processo moderno, a secularização já existe há séculos.[1]

Dúvida e descrença em narrativas bíblicas

Não deveríamos ficar surpresos ao verificar que problemas relativos à descrença aparecem logo nas primeiras páginas da narrativa bíblica. A criação dos seres humanos com sua capacidade de pensar e agir de modo independente parece conduzir de forma quase natural a uma dificuldade de crer em Deus. Isso não significa sugerir que Adão e Eva fossem ateus ou agnósticos no sentido moderno desses termos. Não foram. Mas foram — assim como Caim, seu filho — ateus na prática: isto é, agiram como se não acreditassem em Deus ou, pelo menos, na onisciência e onipresença de Deus. Conversaram com a serpente como se Deus não estivesse lá. Desobedeceram ao comando divino de não comer da fruta, como se Deus não ficasse sabendo. Esconderam-se como se Deus não pudesse achá-los.

As dificuldades de Adão e Eva de acreditar plenamente em Deus são as mesmas comumente enfrentadas pela humanidade desde o princípio. Mesmo entre aqueles que afirmariam com mais ardor sua absoluta crença em Deus, permanece a tendência àquilo que eu chamaria de ateísmo *prático* — levar a vida como quem não acredita num Deus pessoal, onipotente, onipresente e onisciente.

O enredo dramático é representado muitas e muitas vezes no registro de Israel do Antigo Testamento: os israelitas servem a outros deuses; Deus os pune; eles voltam ao "Senhor seu Deus". Mas, sob muitos aspectos, trata-se de narrativas de infidelidade mais do que da descrença de Israel em relação a Deus. De fato, por mais estranho que pareça, com todas as suas histórias de carnificinas, crimes, imoralidades e intrigas, o Antigo Testamento não inclui nenhuma história explícita de gente negando a existência de Deus. Ali estão histórias de desobediência, provocação e decepção, mas nenhuma das narrativas gira em torno da dúvida da existência divina.

Encontramos, porém, narrativas sobre dúvidas e descrença no Novo Testamento, nas histórias envolvendo Jesus. Aqui a questão não é se Deus existe, mas sim quem é Jesus. Ele é realmente o Messias, o Filho de Deus? Ou é apenas um outro rabino, filho de um carpinteiro? Muita gente pôs em dúvida as alegações de Jesus, inclusive a mãe dele e seus irmãos. Mas os céticos mais notáveis são João Batista e alguns dos discípulos.

[1] Martin Marty, *Varieties of Unbelief*, p. 36.

Judas, o estranho no ninho

Quando penso na questão da "perda da fé" da perspectiva bíblica, a primeira pessoa que me vem à mente é Judas, o ladrão e traidor que abandonou a fé e traiu Nosso Senhor por trinta moedas de prata. Ao contrário da ordinária perda da fé, Judas *traiu* a Jesus — nada menos do que com um beijo. Lá estava ele nesse momento de crise. Os dias e as horas estavam contados. O crime singular mais injusto da história estava prestes a ocorrer: "Numa colina distante erguia-se uma velha cruz tosca, o emblema do sofrimento e da vergonha". E nesse crime, Judas desempenharia um papel importante.

Judas tem sido uma figura controversa desde os tempos bíblicos, em parte porque os relatos dos evangelhos sobre sua vida, sua traição de Jesus e sua morte são difíceis de decifrar. De fato, alguns estudiosos negam que Judas tenha realmente traído a Jesus. William Klassan, por exemplo, insiste que os estudiosos traduziram o termo grego incorretamente. Em seu livro *Judas: Betrayer or Friend of Jesus?* [Judas: traidor ou amigo de Jesus?], ele resume suas descobertas: "Já se demonstrou que não há base lingüística [...] para usar o termo 'trair' na tradução do relato de Judas a fim de descrever o que ele fez". Além de questionar o termo "trair" empregado na tradução, Klassan argumenta que as provas mostram que Judas não era nem um "informante pé-de-chinelo", nem um "supertraidor". Ele sustenta que "nossas primeiras fontes dizem [...] que Judas nada fez até Jesus mandá-lo fazer". De fato, ele argumenta que Judas não sabia que os supremos sacerdotes entregariam Jesus aos romanos.[2]

As conclusões do professor Klassan derivam em parte de seu uso seletivo de fontes do Novo Testamento. É verdade que há problemas na combinação dos relatos sobre Judas, mas Klassan parece descartar completamente a narrativa do evangelho de João. No entanto, este relato é essencial para um entendimento completo das ações de Judas. Em João 6:70-71 se lê: "Replicou-lhes Jesus: Não vos escolhi eu em número de doze? Contudo, um de vós é o diabo. Referia-se a Judas, filho de Simão Iscariotes; porque era quem estava para traí-lo, sendo um dos doze".

Em que pese seu caráter especulativo, a obra de Klassan levanta algumas perguntas interessantes relacionadas com a questão do abandono da fé. "Que lição se deve aprender", pergunta ele, "de Judas, seu gesto e seu fim? Não devemos observar

[2] P. 3, 57.

que se Judas, que viveu tão perto de Jesus, pôde tornar-se um desertor e até mesmo um traidor, a mesma possibilidade existe para cada um de seus seguidores?".[3]

É no evangelho de João que a natureza da "perda da fé" tem sua explicação mais clara em termos da providência de Deus, e Judas não é o único que abandona a fé. Houve muitos seguidores de Jesus que tiveram dificuldade para entender o sentido de sua mensagem, como se lê em João 6:64-66:

> Pois Jesus sabia, desde o princípio, quais eram os que não criam e quem o havia de trair. E prosseguiu: Por causa disto, é que vos tenho dito: ninguém poderá vir a mim, se, pelo Pai, não lhe for concedido. À vista disso, muitos dos seus discípulos o abandonaram e já não andavam com ele.

Embora a história de Judas pareça mostrar que alguns que aparentemente são discípulos não estão entre os eleitos, nós também encontramos narrativas que mostram que nem uma recusa apressada, nem uma dúvida séria mereceriam a acusação de perda da fé. As narrativas de João Batista, Pedro e Tomé são exemplos disso.

João Batista

Sempre que minha fé está fraca e eu duvido da verdade da mensagem do evangelho, conforta-me saber que não estou só. Encontro companhia mesmo entre os "grandes" da Bíblia, inclusive João Batista.

> Quando João ouviu, no cárcere, falar das obras de Cristo, mandou por seus discípulos perguntar-lhe: És tu aquele que estava para vir, ou havemos de esperar outro?
>
> Mateus 11:2-3

"Pelo menos superficialmente, não parece uma questão enervante para endereçar ao Filho de Deus?", pergunta Gary Habermas. "Não é apenas a questão em si que é tão chocante. Se tivesse partido de alguém na multidão, ela seria provavelmente descartada por muitos leitores como sendo de alguém sem fé. O que a transforma nessa bomba é o fato de ter partido de João Batista, o escolhido de Deus como precursor de Jesus."[4] Embora seja verdade que João, de fato, foi o precursor do Messias

[3] Idem, p. 3.
[4] *The Thomas Factor: Using Your Doubts to Draw Closer to God*, p. 18.

que o batizou, sua confusão acerca da divindade de Jesus é compreensível quando vista no contexto de uma depressão, que poderia facilmente abater-se sobre alguém aprisionado e aguardando a execução.

A teologia de uma seita importante, a Igreja da Unificação fundada por Sun Myung Moon, tem suas raízes nesse incidente. O *Divino Princípio*, a escritura que supostamente foi entregue a Moon pela inspiração divina, abre a porta para um novo messias (agora identificado como o próprio Moon) com base na "traição" de João.

> Contudo, João Batista mais tarde tornou-se gradativamente mais cético acerca de Jesus e no fim o traiu. Naturalmente, os judeus, que acreditaram e seguiram João Batista [...] foram obrigados a assumir a posição de descrer de Jesus. [...] Assim, a fundação da fé que João Batista havia estabelecido para o primeiro roteiro mundial da restauração de Canaã foi, no fim, invadido por Satanás.[5]

O problema da teologia da Unificação é que a Bíblia nunca afirma que João traiu Jesus. No máximo, ela apresenta um homem no cárcere lutando com a dúvida e a descrença. Mas o que é mais importante é que a Escritura prossegue e apresenta o que Jesus fez e disse. Primeiro ele enviou seus discípulos de volta para João com um relato dos milagres que ele havia realizado, e depois falou para a multidão:

> Que saístes a ver no deserto? Um caniço agitado pelo vento? Sim, que saístes a ver? Um homem vestido de roupas finas? Ora, os que vestem roupas finas assistem nos palácios reais. Mas para que saístes? Para ver um profeta? Sim, eu vos digo, e muito mais que profeta. Este é de quem está escrito: Eis aí eu envio diante da tua face o meu mensageiro, o qual preparará o teu caminho diante de ti. Em verdade vos digo: entre os nascidos de mulher, ninguém apareceu maior do que João Batista.
>
> Mateus 11:7-11

Pedro, o apóstolo

> Estando Pedro embaixo no pátio, veio uma das criadas do sumo sacerdote e, vendo a Pedro, que se aquentava, fixou-o e disse: Tu também estavas com Jesus, o Nazareno.

[5] *Divine Principle*. New York: The Holy Spirit Association for the Unification of World Christianity, 1973, p. 348.

> Mas ele o negou, dizendo: Não o conheço, nem compreendo o que dizes. E saiu para o alpendre. [E o galo cantou.] E a criada, vendo-o, tornou a dizer aos circunstantes: Este é um deles. Mas ele outra vez o negou. E, pouco depois, os que ali estavam disseram a Pedro: Verdadeiramente, és um deles, porque também tu és galileu. Ele, porém, começou a praguejar e a jurar: Não conheço esse homem de quem falais! E logo o galo cantou pela segunda vez. Então, Pedro se lembrou da palavra que Jesus lhe dissera: Antes que duas vezes cante o galo, tu me negarás três vezes. E, caindo em si, desatou a chorar.
>
> Marcos 14:66-72

A negação de Pedro é diferente da incerteza de João. Tanto Pedro quanto João estavam diante do braço cruel da perseguição religiosa, coisa nada parecida com o que conhecemos no mundo ocidental contemporâneo. Mas a incerteza de João se origina do desespero, ao passo que a negação de Pedro é um disfarce defensivo e desonesto. Não é difícil imaginar que Pedro, como João, possa ter tido suas incertezas acerca de quem era Jesus; mas no momento da confrontação ele estava muito mais preocupado com sua preservação do que em confessar suas dúvidas. No entanto, ele imediatamente mostra pesar e se arrepende de sua negação — embora o arrependimento venha, sugerem alguns, assim que ele está fora de perigo iminente. A importância de sua negação é indicada pelo registro feito nos quatro evangelhos.

Como no caso da traição de Jesus por Judas, a negação de Pedro não apanhou Jesus de surpresa. De fato, sabemos que Jesus previu a traição de Pedro várias horas antes que ela ocorresse. E com a mesma convicção com que o evangelho de João apresenta Judas como um instrumento do diabo, os evangelhos apresentam Pedro arrependido. Depois da ressurreição ele está entre os onze discípulos, e, referindo-se a todos eles, Jesus "censurou-lhes a incredulidade e dureza de coração, porque não deram crédito aos que o tinham visto já ressuscitado" (Mc 16:14).

O desconfiado Tomé

A figura bíblica mais freqüentemente associada com a dúvida é o apóstolo Tomé. Para Tomé, a questão não foi a ganância, como para Judas; nem a confusão e a depressão, como para João Batista; nem o medo, como para Pedro. Tomé ficou cara a cara ou com o grande milagre ou com a maior fraude do mundo, e seu futuro estava em jogo. Para ele, como para cada homem e mulher desde aquela época, acreditar na ressurreição era uma questão de vida ou morte. Eu escrevi sobre esse incidente num artigo para a revista *The Church Herald* em 1991, ressaltando que um dos aspectos mais profundos da história da Páscoa é que ela fala tão vigorosamente das duas coisas: da fé e da dúvida. De um lado, vemos a fé das mulheres discípulas — as últimas ao pé da cruz, as primeiras junto ao túmulo. E do outro lado, vemos a dúvida de alguns dos homens discípulos, especialmente Judas, Pedro e Tomé. Tomé é aquele que eu destaco:

> Mas Tomé desempenhou um papel crucial. Ele me representou e representou a todos os seguidores de Jesus ao longo da história que se inclinam para a dúvida. Ele fez perguntas e exigiu a prova que minha débil fé muitas vezes pede. Ele não merece nenhum louvor por isso, mas sempre lhe serei grata por sua recusa a aceitar o testemunho dos outros discípulos. Ele era um sujeito propenso à dúvida e precisou de uma prova pessoal, e essa prova muitas vezes me deu confiança.
>
> Tenho a impressão de que Tomé era cético por natureza, e sua ardente confissão ("Meu Senhor e meu Deus") pouco ou nada fez para mudar sua personalidade fundamental. [...] Apesar de tudo, foi Tomé quem, segundo nos diz a tradição, desempenhou o ministério mais abrangente dentre os doze apóstolos. Ele foi para a Índia, onde estabeleceu igrejas que continuam até hoje.[6]

Tomé era o discípulo que estava ausente quando Jesus fez sua aparição após a ressurreição para outros discípulos, que estavam enclausurados juntos numa casa. Ele ouviu outros discípulos falando dessa visita, mas achou que era uma história muito difícil de acreditar: "Se eu não vir nas suas mãos o sinal dos cravos e ali não puser o dedo, e não puser a mão no seu lado, de modo algum acreditarei" (Jo 20:25). Quando Jesus apareceu novamente aos discípulos uma semana depois, Tomé estava entre eles — e Jesus falou diretamente com ele, convidando-o a fazer o que ele dissera querer fazer. Tomé respondeu com palavras que ecoam através dos séculos: "Senhor meu e Deus meu!" (Jo 20:28). Isso diz tudo.

No entanto, Jesus teria a última palavra: "Porque me viste, creste? Bem-aventurados os que não viram e creram" (Jo 20:29).

Examinando rapidamente figuras do Novo Testamento vimos uma personificação da fé que não é sempre resoluta e metódica. Há tensão, incerteza e confusão.

[6] Ruth TUCKER, "Faith That Welcomes Doubt", *The Church Herald*, abr. 1991, p. 21.

O bom está misturado com o ruim, o orgulho com a humildade, a verdade com a falsidade. Judas parece ter abandonado qualquer fé que talvez tivesse. João Batista hesitou em sua fé. Pedro negou e praguejou. Tomé exigiu uma prova. E eles eram íntimos de Jesus, por assim dizer. De fato, a dúvida e a descrença, como são apresentadas nas Escrituras, de modo algum constituem o assim chamado pecado imperdoável. Muitas e muitas vezes há uma sensação de entendimento e perdão. A mensagem da Escritura é inconfundível. Deus é soberano, e ele conhece nossas dúvidas e negações antes que elas ocorram. No entanto, somente nós somos responsáveis, merecendo censuras por nossa falta de fé. "Aquele, pois, que pensa estar em pé veja que não caia" (1Co 10:12).

Perseguição e negação pós-apostólica

Conforme saímos da época bíblica e entramos no que muitas vezes se denomina "história da igreja", o contexto da dúvida e da descrença não muda de modo significativo. A crença no sobrenatural é um pressuposto. Embora se possa debater essa crença sobrenatural e sentir o silêncio de Deus, o mundo do sobrenatural foi quase universalmente pressuposto na história da igreja.

Muito se escreveu sobre a grande fé dos primeiros cristãos diante da perseguição. Talvez o mais conspícuo mártir da era pós-apostólica tenha sido o idoso bispo Policarpo. Ele se escondeu num depósito de feno para não ser preso, mas foi descoberto e levado a julgamento. Quando o procônsul exigiu que ele jurasse pela divindade de César e amaldiçoasse a Cristo, Policarpo fez sua declaração que hoje é famosa: "Durante oitenta e seis anos eu o tenho servido, e ele jamais foi injusto comigo. Como posso agora blasfemar contra meu Rei que me salvou?".[7] O resto da história é História. Policarpo foi queimado na fogueira.

Mas nem todos os que professavam a fé cristã responderam como Policarpo, segundo nos informam os escritos de Eusébio, historiador da igreja primitiva. Muitos negaram a fé em face da tortura e perseguição. Ele fala da indescritível tortura de mulheres e homens — Quinta, Apolônia, Metra, Serapião e outros — que agüentaram até o fim. Mas há também outra história. A crueldade do imperador submeteu cristãos ao teste supremo. Tão terrível era o suplício, escreve Eusébio, que se fosse "possível os próprios eleitos tropeçariam". O relato seguinte fala do horror em Alexandria no terceiro século:

[7] Eusebius, *Ecclesiastical History* [traduzido ao português pela editora Novo Século sob o título História eclesiástica], p. 146.

> O decreto havia chegado, muito semelhante àquele que fora previsto por Nosso Senhor, mostrando o aspecto mais horrível; de modo que, se isso fosse possível, os próprios eleitos tropeçariam. Todos, de fato, estavam muito alarmados [...] Mas alguns avançaram com mais prontidão para os altares e descaradamente afirmaram que nunca haviam sido cristãos. [...] Alguns, igualmente, depois de suportar a tortura por um tempo, no fim renunciaram. Outros, porém, firmes e abençoados pilares do Senhor [...] tornaram-se admiráveis testemunhas de seu reino.[8]

Incredulidade numa época de fé

A época medieval muitas vezes foi mencionada como a Época da Fé, mas foi também a época da incredulidade. Durante boa parte do período, a Igreja Católica Romana reinou nas duas esferas, a eclesiástica e a política, mas o nível de espiritualidade era muitas vezes baixo — especialmente nos mais altos escalões de comando, inclusive o próprio papa.

Os filósofos nessa Época da Fé defenderam com veemência a fé cristã, inspirando-se na filosofia clássica. Anselmo (1033-1109) se destaca devido a sua prova ontológica da existência de Deus: a não-existência de Deus é inconcebível. Outro brilhante filósofo do século XI foi Pedro Abelardo, autor de *Sic et Non* [Sim e não], obra que provocou um tumulto nos círculos eclesiásticos. Nessa obra ele expôs seu método filosófico: a chave da sabedoria é a dúvida. Ele foi um precursor do pensamento do iluminismo que viria séculos mais tarde.

Tomás de Aquino (1224-1272), o mais célebre filósofo e teólogo do período medieval, confessou que "o máximo que o homem pode saber é que ele não conhece a Deus". Todavia, seu passaporte para a fama foi, talvez mais do que qualquer outra coisa, sua formulação das famosas "Cinco Maneiras" que tentaram estabelecer a existência de Deus por meio da teologia natural. Digno de nota é o fato de que na suposta Época da Fé Tomás de Aquino tenha se esforçado tanto para provar a existência de Deus — talvez o tenha feito mais em benefício próprio do que em benefício dos outros. Essas "maneiras" eram argumentos filosóficos, extraídos em grande parte de Aristóteles; eram um jeito de juntar a fé e a razão.

Na Época da Fé era natural que se debatessem questões sérias acerca de Deus; e no meio do debate, alguns lutavam para crer. Um testemunho pessoal disso pro-

[8] Idem, p. 258-259.

vém de Otloh de S. Emmeram (1010-1070): "Durante muito tempo eu me senti atormentado pela compulsão a duvidar totalmente da confiabilidade da Sagrada Escritura e até mesmo da existência do próprio Deus". Otloh mais tarde achou o caminho de volta para a fé segura, mas sua confissão ilustra as lutas enfrentadas por pensadores muito antes do iluminismo.[9]

Reforma, dúvida puritana e descrença

Do mesmo modo que não associamos a dúvida e a descrença com a Época da Fé, também não associamos a mentalidade cética com a Reforma. No entanto, os mais célebres reformadores tiveram sua fé duramente testada em certas ocasiões.

Em 1527, apenas uma década depois de fixar suas famosas 95 teses na porta da igreja de Wittenberg, Martinho Lutero sentiu-se paralisado pela depressão e pela dúvida. "Por mais de uma semana", escreve ele, "estive perto das portas da morte e do inferno. Todo o meu corpo tremia. Cristo estava totalmente perdido. Sacudia-me o desespero e a blasfêmia contra Deus". Lutero deteve-se em outras ocasiões sobre a natureza oculta de Deus, mas sempre foi trazido de volta para as Escrituras — a Palavra de Deus pela qual ele arriscara a vida. Mas as próprias Escrituras eram muitas vezes problemáticas para Lutero. Isso está ilustrado em seus comentários sobre a passagem do evangelho acerca da mulher cananéia, cujo lugar, Jesus parecia estar dizendo, não era à mesa mas sim com os cães (Mt 15). Lutero tinha apenas uma explicação: "Tudo isso está escrito para nosso conforto, para que possamos ver em que profundidade Deus oculta sua face e como não devemos nos portar segundo nossos sentimentos, mas apenas segundo sua Palavra".[10]

Àqueles que lutavam contra a dúvida e a descrença, Lutero oferecia palavras pastorais de conselho e conforto:

> Se Deus se esconde nas nuvens da tempestade que pairam sobre o cume do Sinai, então juntem-se ao redor da manjedoura, olhem para Jesus infante pulando no colo da mãe, e saibam que a esperança do mundo está aqui. Ou, então, se Cristo e Deus são igualmente inacessíveis, nesse caso olhem para o firmamento dos céus e admirem-se

[9] Christopher B. Kaiser, "From Biblical Secularity to Modern Secularism", em *The Church Between Gospel and Culture*, p. 96-97.

[10] Roland H. Bainton, *Here I Stand: A Life of Martin Luther*, p. 282-284.

> com a obra de Deus, que os sustenta sem pilares. Ou apanhem a menor das flores e vejam na menor pétala o trabalho das mãos de Deus.[11]

João Calvino também lutou contra a dúvida e, como Lutero, considerava isso como uma tribulação autêntica. Resumindo a visão de Calvino, William Bouwsma escreve que "a tendência ao pecado, desde que o cristão a ela se oponha, não é fatal" uma vez que "a salvação se deve apenas à fé". Mas potencialmente fatal é um adversário muito pior — "não o pecado, mas a dúvida, que tem a ansiedade como conseqüência imediata". De fato, para Calvino, "a dúvida e a ansiedade são assim os piores adversários de todos os cristãos, até mesmo dos mais fiéis". Ao discutir esse assunto, ele parece incluir também a si mesmo:

> "Cada um de nós conhece até bem demais, a partir de suas próprias experiências", insistia Calvino, "as nossas dificuldades em crer". "A fraqueza de todos nós certamente presencia muitas dúvidas que nos invadem sorrateiramente." Os santos "muitas vezes hesitam na incredulidade". "A fé nunca está isenta de combates", pois o diabo constantemente sugere "muitas ocasiões de incredulidade". Calvino testemunhou o terrores da dúvida.[12]

Avançando na história encontramos os puritanos, que, mais que muitos outros grupos religiosos, tinham muita consciência de seu relacionamento com Deus. Ele era simplesmente uma presença indiscutível em todos os aspectos da vida. Assim, questionar a existência de Deus pareceria absurdamente fora de propósito. No entanto, uma das mais profundas confissões de incredulidade vem das fileiras puritanas, e nada menos do que de uma mulher. Anne Bradstreet foi a mais célebre poetisa da Nova Inglaterra colonial. Seu pai e seu marido foram ambos governadores notáveis da Massachusetts Bay Colony, e ela foi mãe de oito filhos. Na carta abaixo, endereçada aos filhos, ela confessa sua luta com a dúvida e a incredulidade. No entanto, apesar das dúvidas, ela permaneceu fiel à fé de sua infância.

> Muitas vezes Satanás tem-me atribulado acerca da verdade das Escrituras, muitas vezes com o ateísmo perguntando como eu podia saber se existia um Deus; eu nunca

[11] Idem, p. 286-287.
[12] William J. Bouwsma, *John Calvin: A Sixteenth-Century Portrait*, p. 184.

> vi nenhum milagre para confirmar nada, e aquele sobre os quais leio, como saber que não foram forjados? Que existe um Deus minha razão logo me diria com as maravilhas que vejo. [...]
>
> Mas como poderia eu saber que ele é o Deus que adoro na Trindade, aquele Salvador no qual eu confio?[13]

Ceticismo iluminista

O iluminismo cobrou um tributo à fé cristã. O século XVIII foi o que produziu Voltaire, Hume, Kant e outros filósofos que desafiaram os próprios fundamentos da crença cristã. Seus tratados filosóficos exerceram um efeito paulatino, de modo que após algumas gerações toda a sociedade ocidental foi afetada. Mas o século XVIII foi também o século da expansão do pietismo e dos ressurgimentos evangélicos, especialmente por meio dos ministérios de John Wesley, George Whitefield e Jonathan Edwards.

Tanto o iluminismo quando os ressurgimentos evangélicos teriam efeitos profundos e duradouros — e muitas vezes competiriam pelas almas de homens e mulheres. Essa tensão está ilustrada na história de Robert Taylor (1784-1844), um filho do século XVIII que atingiu a maturidade no século seguinte. Quando jovem, Taylor, tendo sido "convertido por um pregador calvinista", abandonou a prática da medicina e preparou-se para o ministério. Tinha o dom da pregação e avançava na direção de uma promissora carreira como ministro anglicano, mas após apenas quatro anos, "o drama de sua vida" começou. Um de seus paroquianos lhe havia emprestado livros de Edward Gibbon e Thomas Paine, obras que desafiavam os fundamentos sobrenaturais da fé e da igreja cristãs. Tão drasticamente foram suas crenças abaladas que ele, segundo seu próprio testemunho, se "convenceu [...] de que a religião cristã [...] é a maior desgraça que já se abateu sobre a raça humana".[14]

Depois desse "drama", Taylor deixou o ministério de sua paróquia — mas não por muito tempo. Ele se retratou de sua incredulidade e continuou no ministério, embora sofrendo certa oposição. Outro clérigo anglicano publicou um tratado acusando-o de disfarçar sua descrença na volta ao ministério. Taylor ocupou cargos em outras paróquias, mas devido a rumores sobre sua infidelidade, eles tiveram peque-

[13] White, Elizabeth Wade. *Anne Bradstreet: "The Tenth Muse"*, 1971.
[14] Jim Herrick, *Against the Faith: Essays on Deists, Skeptics and Atheists*, p. 150-151.

na duração. "Em sua última paróquia", segundo o autor Jim Herrick, "ele decidiu fazer sermões com a máxima ironia para poder levantar "a âncora das convicções religiosas" de toda a paróquia e fazer que todos flutuassem livremente. Multidões acorriam para ouvir o padre descrente, e ele acabou sendo proibido em definitivo de ocupar o púlpito".[15]

Durante o resto da vida, Taylor preocupou-se unicamente em difundir seu ceticismo por meio de livros e fundando a Sociedade da Evidência Cristã, cujo propósito era promover provas em favor da incredulidade. Foi recompensado por seus esforços com detenções e duas passagens pela cadeia. Ele, contudo, deixou sua marca na sociedade inglesa. Em 1834 um empresário da indústria têxtil publicou um apelo que apresentava a necessidade de mais ensinamento cristão. O documento incluía as linhas seguintes:

> A infidelidade está crescendo de maneira impressionante. [...] Os escritos de Carlile, Taylor e de outros descrentes são mais lidos que a Bíblia ou qualquer outro livro. [...] Tenho visto semana após semana os tecelões reunidos numa sala, onde caberiam 400 pessoas, para aplaudir quem afirmava e argumentava que não existia Deus. [...] Visitei casebres em volta da capela que freqüento, e descobri vinte homens reunidos lendo publicações infiéis.[16]

O Grande Século — da descrença

O século XIX foi designado pelo historiador Kenneth Scott Latourette como "o Grande Século" das missões. O cristianismo difundiu-se pelo mundo inteiro em conseqüência do sacrifício de missionários ocidentais que zelosamente desejavam levar o evangelho a todas as tribos, nações e línguas. Houve também um forte impulso humanitário permeando as missões estrangeiras bem como as missões domésticas. Foi a era das sociedades voluntárias da Inglaterra vitoriana e dos Estados Unidos: as pessoas se uniam para ministrar a prisioneiros, órfãos, mulheres "decaídas" e inúmeros outros que se haviam perdido nas fendas da sociedade industrializada.

O Grande Século foi também o século das tão famosas campanhas conduzidas por figuras carismáticas tais como Charles G. Finney e Dwight L. Moody e célebres pregadores como Charles Hadden Spurgeon e Henry Ward Beecher. Mas nessa

[15] Idem, p. 151.
[16] Idem, p. 155.

mesma época em que o cristianismo parecia crescer, havia sinistras ameaças à fé histórica. A revolução darwinista afetou profundamente a mente vitoriana, resultando numa perda coletiva da fé. Matthew Arnold, um dos mais provocadores poetas da Inglaterra vitoriana, capta esse espírito no poema "Dover Beach: The Eternal Note of Sadness" [Praia de Dover: O som eterno da melancolia], que sintetiza o declínio da fé e o crescimento do ceticismo em sua geração:

> O mar da fé
> Uma vez, assim, repleno, cingindo a terra,
> Estendia-se como as dobras de um brilhante cinturão plissado.
> Mas agora só consigo ouvir-lhe
> O melancólico, longínquo ronco profundo
> Em sua fuga ao sopro
> Do vento noturno pelas vastas margens sombrias
> E despojados beirais do mundo.

"Para Arnold essa falta de fé não é motivo de celebração", escreve Kelly Clark. "O mundo carece de um centro amoroso e redentor para reconciliar todas as coisas. [...] Onde as pessoas ouviam a voz de Deus retumbando nas ondas, Arnold ouve agora apenas o silêncio."[17]

A crise de fé do século XX

Talvez a maior ameaça à fé no século XX tenha sido o progresso da tecnologia moderna e a sensação inconsciente (embora nem sempre) de que o mundo ou resolverá todos os seus problemas ou se destruirá sem ajuda alguma de Deus. Houve um tempo, especialmente nas décadas de 1950 e 1960 em que havia uma sensação de otimismo opondo-se a essa sensação de desespero, nenhuma das duas exigindo a interferência de Deus. Lembro-me bem dessa época. Eu passava pela adolescência, e foi um tempo em que minha fé em Deus tinha para mim uma importância suprema. No entanto, eu havia caído no mito do progresso infinito de um lado e, do outro, da possível destruição do mundo — tendo este um viés teológico.

Lembro-me de uma viagem que fiz do Texas para Wisconsin durante os anos de faculdade e de como tirava a vantagem máxima do potencial de uma rodovia cujo

[17] *When Faith Is Not Enough*, p. 12.

limite de velocidade era de 130 quilômetros por hora. Lembro-me de que pensava comigo mesmo: *Dentro de alguns anos o limite de velocidade será de 160 quilômetros por hora, depois 200 e depois 250.* Tantos avanços já se haviam verificado durante minha vida que eu não podia imaginar que o "progresso" jamais pudesse diminuir o ritmo. Inconscientemente, esse progresso parecia estar muito pouco relacionado com Deus.

O fato é que esse deus de duas cabeças da tecnologia e do progresso desafiou o Deus bíblico durante a maior parte do século. Mas outro deus ergueu a cabeça durante o século XX para desafiar a Deus — o deus da revolução social e do marxismo que alimentou a rápida difusão do comunismo. Lá pelos meados do século, a Guerra Fria opusera esses dois deuses entre si numa batalha colossal. Mas décadas antes, o deus da revolução social começara a conquistar o coração de indivíduos cuja descrença infectou uma nação inteira. Essa saga foi ilustrada pelo testemunho de um jovem russo, um homem cuja história descreve o efeito negativo do comunismo ateu sobre uma geração de russos.

Sergei Bulgakov (1871-1944) nasceu numa família de sacerdotes ortodoxos russos e, na juventude, foi enviado a um seminário a fim de preparar-se para a mesma profissão. No seminário ele passou por uma profunda crise religiosa, confessou ele mais tarde, que "resultou em minha perda da fé religiosa por muitos, muitos anos". A família ficou profundamente preocupada não apenas com sua perda da fé mas também com seu novo credo: "Ao perder a fé religiosa eu naturalmente e, por assim dizer, de modo automático, adotei o espírito revolucionário então predominante entre os intelectuais. Sergei Bulgakov matriculou-se na Universidade de Moscou, onde mais tarde foi professor. Mas ele não tinha nenhuma sensação real de contentamento: "Minha mente desenvolveu-se seguindo as linhas do pensamento social e socialista [...] até que eu finalmente parecia escravizado pelo marxismo, que combinava comigo do mesmo jeito que uma sela combina com o lombo de uma vaca".[18]

Depois de uma década de vida "sem fé", Bulgakov sentiu que "um vazio religioso reinava em minha alma". Achar o caminho de volta foi um processo lento. "Tendo recuperado a fé num Deus 'pessoal', em vez do deus impessoal do progresso, eu aceitei Cristo — a quem havia amado nos anos da infância." Depois ele começou a estudar a teologia ortodoxa e por fim voltou para a igreja de sua tradição. Essa

[18] Sergei BULGAKOV, citado em *Pilgrim Souls: An Anthology of Spiritual Autobiographies*, p. 92-93.

reconversão para a igreja atiçou as autoridades comunistas contra ele, obrigando-o a fugir de sua terra natal. Emigrou para Paris, onde mais tarde foi nomeado diretor da Academia Teológica Ortodoxa, cujo corpo docente incluiu vários importantes teólogos ortodoxos do século XX.[19]

Reflexões do passado e sobre o futuro

Que podemos concluir sobre o predomínio da dúvida quando olhamos para trás e examinamos a história da igreja? Com certeza sempre houve dúvida e incredulidade entre os cristãos, mas jamais no passado os cristãos de culturas que poderiam ser chamadas de "culturas cristãs" tiveram de enfrentar sistemas de crença impregnados de ateísmo filosófico e prático. O psicólogo britânico Eugene Rolfe refletiu sobre nossa cultura moderna da descrença, dizendo: "Quase todos nós, hoje em dia, na prática levamos a vida como se Deus não existisse".[20] Rolfe está se referindo a um predominante ateísmo inconsciente. Em séculos passados, a vida do dia-a-dia era dura e o papel de Deus era crucial. Nas viagens, nas doenças, ao dar à luz ou trabalhando no campo, os cristãos primeiro e acima de tudo voltavam seus olhos para Deus. Hoje em dia nós cristãos, eu inclusive, na melhor das hipóteses confessamos da boca para fora nossa dependência de Deus enquanto, na realidade, *dependemos* das linhas aéreas, dos médicos, das previsões do tempo, dos sistemas de irrigação. Deus torna-se uma reflexão que vem depois. Há, todavia, um otimismo quando olhamos para o futuro, especialmente quando percebemos um relaxamento do gargalo do modernismo na cultura ocidental.

No entanto, muitos cristãos não têm consciência de que já não estão algemados pelos dogmas do modernismo, como talvez pudessem estar uma década atrás. Essa libertação é descrita em detalhe por Christopher Fry em *A Sleep of Prisoners* [Sono de prisioneiros]. Nessa obra ele fala dos que estão congelados num sistema que já começou a derreter-se:

> O coração humano pode percorrer os caminhos de Deus.
> Estamos talvez no frio e nas trevas, mas não
> Estamos agora no inverno. A miséria gelada
> Dos séculos se racha, se parte, começa a mover-se;

[19] Idem, p. 91, 94.
[20] Eugene, citado em Martin MARTY, *Varieties of Unbelief*, p. 59.

O trovão é o trovão das geleiras,
O degelo, a cheia, a súbita Primavera.
Graças a Deus nosso tempo é agora quando o erro
Aparece e nos enfrenta em toda a parte,
Nunca nos deixando até que dermos
O passo mais longo que a alma já deu.
As questões do momento são do tamanho da alma.
O empreendimento
É a exploração de Deus.[21]

[21] Christopher Fry, *A Sleep of Prisoners*, p. 47-48.

7 O desafio da ciência e da filosofia

Que o homem é produto de [...] acidentais disposições atômicas;
que nenhum fogo, nenhum heroísmo,
nenhuma intensidade de pensamento e sentimento,
pode preservar uma vida individual depois da morte [...]
Todas essas coisas, se não estão fora de qualquer discussão,
estão todavia tão próximas da certeza que
filosofia nenhuma que as rejeite pode esperar sobreviver.
Bertrand Russelll

Mais talvez do que qualquer outra área de especialização acadêmica, a ciência e a filosofia têm o potencial de abalar as próprias fundações da fé. Vemos isso como um fato histórico observando como cientistas e filósofos, um após o outro, abandonaram a fé em que foram criados. Há filósofos e cientistas cristãos, sem dúvida, mas há muitos que durante um certo tempo professaram a fé e viram seu sistema de crença sendo enredado "por meio de filosofias e vãs sutilezas", como adverte Paulo em Colossenses 2:8.

Minha própria fé foi abalada anos atrás pelo estudo e ensino da filosofia. Mas ela também se fortaleceu com o estudo e ensino da filosofia — uma vez que descobri a capacidade que a filosofia tem de mascarar o mal. Servindo-se do pensamento racional e da lógica sagaz, alguém poderia fazer o erro parecer certo — por meio das "vãs sutilezas" sobre as quais Paulo adverte os colossenses, "conforme os rudimentos do mundo, e não segundo Cristo" (Cl 2:8).

"Entre 1650 e 1850, no período que vai de Spinoza a Schleiermacher", escreve William Dembski, "os fundamentos racionais da fé cristã foram alterados na base". Antes dessa época, fé e razão eram geralmente vistas como mutuamente complementares. Spinoza iniciou a época do racionalismo desferindo um poderoso ataque contra os milagres. Hume argumentou contra um *design* inteligente. Kant viu a existência de Deus como uma realidade que existe apenas na consciência humana. E Schleiermacher insistiu que a fé cristã não podia ser sustentada com provas.[1]

[1] *Intelligent Design: The Bridge Between Science and Theology*, p. 49-50.

Mas os ferozes ataques contra o cristianismo continuaram em meados do século XIX. De fato, os ataques subseqüentes exerceram uma influência ainda maior na filosofia política e no pensamento dos cidadãos fora da academia.

Friedrich Nietzsche (1844-1900) é um exemplo daqueles filósofos que continuaram a impugnar o cristianismo. Sua filosofia, além de tornar-se a base do nazismo, tinha o potencial de causar enorme dano ao mundo moderno onde reinavam a tecnologia e o ideal do progresso. Lembro-me de ter passado muito tempo tentando entender Nietzsche quando meu filho ainda estava na pré-escola, mais de vinte anos atrás. Carlton costumava brincar com seus carrinhos e caminhões em volta da mesa da sala de jantar enquanto eu mergulhava fundo em livros, preparando aulas. Lendo as argumentações filosóficas de Nietzsche, percebi não só que ele era o supremo "anticristão" em suas invectivas contra o amor de Jesus e sua proclamação da morte de Deus, mas também que sua visão se opunha diretamente a qualquer noção de entendimento de mim mesma como mãe. Não que ele diminuísse a maternidade — de fato, "tudo numa mulher tem uma única resposta", escreveu ele: "seu nome é gravidez".[2]

Mas a gravidez, para Nietzsche, era apenas um meio para um fim. O fim era o super-homem. Sua filosofia não tinha espaço algum para o coração materno estendendo as mãos ao seu filhinho, estivesse ele — ou pudesse ficar — enfermo ou prejudicado mental ou fisicamente. Seu credo era a sobrevivência dos mais bem adaptados, um credo incompreensível para uma mãe protetora, compassiva com um filhinho brincando a seus pés.

Muito antes de Nietzsche, os racionalistas do iluminismo haviam abalado as fundações da doutrina cristã, mas eles não tentaram erradicar a moral e o humanitarismo cristãos. Muitos dos filósofos dessa época "tiveram a coragem de rejeitar a teologia cristã", escreve Will Durant:

> mas eles não ousaram ser lógicos, rejeitar as idéias morais, o culto da mansidão, ternura e altruísmo, que haviam derivado daquela teologia. Eles deixaram de ser anglicanos, ou católicos, ou luteranos; mas não tiveram a coragem de deixar de ser cristãos — assim argumentava Friedrich Nietzsche.[3]

Nietzsche, mais do que qualquer outro filósofo da era moderna, é com justiça identificado como primeiro evangelizador da incredulidade. Houve precursores,

[2] Friedrich NIETZSCHE, citado em Will DURANT, *The Story of Philosophy*, p. 432.
[3] *The Story of Philosophy*, p. 401.

com certeza, que lhe prepararam o caminho, solapando a crença com cada doloroso parágrafo escrito por eles. Mas ele proclamou e comemorou a morte de Deus, apresentando um substituto: o super-homem. Enterrou a crença sem lamentações.

"Mortos estão todos os Deuses" proclamou ele; "agora queremos que o super-homem viva".[4]

O FILÓSOFO DA "MORTE DE DEUS"

Como tantos outros filósofos da incredulidade, Nietzsche teve um histórico inicial fortemente cristão. Nasceu e cresceu no seio de uma família de pregadores luteranos, e ele mesmo foi chamado de "pastorzinho". Como criancinha "seu prazer era isolar-se e ler a Bíblia, ou lê-la para outros com tal sentimento que provocava lágrimas nos olhos dos ouvintes". Mas logo depois de ingressar na Universidade de Bonn aos vinte anos de idade, ele abandonou a fé. "A religião havia sido a parte essencial de sua vida, e agora a vida parecia vazia e sem sentido."[5]

Quem é esse jovem que, como muitos outros jovens adultos, abandonaria a fé durante a educação universitária? De si mesmo ele disse: "Eu nasci velho". Ele evitava a interação social e mais tarde escreveu: "Impossível dizer como odeio todo o mundo que já conheci, especialmente a mim mesmo. [...] Um homem de profundidade espiritual precisa de amigos, a não ser que ele ainda tenha a Deus como amigo. Mas eu não tenho nem Deus, nem amigos". Condenou o cristianismo como "a grande maldição" e "a mais profunda de todas as formas de corrupção concebíveis", ao passo que em outra ocasião ele suplicava em desespero: "Volta para mim, meu Deus desconhecido!". Durante boa parte da vida, Nietzsche foi absolutamente infeliz, sobretudo na década final. "Sendo que uma psicose provocada por uma doença venérea se apossou de sua mente, em seus últimos atormentados anos ele alternava momentos de lucidez e de confusão." Morreu aos 56 anos e foi sepultado "com todo o ritual luterano".[6]

A idéia mais abrangente de Nietzsche foi construída com base na teoria da "sobrevivência do mais bem adaptado", de Herber Spencer, que ele transformou numa espécie de religião. De fato, a visão dessa nova doutrina nasceu de uma experiência quase mística. Nietzsche estava a caminho do *front* em 1870, para defender sua amada Alemanha em guerra contra a França. Ao contemplar a cavalaria

[4] Idem, p. 417.

[5] Idem, p. 403-404.

[6] DAVID L. Larsen, *The Company of the Creative: A Christian Reader's Guide to Great Literature and Its Themes*, p. 138.

alemã passando por Frankfurt com todo o seu esplendor, ele de repente descobriu o segredo da vida: "Senti pela primeira vez que o mais forte e mais elevado Desejo de Viver não encontra sua expressão numa luta miserável pela existência, mas sim num Desejo de Guerrear, um Desejo de Poder, um Desejo de Sobrepujar".[7]

Essa nova filosofia atacou ferozmente o cristianismo com sua preocupação pelos pobres e pelos fracos e sua crítica do poder. Na obra *O anticristo*, Nietzsche anuncia com clareza essa visão:

> O cristianismo é chamado de religião da *compaixão*. [...] O homem perde força quando se compadece. Por meio da compaixão a drenagem da força que o próprio sofrimento já traz ao mundo é multiplicada por mil [...] De maneira geral, a compaixão frustra a lei do desenvolvimento que é a lei da seleção. Ela preserva aquilo que já está maduro para a morte, luta a favor dos deserdados e condenados da vida.[8]

Nietzsche queixou-se da democracia — "essa mania de contar narizes" — insistindo que se tratava de um infeliz subproduto do cristianismo. Da classe aristocrática surgiria o super-homem que daria origem a uma super-raça de homens (as mulheres eras consideradas subordinadas) — uma filosofia que ofereceu um fundamento para Hitler e o nazismo.[9]

Assim falava Zaratustra é a mais célebre das obras de Nietzsche. Um episódio decisivo desse livro ocorre quando Zaratustra se encontra com um monge — um eremita da floresta — que fala com ele sobre Deus. Zaratustra fica atônito. Esse homem não ouvira a boa notícia de que Deus morreu? Todos os deuses morreram há muito tempo; não estão "vagando na penumbra - embora se conte essa mentira!". Não, eles "morreram de tanto rir!". Morreram rindo quando um deus audacioso insistiu: "Existe somente um Deus! Não terás outros deuses diante de mim". Esse "Deus barbudo e terrível, um deus ciumento, perdeu as estribeiras. E então todos os Deuses se riram".[10]

Um dos escritos mais citados de Nietzsche, "O louco", é visto como uma sátira autobiográfica e serviu de pedra fundamental do movimento a "morte de Deus":

[7] Will DURANT, *The Story of Philosophy*, p. 406.

[8] Friedrich NIETZSCHE, *The Antichrist*, citado em J. C. A. GASKIN, *Varieties of Unbelief: From Epicurus to Sartre*, p. 185.

[9] *The Story of Philosophy*, p. 428-432.

[10] Friedrich NIETZSCHE, *Assim falou Zaratustra* [publicado em português pela editora Martin Claret], citado em Will DURANT, *The Story of Philosophy*, p. 416.

> Você já ouviu falar do louco que numa clara manhã acendeu uma lanterna e foi correndo para o mercado gritando sem parar: "Estou procurando Deus! Estou procurando Deus!" [...] Como assim? Ele está perdido?, perguntou alguém. Ele se perdeu como uma criança?, perguntou outro. Ou será que ele quer ficar escondido? Ele está com medo de nós? Será que partiu para uma viagem pelo mar? Ou emigrou? — as pessoas gritavam rindo-se, tudo numa grande confusão. O maluco pulou no meio deles fuzilando-os com seu olhar. "Onde está Deus?", gritava. "Eu vou lhe dizer! *Nós o matamos* - tu e eu! Somos todos assassinos! [...] Não estamos ouvindo os coveiros enterrando a Deus? [...] Não é demasiada a magnitude desse nosso feito? Não devemos nós mesmos virar Deus, só para parecermos dignos disso?" [...] No fim ele atirou a lanterna ao chão, de modo que ela se partiu em pedaços e se apagou. "Cheguei cedo demais", disse ele então, "ainda não chegou minha hora certa. Esse acontecimento prodigioso ainda está a caminho, está viajando — ainda não chegou aos ouvidos dos homens".[11]

Nietzsche, talvez mais que qualquer outro filósofo dos tempos modernos, merece ser chamado de filósofo da incredulidade — ou da descrença. A crença era perigosa — não era apenas algo que já não se justificava — como haviam argumentado muitos filósofos antes dele. Erradicar a crença era um requisito da sociedade que ele sonhou. Mas ele foi apenas um de uma longa lista de filósofos da incredulidade.

Há centenas — melhor, milhares — de homens (e algumas mulheres) que desempenharam papéis significativos na preparação do caminho para a descrença ser um ponto de vista aceitável na sociedade moderna. Alguns atacaram a questão com eruditos volumes de filosofia, ao passo que outros escreveram tratados e peças populares. Impossível avaliar a importância dos indivíduos com algum grau de consenso, mas uma breve lista dos que influenciaram o fenômeno conhecido como "perda da fé" certamente incluiria os nomes de Voltaire, Hume e Kant.

Voltaire, crítico do cristianismo — mas não de Deus

Sob muitos aspectos, as idéias de François Marie Voltaire (1694-1778) dominaram a época do iluminismo. "Durante cinqüenta anos", escreve Colin Brown, Voltaire

[11] Friedrich Nietzsche, "The Madman", em *The Joyful Wisdom*, tr. Thomas Common. New York: Gordon Press, 1974, p. 167-168.

"dominou o palco francês".[12] Talvez estimulado pela educação jesuítica do início de sua vida, Voltaire criticou acerbamente a Igreja Católica e serviu-se do ridículo, da ironia e de sua perspicaz verve para destruir aquela instituição na mente de seus leitores. Segundo J. C. A. Gaskin, "o mero volume de sua produção literária espalhou mais descrença na França do que o cuidadoso filosofar de uma centena de autores inferiores".[13]

No entanto, apesar de toda a incredulidade que ele espalhou com seu contagioso desprezo contra a religião organizada, Voltaire não foi um ateu ou agnóstico no sentido atual do termo. Ele acreditava em Deus e considerava-se teísta. "Sempre terei a convicção", escreveu ele numa carta, "de que um relógio prova a existência de um relojoeiro e que o universo prova a existência de Deus". Mas seu deus não era o Deus da Bíblia, como se pode verificar na definição de *teísmo* presente em seu *Dicionário filosófico:*

> Verdadeiro teísta é quem diz a Deus: "Eu te adoro e te sirvo", e ao turco, ao chinês, ao indiano e ao russo: "Eu te amo". [...] O teísta tem a firme convicção da existência de um Ser supremo tão bom quanto poderoso que formou todas os seres existentes, que perpetua todas as espécies, pune o crime sem crueldade e recompensa ações virtuosas com generosidade. O teísta não sabe como Deus pune, ou como ele agracia e perdoa, e não é imprudente o bastante para vangloriar-se de que sabe como Deus atua, mas que Deus atua e que ele é justo, isso ele sabe. As dificuldades que depõem contra a idéia da Providência não abalam sua fé, porque são meramente dificuldades e não demonstrações.[14]

Hume: a negação dos milagres

O filósofo Steven Cahn acredita que houve uma data na história, um divisor de águas, em que a viabilidade do ateísmo suplantou a da crença. Para demonstrar esse ponto, Cahn cita uma personagem da peça *Jumpers* [Saltadores], de Tom Stoppard: "Bem, a maré está a favor dele, e é uma maré que na história da humanidade virou apenas uma vez. [...] Pode-se presumir que há uma data no calendário — um momento — em que o ônus da prova passou do ateu para o crente". Que data é essa?

[12] Colin Brown, *Philosophy and the Christian Faith*, p. 91-104.

[13] *Varieties of Unbelief*, p. 59.

[14] Voltaire, *Dicionário filosófico* [publicado em português pela editora Martin Claret], citado em Brown, *Philosophy*, p. 85-86.

Segundo Cahn, trata-se do dia em 1779 em que David Hume publicou *Dialogue Concerning Natural Religion* [Diálogo acerca da religião natural], uma obra que rejeita os argumentos a favor de Deus.[15]

David Hume (1711-1776), o brilhante pensador escocês, é o filósofo do ceticismo. "Ele usou a razão o máximo possível", escreve Colin Brown, "para demonstrar as limitações da razão". Seu ceticismo exerceu uma enorme influência sobre sua visão do cristianismo e da religião em geral. Ele desafiou o argumento cosmológico a favor de Deus; e acertadamente argumentou que é impossível "que uma causa seja conhecida apenas por seus efeitos" e que é falso supor que a causa tem qualquer outra qualidade além daquelas ligadas à causação do efeito. Ele insistiu que não é correto identificar a primeira causa (se é que isso existe) como o Deus cristão, ou atribuir a essa causa uma mente ou atributos morais. No que se refere à verdade bíblica do cristianismo, Hume negou a validade dos milagres: "Um milagre é uma violação das leis da natureza", argumentou ele, "e sendo que essas leis foram estabelecidas por uma experiência firme e inalterável, a prova contra um milagre a partir da própria natureza do fato é tão completa como qualquer argumento que se possa imaginar a partir da experiência". Todas as religiões, insistia ele, dependem de milagres, mas é óbvio que nem todos os milagres podem ser verdadeiros. Os milagres não podem ser citados como provas a favor da fé; eles podem ser citados apenas como uma afirmação da crença por aqueles que já têm fé.[16]

Mas apesar de toda essa profunda contemplação filosófica, e aparentes conclusões, Hume não conseguiu terminar a vida sem desconfiar de seus métodos e sem sentir dúvidas de ordem intelectual e emocional. Ao contrário dos grandes filósofos da época moderna, ele foi honesto o suficiente para confessar essas dúvidas:

> Afortunadamente acontece que, sendo a razão incapaz de desfazer essas dúvidas, a própria natureza é suficiente para esse fim e me cura da melancolia e do delírio filosóficos, ou relaxando essa inclinação mental, ou por meio de algo que me dá prazer e impressiona fortemente os sentidos, e isso apaga todas essas quimeras. Janto, jogo uma partida de gamão, converso e me distraio com amigos; e quando, depois de três ou quatro horas de diversão, eu voltaria para essas especulações, elas parecem tão frias, forçadas e ridículas que eu não tenho ânimo para retomá-las e avançar nelas.[17]

[15] Steven CAHAN, citado em Kelley James CLARK, *When Faith Is Not Enough*, p. 11.
[16] Colin BROWN, *Philosophy*, p. 70.
[17] Idem, p. 71.

Kant e a impossibilidade de provar a existência de Deus

"Nunca um sistema de pensamento dominou tanto uma época como a filosofia de Immanuel Kant dominou o pensamento do século XIX", escreve Durant. "Ele não previu que a maior de todas as tempestades metafísicas seria desencadeada por sua obra."[18]

De família pobre, Immanuel Kant (1724-1804) nasceu na Prússia. Graças aos esforços de sua dedicada mãe, mergulhou no pietismo durante a infância e o início da juventude — tanto assim que há quem especule que isso pode ter sido um dos fatores que o afastaram da fé. Como filósofo ele argumentava que nenhuma geração deveria ser aprisionada pelos dogmas e credos de gerações anteriores. Nesse espírito, rejeitou as provas tradicionais da existência de Deus. Mas ele "não fechou completamente as portas a Deus", escreve Brown. "Ele não sentia necessidade de Deus como um conselheiro celestial ou provedor de incentivos. Ele deve fazer o que sua razão lhe diz que é certo." No entanto, para Kant, a moral aponta para Deus. Jesus é "a idéia personificada do princípio do bem", um exemplo a ser seguido por nós.[19]

Antes de Kant, os filósofos da religião tentavam provar a existência de Deus por meio de várias linhas de argumentação. "Kant os varreu do cenário", escreve Brown, "ou pelo menos pensava que tinha feito isso. A mente humana é incapaz de compreender a Deus. Kant estabeleceu seu ponto de partida: o homem — não Deus — e o único valor real de Deus estava na esfera da moral".[20]

As descobertas científicas e a investida da incredulidade

A filosofia do iluminismo não foi o único dragão querendo devorar a fé cristã. Muitos homens de fé mais temeram a ciência do que a filosofia, e com bons motivos, como o tempo diria. Nicolau Copérnico, contemporâneo de Martinho Lutero, demonstrou que o sol era o centro de nosso sistema solar — teoria que admitia um universo infinito. Não foi ele o primeiro a fazer essa afirmação, mas em geral credita-se a Copérnico a inauguração da revolução científica. Seu livro *Concerning the Revolutions of the Celestial Spheres* [Sobre os movimentos das esferas celestes] foi publicado no ano de sua morte, 1543, três anos antes da morte de Lutero.

Todavia, mais de setenta anos tiveram de passar depois da publicação para que seu livro fosse visto em toda a parte como uma ameaça à fé cristã — tanto isso é

[18] *The Story of Philosophy*, p. 253, 263.
[19] Colin Brown, *Philosophy*, p. 91-104.
[20] Colin Brown, "The Ascent of Man", em *Eerdmans' Handbook to the History of Christianity*, p. 541.

verdade que ele foi incluído no "Índice" das obras banidas, onde ficou por mais de um século. Muitos teólogos argumentavam que Deus não poderia criar um universo assim e, portanto, essa teoria era atéia. A vastidão do universo continua a lançar dúvidas nos corações e nas mentes de muitos cristãos. Martin Marty resumiu a luta desta maneira:

> O choque inicial — e mesmo assim para muitos o mais profundo — foi a experiência negativa da astronomia. O homem foi empurrado para fora do centro, e seu mundo foi deslocado para um canto escuro e instável de um universo em expansão. Onde estava Deus, que antes estava "lá em cima" ou "lá fora"?[21]

Parte do problema de o *homem* ser "empurrado para fora da centralidade" do mundo diz respeito a como os cristãos responderam a descobertas científicas. Na antiguidade, fenômenos naturais, como o trovão e o raio, eram creditados a Deus. Mas hoje são vistos como *naturais*; qualquer contemplação do *sobrenatural* ocorre apenas em situações de emergência. "A distinção entre a teologia natural e a sobrenatural", escreve Richard Muller, "é insustentável e, penso eu, fundamentalmente perniciosa ao cristianismo no contexto científico moderno. Como a ciência explica de modo cada vez mais cabal os fenômenos do universo, o assim chamado sobrenatural fica relegado a uma esfera cada vez menor". Essa sensação de diminuição do sobrenatural ocorreu quando a concepção de Copérnico de um universo infinito, com um Deus que estava "lá fora", ocupou o lugar da visão ptolemaica de um universo centrado na terra e resultou na imagem de uma divindade virtualmente ausente que quase nunca intervém na ordem natural.[22]

No início os teólogos sentiram-se desnorteados nesse universo de Copérnico. Alguns reagiram com veemência contra a ciência; outros cederam a ponto de despojar a Bíblia e a fé cristã de seus elementos sobrenaturais.

A perigosa idéia de Darwin

O maior ataque científico contra a fé cristã aconteceu com a teoria da evolução de Charles Darwin nas décadas finais do século XIX. De acordo com Richard Dawkins,

[21] *Varieties of Unbelief*, p. 58.
[22] *The Study of Theology*, p. 168.

"Darwin possibilitou que alguém fosse um ateu realizado intelectualmente".[23] Hoje, a teoria da evolução predomina. "Falando com franqueza, mas com justiça", escreve Daniel Dennett, "qualquer um que hoje duvide de que a diversidade da vida neste planeta foi produzida por um processo de evolução é simplesmente ignorante — imperdoavelmente ignorante".[24] O livro de Dennett *Darwin's Dangerous Idea* [A perigosa idéia de Darwin] foi criticado pelo filósofo Alvin Plantinga:

> Primeiro, então, o que é a idéia perigosa de Darwin e por que ela é perigosa. [...] A idéia perigosa de Darwin, diz Dennett, é realmente a idéia de que o mundo vivo com toda a sua beleza e maravilha, todo o seu maravilhoso e engenhoso plano, não foi criado por Deus ou por nada parecido com Deus, mas foi produzido por processos cegos, inconscientes, mecânicos, algorítmicos como a seleção natural — um processo, diz ele, que cria um "plano a partir do caos sem a intervenção de uma Inteligência". A idéia é que a mente, a inteligência, a previsão, o planejamento, o desenho chegaram todos mais tarde ao universo, esses mesmos elementos tendo sido criados por um processo de seleção natural sem a intervenção de uma inteligência [...] E essa idéia é perigosa, pensa ele, porque se a aceitarmos, seremos forçados a reconsiderar toda a nossa infância e as idéias pueris acerca de Deus, da moralidade, dos valores, do significado da vida, e coisas semelhantes.[25]

Discutindo Dennett, Plantinga prossegue dizendo: "Observe que você não precisa *rejeitar* a evolução para merecer o título de indesculpavelmente ignorante: tudo o que você precisa fazer é acalentar uma ou duas dúvidas". Aqui as acusações de Dennett se igualam às de Dawkins, que escreveu no *New York Times*: "É absolutamente seguro dizer que se você cruzar com alguém que afirma não acreditar na evolução, essa pessoa é ignorante, obtusa ou insana (ou perversa, mas isso eu prefiro ignorar)".[26]

É difícil para muitos cristãos tolerar a acusação de ser ignorante ou antiintelectual, e por isso não surpreende que questões relacionadas com ciência e filosofia tenham sido fatores significativos induzindo muita gente a reconsiderar a própria fé e, em alguns casos, a abandoná-la. A idéia perigosa de Darwin tem influenciado

[23] Alvin PLANTINGA, "Darwin, Mind and Meaning", *Books and Culture*, mai./jun. 1996, p. 35.
[24] Idem.
[25] Idem.
[26] Idem.

profundamente a crença religiosa desde meados do século XIX. Essa idéia abalou em sua essência a atmosfera religiosa da Inglaterra e dos Estados Unidos do período vitoriano. A poetisa Emily Dickinson ilustra vigorosamente o efeito que essa nova teoria teve sobre as pessoas comuns daquela época até hoje.

A poesia de Dickinson na época de Darwin

Emily Dickinson (1830-1886) viveu num tempo em que a teoria da evolução de Darwin começava a esfacelar a crença indiscutível num Deus pessoal. Todos os avanços anteriores na astronomia não haviam diminuído essencialmente a Deus como criador de tudo o que é tão magnífico no reino animal e vegetal. "Quando ela nasceu", escreve Roger Lundin, "o argumento do plano ocupava seu lugar garantido numa terra de seis mil anos de idade; mais ou menos na mesma época em que ela começou a escrever poemas regularmente, Darwin publicou *A origem das espécies* e, de repente, a terra ficara mais velha". A teoria de Darwin desafiou exatamente a idéia de um Deus criador.[27]

Referindo-se ao desenvolvimento científico, Dickinson escreveu num de seus poemas: "A mão direita de Deus... / foi agora amputada / E não se pode encontrá-lo". Ela também escreveu que "Darwin jogara fora 'o Redentor'".[28]

Dickinson nasceu numa família cristã que morava na vila de Amherst no vale do rio Connecticut. Destacou-se como aluna na Academia de Amherst, onde sofreu a influência de Edward Hitchcock, que lecionava geologia e teologia. "Ele passou a vida construindo pontes entre a fé cristã e a ciência", escreve Lundin, "pontes que em seus últimos anos viu varridas pela inundação darwinista".

> Nas duas décadas antes de Darwin — os anos em que Dickinson sofreu a influência de Hitchcock — os esforços para reconciliar ciência e religião concentraram-se não na biologia, mas na geologia. Muito antes da publicação de *A origem das espécies* em 1859, os estudos da geologia já haviam minado a cronologia bíblica de uma criação em seis dias num mundo de seis mil anos. No entendimento "uniformitarianista" dos processos geológicos de sir Charles Lyell [...] a criação do mundo não foi um acontecimento miraculoso, mas sim um processo penosamente lento.[29]

[27] *Emily Dickinson and the Art of Belief*, p. 4.
[28] Idem, p. 34.
[29] Idem, p. 32, 34.

O esforço de reconciliar ciência e teologia seria uma obsessão durante o resto da vida de Emily Dickinson. Com a orientação de Hitchcock e a preocupação dela de "ler a natureza" como um plano de Deus, a teologia ortodoxa de Dickinson permaneceu intacta. Mas isso tudo mudou "com a sombria leitura de Darwin do livro da natureza". O problema parecia quase insuperável. "Afastando a necessidade de um plano e um agente sobrenatural, Darwin atacou a própria essência do argumento de Hitchcock".[30]

A natureza tal qual se revela nas descobertas científicas foi um pano de fundo para a poesia de Dickinson que muitas vezes procurava Deus no ensurdecedor silêncio do universo. Uma sensação da ausência de Deus marcou-lhe a peregrinação espiritual, como se observa em seu poema muitíssimas vezes citado:

Eu sei que Ele existe.
Algures — no Silêncio —
Sua rara vida está escondida
Ao nosso olhar sem Nobreza.[31]

Mas um poema que fala mais diretamente de como seu conceito de Deus foi desafiado por sua época científica traz uma profunda mensagem àqueles que hoje em dia lutam contra dúvidas. Dickinson, como muitos crentes de hoje em dia, estava essencialmente sozinha em suas dúvidas. Seus pais e amigos na igreja pareciam estar separados da ciência — e do silêncio. Emily não estava, como veementemente confessam seus versos a seguir. No entanto, ela apresenta um jeito de entender-se com o silêncio e a natureza oculta de Deus por ela provados. Quando não conseguimos encontrar a Deus na oração pessoal, uma alternativa nada desprezível é adorá-lo com temor.

Chegara minha hora da oração —
Nenhuma arte — me ajudava —
Minhas táticas sem uma base —
Criador — eras tu que faltavas?

Deus mora no alto — Quem ora
Horizontes — deve subir

[30] Idem, p. 34.

[31] Emily Dickinson, ≠365, em *The Poems of Emily Dickinson*, org. R. W. Franklin, 1:389.

Então subi sobre o Norte
Para ver esse Estranho Amigo —

Nenhum sinal de sua casa —
Nem chaminé — nem entrada
Indicando-me sua residência —
Vastos campos de ar

Habitante nenhum na paisagem —
Tudo o que ali se via —
Infinitude — tu não tens rosto
Para eu olhar para ti

O silêncio condescendeu —
A criação parou — para mim —
Mas atônita e esquecida da vida —
Eu adorei — não "orei"[32]

A deterioração das certezas da incredulidade

Dickinson duvidava. No entanto, apesar de suas lutas com a teoria de Darwin e outras descobertas da ciência, suas dúvidas nunca chegaram a tornar-se descrença — embora essa posição seja controversa. Tanto os cristãos quanto os agnósticos querem Dickinson de seu lado, e os estudiosos cristãos certamente não são unânimes nessa questão. Eu pessoalmente tenho sido desafiada nesse assunto por alguém que insiste que lhe dou corda demais. Talvez. Só Deus sabe. Mas vejo provas de crença em muitos poemas, especialmente naquele que começa com o verso "Deus fez uma genciana". Ali Dickinson parece confessar uma fé que floresce, embora não com o esplendor de uma rosa de verão.

Mas se Dickinson permaneceu na esfera da crença, o mesmo não se pode dizer de muitos outros que foram dominados pelas dúvidas darwinistas. A teoria da evolução preparou o caminho para aquela espécie de incredulidade empedernida que Graham Greene descreve na peça *The Potting Shed* [A poda]. Essa peça descreve uma família sob o controle autoritário de um pai agnóstico, que usa a força para

[32] Idem, ≠525, 1:534.

sufocar qualquer manifestação de crença na mulher ou nos filhos. "Essa família é destruída espiritualmente até que a dúvida começa a intrometer-se, na forma de um suposto milagre que abala suas inquestionáveis certezas agnósticas." No início a mulher se sente perturbada porque o filho "estragou nossas certezas", mas bem no fundo essa nova dúvida lhe agrada:

> Não havia problema algum em duvidar da existência de Deus como fez seu avô no tempo de Darwin. Duvidar — isso era liberdade humana. Mas minha geração não duvidava, nós *sabíamos*. Não acredito nesse milagre — mas já não tenho certeza. Ninguém de nós tem certeza. Quando você não tem certeza, você está vivo.[33]

O desafio de Greene é para aqueles que estão totalmente comprometidos com suas "certezas agnósticas inquestionáveis". Hoje em dia esse tipo de agnosticismo transformou-se em algo como uma religião nos círculos intelectuais — especialmente naqueles em que a ciência e a filosofia têm exercido uma influência significativa.

O cienticifismo

O dogmatismo que não permite que se ponha a evolução em dúvida se chama *cienticifismo*, "a crença de que a ciência não só oferece *um* caminho para a verdade, mas o *único* caminho".[34] O cienticifismo é a posição filosófica inquestionável da vasta maioria dos cientistas da atualidade. Em seu livro *Why Religion Matters: The Fate of the Human Spirit in an Age of Disbelief* [A importância da religião: A sina do espírito humano numa época de descrença], Huston Smith, que por muitos anos lecionou no MIT, estabelece as diferenças entre *ciência* e *cienticifismo*:

> Tudo somado, a ciência é boa, ao passo que nada de bom se pode dizer a favor do cienticifismo. [...] O cienticifismo acrescenta dois corolários: primeiro, que o método científico, se não for o *único* método confiável de chegar à verdade, então é pelo menos o método *mais* confiável; segundo, que os objetos de que trata a ciência — as realidades materiais — são as mais fundamentais que existem.[35]

[33] Graham Greene, *The Potting Shed*, citado em Robert McAfee Brown, *Is Faith Obsolete?*, p. 89.
[34] Huston Smith, *Why Religion Matters: The Fate of the Human Spirit in an Age of Disbelief*, p. 59.
[35] Idem, p. 59-60, 62.

O cienticifismo é uma abordagem filosófica que não só defende a ciência como o único caminho para a verdade, mas também se opõe com veemência a qualquer colorário entre a ciência e a religião ou a teoria do "*design* inteligente". Esses cientistas alegam que aquilo que no passado era atribuído a Deus hoje é facilmente explicado por dados científicos. Assim, argumenta o cientista Dale Kohler: "Por todos esses séculos viemos arranhando a realidade física, e agora a camada do pouco que sobra sem entendermos é tão pequena que através dela a face de Deus nos encara fixamente".[36]

Outros cientistas, porém, argumentariam que quanto mais estudamos o mundo natural que nos cerca, tanto mais percebemos como ele é complexo: está cheio de complexidades que não se explicam facilmente pelo processo evolucionário. De fato, alguns dos estudos científicos mais provocadores dos últimos anos — sobretudo na esfera da ciência da informação — mostram sérias deficiências na teoria da evolução. Uma chave fundamental para entender as origens da vida, e a origem do universo, busca desvendar o mistério da informação. "O grande mito da biologia evolucionária moderna", escreve Dembski, "é o de que a informação pode ser obtida com facilidade sem o concurso da inteligência". Isso, argumenta ele, simplesmente não é o que acontece.[37]

O *DESIGN* INTELIGENTE

> Entre os próprios cientistas, travam-se furiosos debates, alimentados por comentários como a já famosa afirmação de Fred Hoyle de que a probabilidade de uma seleção natural produzir sequer uma enzima é a mesma que tem um tornado de entrar esfuziando num ferro-velho e sair dali com um Boeing 747. Mas quando a religião entra no debate, os cientistas cerram fileiras em defesa do darwinismo.[38]

Durante gerações a teoria do *design* inteligente foi tão intimamente associada à religião que os cientistas a descartaram. Isso ainda é verdade hoje. A maioria dos que trabalham na área da teoria do *design* inteligente são cristãos, e assim suas obras são descartadas como sendo religiosamente tendenciosas. Mas nos últimos anos o campo ganhou maior credibilidade e atenção porque boa *ciência* está sendo

[36] Citado em SMITH, *Why Religion Matters*, p. 177.
[37] *Intelligent Design*, p. 153.
[38] Huston SMITH, *Why Religion Matters*, p. 77.

praticada em defesa do *design* inteligente. "No passado", escreve Dembski, "o *design* era uma intuição filosófica plausível, mas subdesenvolvida. Agora é um robusto programa de pesquisa científica".[39] Não basta usar argumentos clássicos, insistindo que um relógio não pode ser planejado e produzido sem um relojoeiro, ou um 747 por um esfuziante tornado num ferro-velho. Embora esses truímos mal precisem de defesa, muito mais se exige para sustentar um *design* inteligente numa comunidade científica cética.

Até as mais improváveis razões matemáticas relacionadas ao nosso sistema solar e às estrelas de nossa galáxia são ignoradas como *design* pela maioria dos cientistas. Smith resume algumas dessas improbabilidades científicas:

> Fosse a força da gravidade minimamente mais intensa, todas as estrelas seriam gigantes azuis; mas fosse ela ligeiramente mais fraca, todas seriam anões vermelhos. [...] Ou, então, tivesse a terra girado numa órbita cinco por cento mais perto do Sol, ela teria experimentado um efeito-estufa estonteante. [...] Tivesse ela sido posicionada apenas um por cento mais longe do Sol, ela teria experimentado uma glaciação insuportável que transformaria a água do planeta em gelo permanente. Assim por diante. É fácil entender.
>
> Físicos da estatura de John Polkinghorne julgam impossível acreditar que essa delicada afinação (e a aparente freqüência com que ela ocorre) pudesse resultar do acaso. Eles jogam com indicadores de improbabilidades que oscilam de uma em dez com mais quarenta zeros. Para eles, improbabilidades dessa ordem praticamente nos obrigam a pensar que o universo foi planejado para possibilitar a vida humana, e a isso acrescentam que o plano implica um arquiteto inteligente, deliberado.[40]

Essa área da improbabilidade matemática e da teoria da informação ultimamente prendeu a atenção dos teóricos do *design* inteligente, que insistem que suas conclusões agora são sustentadas pela assim chamada ciência dura. Contudo, há resistência entre seus colegas. Muitos cientistas argumentam que a ciência moderna nada tem a ver com *design*. Por que, perguntam, a ciência daria um passo para trás e retomaria a teoria do *design*? Por quê? William Dembski, um dos principais propositores do *design* inteligente (com um doutorado em matemática da Universidade de Chicago e outro em filosofia da Universidade de Illinois em Chicago), responde:

[39] DEMBSKI, *Intelligent Design*, p. 107.
[40] SMITH, *Why Religion Matters*, p. 177.

> Para responder a essa pergunta, vamos invertê-la: Por que não deveríamos querer reintroduzir a questão do *design* na ciência? Que há de errado em explicar algo como tendo sido planejado por um agente inteligente? Com certeza todos os dias explicamos muitas ocorrências apelando para o *design*. [...] Exigimos respostas a perguntas como: "Ela caiu ou foi empurrada? Fulano morreu por acidente ou foi suicídio? Essa canção foi concebida de modo independente ou foi plagiada? Fulano simplesmente foi bafejado pela sorte na alta da bolsa ou será que houve vazamento de informações privilegiadas? [...] Setores inteiros se dedicam a estabelecer a distinção entre acidente e *design*.[41]

A ciência da informação é também crucial para áreas como a arqueologia. Quando se descobre um padrão intrincado numa rocha isolada ou na parede de uma caverna, empregam-se métodos científicos para determinar se se trata do resultado de forças naturais ou se há indicações de algum projeto.

É importante enfatizar que a teoria do *design* em suas proposições fundamentais não apresenta nenhuma reivindicação no sentido de apontar para um Deus pessoal, muito menos o Deus da trindade bíblica. Tampouco compartilha das reivindicações feitas pela "ciência da criação", que defenderia uma Terra jovem (e nalguns casos um relato da criação em seis dias). Ao contrário, a teoria do *design* inteligente não é mais do que um desafio à alegação da teoria evolucionista de que a inteligência evoluiu da não-inteligência.

Nos últimos anos, um dos mais comentados estudos relacionados ao *design* inteligente tem sido o livro *Darwin's Black Box* [A caixa-preta de Darwin], de Michael Behe, um bioquímico da Universidade de Lehigh, que argumenta que uma única célula sugere provas convincentes a favor do *design* inteligente.

> Fundamental para sua argumentação é a noção de *complexidade irredutível*. Um sistema é irredutivelmente complexo se consistir em várias partes interligadas, de modo que a remoção de uma única parte destrói completamente o funcionamento do sistema. Como exemplo de complexidade irredutível Behe apresenta a ratoeira. Uma ratoeira é feita de uma plataforma, um martelo, uma mola, um engodo e uma trava. Suprima-se qualquer um desses cinco componentes, e será impossível montar uma ratoeira que funcione.[42]

[41] DEMBSKI, *Intelligent Design*, p. 126.
[42] Idem, p. 147.

Faltando uma das cinco partes, a ratoeira não será apenas 20% menos eficaz. Ela não funciona. Certas coisas da natureza não são irredutivelmente complexas. Elas são *complexas cumulativamente*; portanto, a remoção de uma das partes provoca apenas uma diminuição do funcionamento. Mas não é o que acontece no caso da complexidade irredutível, em que "se consegue o funcionamento apenas quando todos os componentes do sistema estão em seu devido lugar ao mesmo tempo". Assim, "resulta que a seleção natural, se ela tiver de produzir um sistema irredutivelmente complexo, terá de produzi-lo por inteiro ou absolutamente não produzi-lo".[43] Behe identifica como um exemplo de uma complexidade irredutível o flagelo bacteriano — microscópico em tamanho, mas mesmo assim necessário no sistema bioquímico, cujo plano parece tão óbvio como o de uma ratoeira.

A teoria do *design* não deveria ser vista como uma forma de apologética cristã, como alguns cristãos dão a entender em sua adoção dessa área de estudo. Mas a teoria desafia abertamente aqueles que, como Dennett e Dawkins, procuram sufocar qualquer dúvida que alguém possa ter acerca da evolução atéia. Hoje em dia pôr em dúvida a evolução é mais fácil do que era nos dias de Emily Dickinson, mas a prova a favor de Deus continua evasiva. Como deve então comportar-se na vida quem é honesto e procura a Deus, considerando-se que não há provas sólidas nem a favor nem contra ele?

Respostas para as dúvidas de Una

A fé em Deus não tem de fato "garantia racional", como insistiriam muitos filósofos e cientistas? Se nossas mentes *racionais* não conseguem compreender a Deus, então a fé deve ser abandonada — é o que diz o argumento. Madeleine L'Engle contra-argumenta de modo persuasivo dizendo que a falta de provas racionais e as dúvidas acerca de Deus não devem diminuir o comprometimento pessoal com a fé e o envolvimento com a igreja. A certa altura ela confessou: "Talvez eu estivesse terrivelmente incerta acerca de Deus, mas eu estava feliz por trabalhar em sua casa". Respondendo à pergunta de uma adolescente sobre Deus, ela disse com sinceridade: "Ora, Una, eu de fato sinceramente acredito em Deus com todos os tipos de dúvida". Ela foi mais longe ainda. Não apenas acreditava, mas testemunhava: "Eu baseio minha vida nessa crença".[44]

[43] Idem.

[44] Madeleine L'ENGLE, *A Circle of Quiet*, p. 57, 63.

Quando Una foi mais fundo, L'Engle expandiu-se em sua explicação da filosofia da fé:

> Há três maneiras de você levar a vida. Você pode viver como se tudo fosse um acidente cósmico; nós não somos nada mais do que uma irritação cutânea no rosto da terra. Talvez você consiga levar a vida como se tudo fosse uma piada de mau gosto. Eu não consigo [...]
>
> Ou então você pode sair à noite e olhar para as estrelas e pensar: Sim, elas foram criadas por um motor primeiro, e você também, mas ele é perfeição à parte, impassível, indiferente a sua criação. Ele não se importa, ou, se o fizer, apenas se importa com o fim supremo de sua criação, e assim o que acontece com qualquer parte dela ao longo do caminho é uma questão indiferente. Você não tem importância para ele, eu não tenho importância para ele, a não ser talvez como um meio para um fim. Eu tampouco não consigo viver desse jeito [...]
>
> Há então uma terceira maneira: viver como quem acredita que o poder por trás do universo é um poder de amor, um poder pessoal de amor, um amor tão grande que todos nós realmente *somos* importantes para ele. Ele nos ama tanto que cada uma de nossas vidas tem um significado; ele realmente sabe sobre a queda de todos os pardais, e os cabelos de nossa cabeça estão realmente contados. Esse é o único jeito em que eu consigo viver.[45]

[45] Idem.

8 O desafio das complexidades teológicas e da crítica bíblica

Como vim a perder a fé...
Aconteceu quando a poesia da infância
foi expulsa de minha vida pela prosa da educação do seminário.
Percebi que a apologia dos livros não conseguia me satisfazer.
Em vez de me ajudar, eles minavam ainda mais minha fé.
Sergei Bulgakov

Os desafios apresentados pela ciência e a filosofia estão intimamente relacionados com os desafios apresentados por questões teológicas e bíblicas. Isso não é só verdade na arena acadêmica, mas também no plano leigo. De fato, a maioria das pessoas que luta com a dúvida e a descrença comprova uma gama de dificuldades metafísicas não resolvidas que inclui uma mistura de todos esses campos de estudo.

Tendo em vista os objetivos deste livro, porém, há bons motivos para fazer uma distinção entre ciência e filosofia, por um lado, e teologia e estudos bíblicos, por outro — entre aquilo que tipicamente se consideraria como "estudos seculares" apropriados para uma universidade e os estudos "sagrados" apropriados para uma igreja ou um seminário. As questões relacionadas com a ciência e a filosofia — quando resolvidas satisfatoriamente — pouco podem fazer além de preparar o caminho para a crença num arquiteto inteligente que pôs o universo em movimento e continua envolvido no processo criativo da natureza. Todavia, as questões levantadas pelos estudos bíblicos e teológicos falam diretamente da essência das crenças cristãs. Como tais, eles muitas vezes se mostram mais difíceis para quem luta e tenta manter-se na fé. Como um cristão hesitante responde ao cinismo do famoso ateu Richard Dawkins, professor da Universidade de Oxford? "A concepção virginal, a ressurreição, o ressuscitamento de Lázaro", zomba ele, "são livremente usados como propaganda religiosa, e são fenômenos muito eficazes com platéias simplórias e crianças".[1]

[1] Richard Dawkins, "Snake Oil and Holy Water", citado em Lee Strobel, *Em defesa da fé*.

Acontecimentos sobrenaturais, aparentes contradições textuais e o problema do mal — essas são as dificuldades levantadas por quem abandonou a fé que antes professava. De Gênesis a Apocalipse, a Bíblia registra eventos sobrenaturais. Alguns são semelhantes aos relatos do sobrenatural em outras religiões. Por que alguém deveria acreditar nos relatos bíblicos e negar aqueles que são caros a hindus e muçulmanos? Ou então por que alguém deveria acreditar nos milagres bíblicos e, ao mesmo tempo, negar ou questionar relatos sobrenaturais semelhantes que são reivindicados ao longo da história do cristianismo, inclusive hoje?

Outra área problemática para quem luta com a dúvida e a descrença é o campo das aparentes contradições bíblicas. Alguns evangélicos fizeram enormes esforços para *harmonizar* as Escrituras, muitas vezes apresentando soluções nada satisfatórias; outros não se perturbam com problemas não muito fáceis de resolver. Mas para quem considera as Escrituras infalíveis certas questões podem ser muito problemáticas — podendo levar à dúvida e à perda da fé.

Questões relativas à natureza e bondade de Deus e o problema do mal (teodicéia) estão entre as razões mais freqüentemente citadas para abandonar a fé. Por exemplo, como é possível que um Deus bom — um Deus todo-poderoso — deixe Hitler exterminar milhões de judeus, ou que um terremoto mate dezenas de milhares de pessoas na Turquia, ou que terroristas assassinem milhares de pessoas nos atentados de 11 de setembro de 2001? Talvez, porém, mais perturbadores que essas questões sejam os relatos bíblicos mostrando Deus destruindo deliberadamente inúmeras pessoas — por exemplo, quando Deus mandou o dilúvio para exterminar todos os habitantes da terra exceto Noé e sua família. Muitas pessoas argumentam que essa foi a ação de um Deus justo. Mas outros consideram isso como parte do problema do mal e, assim, como um grave empecilho para a fé.

Este livro — e em particular este capítulo — não pretende ser um texto de apologética ou uma resposta às assim chamadas dificuldades bíblicas. Há muitos outros volumes que procuram fazer exatamente isso. O que eu pretendo aqui é mostrar as dificuldades que algumas pessoas enfrentam para manter a fé e os pontos fracos da apologética-padrão.

O cristianismo, mais do que qualquer outra religião, é uma fé histórica que depende da credibilidade de suas formulações teológicas e suas Escrituras. As crenças cristãs fundam-se no que se acredita serem fatos históricos — não simplesmente mitos ou histórias morais, como ocorre com algumas outras religiões. Essa diferença é ilustrada por uma experiência que um amigo meu relatou sobre sua viagem à Índia.

Durante a visita a um lugar religioso, o guia estava falando sobre um deus-elefante. Meu amigo perguntou: "Você realmente acredita que de fato existiu um deus-elefante?". O guia pareceu perplexo diante da pergunta e não soube dar uma resposta clara; seu conceito sobre a verdade religiosa era muito diferente daquele de meu amigo.

Portanto, sua própria natureza torna o cristianismo vulnerável ao ataque daqueles que quisessem tentar usar suas alegações de verdade para provar a inverdade dele. O mito do deus-elefante não é ameaçado pela teologia liberal ou pela crítica textual. Mas o cristianismo, particularmente na era moderna, é desafiado por seu distinto padrão de verdade. A tendência dos cristãos tem sido responder a esse desafio de duas maneiras.

Uma resposta é rebaixar o padrão de verdade, transformando as alegações do cristianismo em pouco mais que as alegações de verdade do deus-elefante. Como tais, as narrativas bíblicas são preservadas como histórias que apresentam valores morais, uma coleção de contos infantis de "escola dominical".

A resposta contrária consiste em fincar os pés no chão e *provar* a verdade do cristianismo — ou, se não for possível *prová-la* em definitivo, então *provar* que as alegações do cristianismo são mais razoáveis do que aquelas de qualquer outro sistema de crença. Nas últimas décadas a apologética popular transformou-se um pouco numa indústria evangélica, com livros, artigos, vídeos, seminários e debates que procuram desafiar a descrença contemporânea em seu próprio terreno. No caso de pessoas que se sentissem oprimidas por argumentos filosóficos e provas científicas contra o sobrenatural, a filosofia e a ciência são usadas como uma resposta. Para alguns, essa forma de apologética é eficaz, e livros como *Em defesa de Cristo*, de Lee Strobel, e *Letters to a Skeptic* [Cartas a um cético], de Gregory Boyd, recebem grandes elogios. Boyd defende o cristianismo em cartas endereçadas a um pai agnóstico, que, no fim do livro, faz sua profissão de fé.

Na obra *Em defesa de Cristo,* Strobel, um ex-ateu, apresenta as provas como se estivesse num tribunal. Cada capítulo destaca um perito que trata de fatores como testemunhos oculares, arqueologia, psicologia e medicina. O livro tem um formato único, valendo-se de peritos em arqueologia, estudos bíblicos e medicina para "testemunhar" como se estivessem num tribunal — embora as provas apresentadas não sejam novas para quem conhece a apologética. No entanto, essa "defesa" de Strobel é convincente o bastante para persuadir alguns céticos.

A resposta contrária aos céticos — aos que descartariam os relatos bíblicos do sobrenatural — muitas vezes é também apresentada num estilo popular. Como a resposta apologética de Strobel, esses argumentos visam atingir uma platéia que não foi treinada nos pontos mais refinados da teologia ou dos estudos bíblicos.

Marcus Borg Reencontra Jesus

Alguém que transformou essa espécie de resposta numa possível forma de arte é Marcus Borg, que para manter a fé cristã tentou redefini-la. Em seu *best-seller Meeting Jesus Again for the First Time* [Reencontro com Jesus pela primeira vez], ele dá o testemunho de ser um discípulo de Jesus — embora não o Jesus da fé de sua infância.

Borg cresceu numa família luterana escandinava no Dakota do Norte, onde a fé era um pressuposto. Decorou João 3:16 na pré-escola e, ainda criança, aprendeu todos os fundamentos das tradições e crenças evangélicas, inclusive os hinos. Refletindo sobre o cântico "As boas novas anunciai", ele escreve: "Estava claro para mim naquele momento que acreditar em Jesus e levar aos outros as novas de Jesus eram as coisas mais importantes do mundo. O que estava em jogo era nada menos que almas se perdendo".[2]

Ao chegar à adolescência, todavia, Borg começou a questionar a realidade do Deus "lá fora". Depois, por volta dos catorze ou quinze anos, começou a duvidar completamente da existência de Deus. "Foi uma experiência repleta de ansiedade, culpa e medo. Eu ainda acreditava o bastante para ter medo de ir para o inferno por causa das dúvidas. [...] Mas não conseguia deixar de duvidar." Depois da escola secundária, Borg freqüentou uma faculdade vinculada a uma igreja onde sua fé continuou a deteriorar-se — a ponto de ele deixar de orar e temer o inferno. No terceiro ano, fez um curso de religião, e aqui "os ídolos da crença herdada começaram a ruir". No último ano, era um "agnóstico enrustido".[3]

Borg ingressou no seminário e ali, mediante o estudo da crítica bíblica, sua descrença se solidificou. "O 'agnóstico enrustido' estava se tornando um 'ateu enrustido.'" Achou o estudo da Escritura interessante e gratificante, mas a noção de Deus para ele já não correspondia a uma realidade. Não achava a apologética convincente nem em sua forma clássica, nem nas formas mais modernas. Todavia, mais de uma década depois de seus estudos seminarísticos, ele começou a reencontrar a fé — por meio de experiências místicas. Não era mais a fé de sua infância, nem a ortodoxia

[2] P. 5.

[3] Idem, p. 7-8.

doutrinal de sua herança luterana; era uma compreensão de Deus por meio da vida de Jesus — um Jesus despojado do sobrenatural, um Jesus que não se encontra nos relatos do evangelho.[4]

Hoje, depois de tornar-se bastante conhecido devido a sua participação no Seminário de Jesus, Borg ocupa um lugar de destaque entre os cristãos da teologia liberal. Mas sua peregrinação espiritual — que partiu da fé bíblica, passou pela descrença e acabou numa versão liberal do cristianismo — não é típica. O estágio da negação da divindade de Jesus é a zona intermediária entre a crença e a descrença. A encarnação é *a* doutrina central da fé cristã. Se Deus não se encarnou na pessoa de Jesus, todo o sistema da doutrina cristã começa a ruir como um castelo de cartas. Se Jesus foi apenas um homem bondoso, ou um grande mestre e profeta, as fundações da fé cristã são irremediavelmente minadas — tanto assim que o comprometimento da *fé* se torna quase ridículo.

Peter Fromm

Muito mais típica é a peregrinação retratada no romance autobiográfico de Martin Gardner, *The Flight of Peter Fromm* [A fuga de Peter Fromm]. Aqui vemos a progressão do fundamentalismo ao liberalismo chegando quase à perda total da fé. O fictício Peter Fromm, como o próprio Gardner, foi criado num ambiente religioso em Oklahoma. Falando de si mesmo, Gardner escreve:

> Minha conversão ao fundamentalismo deveu-se em parte à influência de um professor da escola dominical que também era orientador num acampamento de verão. [...] Não demorei muito para descobrir Dwight L. Moody, e muito me comoveu seu sermão sobre o sangue de Jesus. [...] Meu fundamentalismo durou, por incrível que pareça, ao longo dos três primeiros anos na Universidade de Chicago, então como agora uma fortaleza do secularismo.[5]

Como Fromm, Gardner "foi um dos organizadores da Associação Cristã de Chicago, um grupo reduzido de fundamentalistas bastante deslocado no campus da universidade".[6] E como Gardner, Fromm passa por uma transição que vai da intensa fé bíblica à perda da fé na Escritura e no Deus da Escritura.

[4] Idem, p. 13,15.
[5] P. 274-275.
[6] Idem, p. 275.

O romance gira em torno da amizade entre Fromm e seu professor Homer Wilson, que nunca finge acreditar em Deus. O sexto capítulo, intitulado "A semente de mostarda da dúvida", começa à página 48 do romance, e desse ponto em diante Fromm se afasta cada vez mais de suas crenças fundamentalistas da infância. O sétimo capítulo, "Chesterton", descreve como Peter descobre G. K. Chesterton, escritor e apologista católico do século XX que tem sido um dos autores preferidos de muitos evangélicos moderados. O décimo capítulo, "Karl Barth", descreve a transição de Peter para aquilo que recebeu o nome de "neo-ortodoxia" ou "teologia da crise". De Barth, Fromm avança para Rudolf Bultmann, Reinhold Niebuhr e Paul Tillich, embora sem necessariamente abraçar suas teses teológicas.

Como aconteceu no caso de Borg, a questão central com que From se debate é a cristologia. Quem é Jesus? Quem é o Cristo dos evangelhos? Quem é o Cristo das epístolas de Paulo? Quando ingressou na Escola de Teologia da Universidade de Chicago, ele tinha o propósito de formar-se, ordenar-se e partir pelo mundo fazendo uma brilhante defesa de sua fé bíblica. Quando se graduou no seminário — depois de servir por um período de quatro anos na Marinha e tendo passado por um colapso mental —, ele abandonou seus planos anteriores e agora mal se mantinha na fé, embora jamais tivesse aderido à crença de seu mentor de que Deus não existe.

Pelo contrário, embora admitindo sua "perda da fé no cristianismo ortodoxo", Fromm continuou crendo em Deus — um Deus santo, absorto no mistério. Homer, seu mentor, não estranha: "É nesse ponto [...] que você e eu devemos nos separar. Eu admito que as emoções do espanto e da fascinação, do medo diante do desconhecido, são emoções primitivas e inescapáveis. [...] Mas atribuir-lhes a uma Santidade desconhecida, uma preocupação moral pela história humana, é projetar nossa própria personalidade sobre o vazio". Mais tarde Homer reflete sobre as diferenças, dizendo: "Peter dera o salto no vazio. Era um salto que eu não conseguia dar, mesmo se quisesse".[7]

Assim como outros que lutaram para preservar algo parecido com a fé, Peter confrontou-se com o problema do mal, para o qual apresentou uma resposta interessante. Quando confessa a Homer que "o mal é outro mistério escuro", Homer responde: "Parece-me que você está fugindo de todos os dilemas do teísmo cha-

[7] Idem, p. 267, 272.

mando-os de mistérios". Nesse ponto Peter defendeu sua posição usando o que se poderia chamar de argumento enrolado:

> Não acho que seja fuga. É apenas uma confissão honesta de ignorância. [...] A fé em Deus não explica um elétron. Por que deveria explicar o mal? A fé não resolve nenhum problema metafísico. Ela apenas suaviza nossa ansiedade. Torna a dor um pouco menos doída. Torna a verdade um pouco menos triste.[8]

O fato de que o Fromm de Gardner abandonou a ortodoxia cristã enquanto estudava sob a orientação de um professor ateu na Universidade de Chicago não deveria levar os que lecionam em escolas evangélicas a desprezar sua história com ares de superioridade. Muitos dos testemunhos de perda da fé coincidem mais com o de Edmund Cohen do que com o de Peter Fromm. No caso de Cohen, o cenário era o Seminário Teológico de Westminster. Foi ali, nessa fortaleza da ortodoxia calvinista, onde nasceu a apologética norte-americana do pressuposicionalismo, que ele abandonou a fé:

> Eu estava a caminho de me tornar um pequeno Savonarola, um pequeno Calvino típico com vontade de levar algum Servet à fogueira. Mostre-me um fundamentalista que não se torna assim, e eu lhe mostrarei alguém que tranqüilamente falseia os ensinamentos mais duros da Bíblia! [...] Eu era mais sábio aos doze anos do que aos quarenta! Como eu conseguia ser tão obtuso? Num determinado momento me lembro perfeitamente, numa manhã bem cedo em meados de 1983 enquanto orava, aquele Divino Outro imaginário simplesmente desapareceu e se foi, para nunca mais voltar. Que alívio livrar-me daquela presença desagradável, invasora, e ter de volta minha privacidade e liberdade para explorar meus próprios pensamentos e sentimentos.[9]

Para Fromm, a fé — vazia como era — servia de conforto, e essa era a principal razão para tentar mantê-la. Para Cohen, a fé em Deus era uma "presença desagradável, invasora". Essa atitude diferencia os que tentariam preservar alguma espécie de crença religiosa dos que a abandonariam completamente. Para Fromm e para

[8] Idem, p. 272.

[9] "Howard Walked Away", lançamento na Internet (2000), Institute for First Amendment Studies <http://www.ifas.org/wa/cohen.htlm>.

Cohen, assim como para Borg, a contemplação teológica tornou-se um obstáculo à crença. Pode parecer incongruente que a teologia, que é o estudo de Deus, muitas vezes atrofia a crença em Deus, mas é verdade. Tentar entender a Deus unicamente por meio do intelecto é um esforço fútil que conduziu muitos teólogos pelo caminho errado. Um desses teólogos foi Paul Tillich, que dedicou a vida a uma busca teológica que visava preservar pouco mais do que uma nebulosa aparência de Deus.

A teologia da dúvida de Paul Tillich

Paul Tillich (1886-1965), pode-se argumentar, alargou os limites da teologia cristã mais do que qualquer outro teólogo. Ele foi um dos mais renomados teólogos norte-americanos das gerações recentes — o único que foi capa da revista *Time.* Nascido e criado na Alemanha, filho de pastor luterano, ele foi demitido de seu cargo de professor na Universidade de Frankfurt devido a sua oposição a Hitler. Temendo ser preso, partiu para Nova York em 1933 para lecionar no Seminário Teológico União e mais tarde na Escola de Teologia de Harvard e na Universidade de Chicago. Sua morte em 1965 mereceu uma reportagem na primeira página do *New York Times.*

Tillich enfrentou com coragem questões de crença e descrença e sobre a natureza de Deus, e sua teologia é às vezes citada como parte da escola de pensamento da "morte de Deus". Mas os esforços de Tillich de certa forma se opuseram a esse tipo de pensamento. De fato, acerca de seu papel como teólogo, ele disse: "Às vezes eu penso que minha missão é levar a fé aos que não têm fé e a dúvida aos que têm fé".[10] No entanto, o resultado de sua caracterização de Deus como a "base de todo ser" praticamente negava a própria existência de um Deus pessoal.

Ele escreveu extensivamente sobre questões de dúvida e descrença, e argumentava que a fé é uma condição que requer a dúvida por sua própria potencialidade. A fé e a dúvida estão em tensão, numa relação dialética, e isso confere à fé sua vitalidade. Em *The Protestant Era* [A era protestante], ele resume sua "teologia da dúvida":

> Não apenas quem está em pecado, mas também quem está em dúvida é justificado pela fé. A situação da dúvida, mesmo a dúvida acerca de Deus, não deve nos separar de Deus. Há fé em cada dúvida séria, a saber, a fé na verdade como tal, mesmo se a única verdade que conseguimos expressar é nossa falta de verdade. Mas se isso for

[10] Citado em Robert McAfee Brown, *Is Faith Obsolete?*, p. 89.

> experimentado em sua profundidade e como uma preocupação suprema, o divino está presente; e quem duvida nessa atitude está "justificado" em seu pensamento.[11]

Assim, concluiu Tillich, "não há ateísmo possível". De acordo com Martin Marty, Tillich "via o ateu reflexivo e apaixonado nas garras de um apego a uma "preocupação suprema" e portanto — pela definição de Tillich — religiosa".[12]

A dúvida de que falava Tillich não se baseava numa teoria abstrata. Ele continuamente encontrava estudantes e paroquianos que lutavam com enormes dúvidas sobre o Deus pessoal de quem fala a Bíblia. E sua teologia foi moldada em grande parte num esforço de responder a essa dúvida. Deus se tornou a "Base do Ser", "o nome daquilo que diz respeito ao homem em última instância". Deus não é "um Objeto que se possa conhecer ou deixar de conhecer, mas o Ser-em-si, do qual participamos pelo próprio fato de existir". De fato, "Deus não existe. Ele é Ser-em-si, além da essência e da existência".[13] Se esse tipo de fala dúplice visava ajudar quem estava lutando com dúvidas, o objetivo não foi atingido.

Grace Cali, que serviu como secretária de Tillich durante seus sete anos em Harvard, deu testemunho disso. Criada por pais que haviam servido na pastoral batista e em ministérios missionários, ela estava reexaminando suas crenças quando conheceu Tillich, mas ela confessou que com ele "eu recebia mais do que conseguia controlar. Seu conceito de Deus como Ser-em-si ameaçava obliterar qualquer conceito significativo de um Deus com quem eu pudesse me relacionar pessoalmente". Certo dia ela o desafiou, revelando seu "terrível sentimento de vazio" quando tentava relacionar-se com seu Deus infinito, Ser-em-si. "Meu ego finito precisa de um Deus pessoal."[14]

Respondendo a ela, Tillich insistiu que "Deus como Ser-em-si e Deus como pessoa não são realmente contraditórios". Deus, argumentou ele, é conhecido por meio de seus atributos, e esses atributos se "expressam de modo poderosíssimo em Jesus".[15] Mas como tantos antes e depois dele, Tillich deixou de fazer o impossível: moldar Deus (o Deus cristão da Escritura) como uma divindade verdadeiramente significativa para a mentalidade filosófica. Com razão ele foi acusado de transformar

[11] Paul TILLICH, *The Protestant Era*, p. xiii.
[12] *Varieties of Unbelief*, p. 121.
[13] Citado em David L. SMITH, *A Handbook of Contemporary Theology*, p. 78.
[14] *Paul Tillich First-Hand: A Memoir of the Harvard Years*, p. 62-63.
[15] Idem, p. 62.

Deus numa "divindade abstrata e alheia" e de oferecer a seus leitores uma definição (Base do Ser), mas não um relacionamento.

O Deus distante de Tillich

Para Cali, o Deus de Tillich era distante demais, impessoal demais. Talvez esse também fosse o caso do próprio Tillich. De fato, alguns de seus críticos acreditavam que sua vida pessoal era um reflexo de seu Deus pessoal. Suas promessas matrimoniais não incluíam fidelidade sexual, segundo sua mulher Hannah, uma atéia declarada, cujos relatos publicados sobre a vida com Tillich apareceram vários anos depois da morte dele.

Em vida ele fizera todos os esforços para manter sua intimidade longe dos olhos do público, tanto assim que se sentiu humilhado quando soube que a imprensa norte-americana descobrira que seu primeiro casamento terminou em divórcio. Mas, apesar de todo segredo, ele não conseguiu esconder seus pecados de si mesmo ou de seu Deus impessoal, que talvez tenha sido muito mais pessoal do que ele imaginava. Sobre esse lado de Tillich, Cali escreve:

> Sua tendência a estabelecer amizades íntimas como inúmeras mulheres era uma fonte constante de culpa e ansiedade. [...] Enfrentar esses fatos abertamente era uma tortura e era a explicação de sua angústia e depressão. Só por meio de um elaborado sistema de auto-engano ele conseguia suportar a situação e conviver consigo mesmo. [...] As crises de depressão eram tão graves nesse período que eu temia um colapso.[16]

Tillich procurou oferecer uma alternativa ao ateísmo, mas o que seus seguidores encontraram foi uma definição de Deus, não *Deus*. Essa alternativa não era melhor — talvez fosse até pior — que o ateísmo.

Marcus Borg, o fictício Peter Fromm e Paul Tillich, cada um deles ilustra o esforço de preservar algo parecido com a fé cristã em meio à dúvida e à descrença. Se eu fosse preconceituosa a esta altura diria a cada um deles (morto, ou vivo, ou fictício): "*Decida-se! Pesque ou prepare a isca! Seja cristão ou seja ateu! Não fique turvando a água*". Mas conheço bem demais meu próprio coração. Sou uma evangélica e luto

[16] Idem, p. 21.

com a dúvida e a descrença. Deveria me surpreender com o fato de muitos reinterpretarem a fé em vez de descartá-la pura e simplesmente? E quem sou eu para pressioná-los?

Para muitos, cuja fé está diminuindo, a única alternativa é abandoná-la completamente. Eles questionam a honestidade de professar uma fé e ao mesmo tempo acalentar dúvidas graves. Levam a sério as palavras de Thomas Paine:

> É impossível calcular o dano moral, se assim posso dizer, que a mentira mental tem produzido na sociedade. Quando alguém corrompe e prostitui a castidade de sua mente a ponto de fazer profissão de fé em coisas em que não acredita, está preparado para cometer todos os outros crimes.[17]

Respeito os que estão convencidos de que sua opção honesta é romper completamente seus vínculos com o cristianismo. Uma das pessoas que passei a conhecer por meio de seus escritos e correspondência é Elmer Miller. Sua caminhada para longe da fé evangélica da juventude, mais do que pela teologia, foi motivada pelos estudos bíblicos e pela crítica textual.

Dúvida num mundo de certeza

O cenário era o leste da Pensilvânia nos confins do condado de Lancaster, coração da região menonita, durante o pós-guerra no final da década de 1940 e início da de 1950. Foi nessa atmosfera, num ambiente de tradição, estabilidade e certeza — e mudança — que Elmer Miller começou sua busca juvenil da verdade. Suas indagações, porém, eram descartadas pelos líderes da igreja, e ele muitas vezes foi considerado um sujeito problemático. Mas o jovem Elmer estava muito decidido em relação a sua fé — tanto assim que sua fuga da estreita e exigente subcultura menonita só foi possível por meio de outra subcultura estreita e exigente, como ele mesmo a descreveria: "A Juventude para Cristo e sua visão estritamente fundamentalista da Bíblia". De fato, ele insiste que foi a abordagem literal, fundamentalista da Escritura, mais do que a abordagem alegórica menonita, que acabou levando-o à dúvida e à descrença.[18]

Mas, nesse meio-tempo, ele se matriculou na Faculdade Menonita do Leste para seguir sua vocação missionária. Entregou-se de corpo e alma: "O impulso a

[17] Citado em Gardner, *The Flight of Peter Fromm*, p. 173.
[18] *Nurturing Doubt: From Mennonite Missionary to Anthropologist in the Argentine Chaco*, p. 12-13, 18.

evangelizar o mundo 'lá fora' me levou a pregar nas ruas, coisa que fiz até durante o terceiro ano de faculdade". Esse entusiasmo pelo ministério e pela verdade bíblica correspondia a uma insaciável sede de conhecimento durante os anos de faculdade e seminário. Um incidente em particular está gravado em sua memória. Ele estava sozinho na biblioteca da faculdade durante o recesso de Natal. Seu interesse por línguas bíblicas o levou à seção de obras de referência, onde encontrou léxicos, comentários e concordâncias, e logo estava mergulhado na questão da equivalência lingüística — como, por exemplo, uma palavra hebraica do Antigo Testamento poderia ser traduzida no Novo Testamento. De repente lhe ocorreu que traduzir um texto era um esforço muito humano.

> A sensação esmagadora de solidão que provei naquela sombria tarde de dezembro não dizia respeito à ausência de gente ao redor, mas antes tinha a ver com as implicações do que mais tarde passei a reconhecer como relatividade lingüística. Eu sabia que já não podia conceituar textos bíblicos da mesma forma que aprendera, e ainda estava aprendendo a fazer. [...] A sensação de emocionada confiança de que minha conclusão era necessariamente a única conclusão lógica, misturada com a consciência solitária de que as implicações poderiam minar meus laços de família e amizades íntimas, era uma emoção difícil de explicar a alguém que não tivesse provado uma sensação de alienação de suas raízes. O conhecimento pode ser doce e amargo.[19]

Durante o último semestre no seminário, em 1956, Elmer começou a questionar seus planos de exercer o ministério. Como poderia tornar-se um ministro menonita se estava lutando com dúvidas importantes? Mas apresentou-se uma oportunidade irresistível: trabalho missionário na Argentina que lhe permitiria prosseguir sua formação em lingüística. Aceitou o chamado, e ele e sua mulher Lois serviram por vários anos como missionários menonitas. Todavia, durante esse período as dúvidas só aumentaram. Deixou para trás o trabalho missionário, mas continuou estudando a nação Toba da Argentina e avançando em seus estudos de pós-graduação. Sua demissão do trabalho missionário também sinalizou o abandono da fé. A fé em Deus não era um pré-requisito para cargos docentes e administrativos que vieram em seguida no Departamento de Antropologia da Universidade Temple.[20]

[19] Idem, p. 20.
[20] Idem, p. 22-23, 102.

Nos últimos anos, ele e sua mulher voltaram para a igreja, para uma igreja menonita liberal que lhes oferece uma sensação de comunidade. É uma comunidade que lhes permite conectar-se com sua herança cultural sem exigir adesão a crenças particulares, nem mesmo à crença num Deus pessoal. Sob alguns aspectos, sua filosofia está resumida no parágrafo que fecha seu livro *Nurturing Doubt* [Alimentando a dúvida].

> Duvidar é a "atitude filosófica por excelência". Duvidar *deve* tornar-se o modo de vida que modera as reações a discursos conflitantes e também contraditórios num mundo multicultural. Essa atitude deveria nortear todo o conhecimento que se tem a respeito das pessoas e idéias que constituem o Outro. Sem isso, instala-se o dogmatismo, cometem-se crimes e desencadeiam-se guerras em nome de uma verdade inquestionável.[21]

Se as únicas opções são, de um lado, duvidar e, do outro, aceitar o dogmatismo de uma verdade inquestionável, pouca gente argumentaria em defesa da segunda posição. Mas eu argumentaria que o duvidar descrito por Elmer pode facilmente transformar-se numa "atitude filosófica *por insolência*" — uma dúvida que presume a existência de um meio objetivo de duvidar que leva à verdade objetiva. Esse duvidar pode facilmente tornar-se um modo de vida que permite pouco espaço para o mistério e a fé.

Elmer sentiu que sua única alternativa era abandonar a fé, deixar o ministério e perseguir suas dúvidas. Outros, porém, continuam no ministério mantendo a fé e a dúvida em constante tensão. Isso é desonesto? Isso é "mentira mental", como sugeriu Paine? Precisamos levar a sério a acusação de Paine, pois certamente existem pessoas que — por causa de sua profissão — fingem acreditar em coisas em que não acreditam. Esses merecem a censura de Paine.

Todavia, reconhecer honesta e abertamente a dúvida e a descrença e, ao mesmo tempo, afirmar a fé e continuar no ministério é um caminho que muitos escolhem seguir. É um caminho que muitas vezes leva ao conflito interior e a um exame de consciência tal qual se percebe no testemunho do pe. Michael Paul Gallagher. Mais importante, porém, como a história dele comprova, é um caminho que leva a uma aceitação de uma fé vivida em meio a tensões de crença e descrença.

[21] Idem, p. 203.

Descrendo das palavras de Jesus — durante a celebração da missa

Ao contrário de Elmer Miller, que entrou no ministério com dúvidas ameaçando-lhe a fé, a luta do pe. Michael Paul Gallagher com o ateísmo sobreveio muito tempo depois de ele completar sua formação no seminário, em pleno exercício de seu ministério. Sua crise de dúvida e descrença surgiu de repente — depois de um dia longo e frustrante precedido por uma noite de pouco sono. Como no caso de Miller, o contexto imediato da crise do pe. Gallagher estava mais ligado a questões bíblicas do que a questões teológicas.

> O verdadeiro gatilho do ateísmo disparou paradoxalmente com a leitura do evangelho da missa. Tratava dos saduceus discutindo com Cristo sobre a ressurreição dentre os mortos. Tendo na cabeça uma certa dose de crítica formal, eu me vi não acreditando que aquelas palavras tivessem sido proferidas por Jesus: foram certamente postas em sua boca por alguma controvérsia na fase inicial da igreja. A questão logo cresceu e transformou-se em "quanto foi inventado?". A partir daquele posicionamento interior, eu fiquei estranhamente alerta às palavras da missa, mas numa atitude de profunda dúvida. Eu me vi, por assim dizer, observando de fora para dentro, e ouvindo palavras com uma certa nostalgia de seu significado, quase como se eu tivesse sido um ateu por muitos anos e agora estivesse revisitando um conhecido cenário de culto. Num certo sentido, eu lutava contra os pensamentos e movimentos do espírito, mas era uma experiência alarmante e solitária, estar ali com minha comunidade e, no entanto, sentir-me alheio à razão central de estarmos ali. [...]
>
> Depois da comunhão, eu me vi orando ou tentando orar, usando as famosas palavras do pai do menino possesso dos evangelhos: "Eu creio, Senhor! Ajuda a minha incredulidade" (Mc 9:24). [...]
>
> O que eu realmente entendi ou comecei a entender depois da comunhão e no fim da missa sobre meu estado de espírito ateu? Entendi que a fé era um dom mais extraordinário do que imaginava. Vislumbrei a dúvida potencial que nunca se pode separar da fé nesta vida. Acima de tudo, passei a perceber, mais uma vez, que a fé é algo muito diferente da mera exatidão da verdade objetiva. [...] Lá sentado, depois da comunhão [...] eu me defrontei com o fato de que se a fé fosse sequer possível, seria mais uma questão de vida e de amor do que de verdade independente.[22]

[22] Fr. Michael Gallagher, *Help My Unbelief*, p. 19-22.

Fé razoável

Quando o pe. Gallagher fala de "verdade objetiva", ele levanta uma questão importante. O cristianismo é uma religião histórica baseada em alegações de verdade, mas será que isso a torna uma "fé razoável", capaz de satisfazer quem exige uma verdade objetiva? O filósofo cristão do século XX, Alvin Plantinga, evocando João Calvino, argumenta "que a crença em Deus pode ser propriamente básica e, portanto, não se basear em razão alguma".[23]

Calvino não baseou sua defesa da existência de Deus na razão e na teologia natural, como muitos teólogos que o precederam. Ao contrário, ele argumentou que a crença de que Deus existe é uma crença básica — *sensus divinitatis* — e que a quase universal disposição de acreditar em Deus é por si só uma razão para crer na existência de Deus. "Há na mente humana, e de fato trata-se de um instinto natural, uma consciência da divindade", escreveu ele em sua obra *Institutas da religião cristã*. "Para impedir que alguém se refugiasse no fingimento da ignorância, o próprio Deus implantou em todos os homens um certo entendimento de sua divina majestade."[24]

Mas a crença num Deus supremo que ocorre por meio da revelação geral e é afirmada pela consciência individual que se tem da divindade não deveria ser equiparada à revelação especial da Escritura — uma crença no Deus uno e trino da Bíblia. É nesse ponto que alguma espécie de "salto de fé" é essencial para estabelecer uma ponte entre a revelação geral e a especial. Muitos apologistas demonstraram de forma convincente que essa revelação especial da Escritura é razoável, mas insistir que é tão razoável e racional a ponto de ser aceita apenas por seus próprios méritos é reivindicar demais. A aceitação da revelação especial é um mistério, que melhor se explica como a iluminação do Espírito Santo, uma iluminação necessária para aqueles dentre nós que são facilmente subjugados por pensamentos racionais.

Um desafio lançado por F. W. Robertson

Calvino é útil para quem está procurando um entendimento da fé num ambiente que, ao mesmo tempo, exige e apresenta provas a favor de Deus — provas que simplesmente não existem. Mas, num nível prático, como é que o cristão que tem

[23] C. Stephen Evans, *Faith Beyond Reason: A Kierkegaardian Account*, p. 52.
[24] João Calvino, *As institutas*, citado em Paul Helm, *Faith and Understanding*, p. 180.

contínuas e enervantes dúvidas ou súbitos ataques de ateísmo se mantém na fé, especialmente quando sua vocação é o ministério cristão? Nesse ponto achei as palavras de F. W. Robertson particularmente úteis. Ele ficou conhecido como um dos maiores pregadores dos tempos vitorianos. Foi um homem que hipnotizava platéias. Mas também foi um homem que lutava com dúvidas acerca do próprio Deus sobre quem pregava. Suas indagações relativas à *verdade* refletem as indagações do pe. Gallagher e de todos aqueles que vacilam na fé. Robertson confessava abertamente suas dúvidas pessoais; mais do que isso, dava um conselho que é tão útil hoje como deve ter sido para quem, na sua igreja paroquial, ouvia seus sermões nas manhãs de domingo:

> Mas há momentos, e eles chegam para todos nós em algum período da vida, em que a mão do Mistério parece pesada na alma. [...] Pois bem, nessas horas você duvida de tudo — da verdade do cristianismo: se Cristo era homem ou Deus ou uma bela fábula. Você pergunta com amargura, como Pôncio Pilatos, O que é a Verdade? Numa hora dessas o que sobra? Eu respondo: Obedecer. Deixe por ora aqueles pensamentos. Aja — seja misericordioso e gentil — honesto; obrigue-se a praticar muitos pequenos serviços; tente fazer o bem aos outros; seja fiel ao dever que você conhece. *Isso* deve estar certo, independentemente de tudo o que esteja errado, e segundo todas as leis do coração humano, segundo a palavra de Deus, você não será abandonado na dúvida. Pratique aquela parte da vontade de Deus que está clara para você, e você "conhecerá a respeito da doutrina, se ela é de Deus".[25]

A citação de Sergei Bulgakov que abre este capítulo fala da perda da fé durante a formação no seminário. Sendo professora num seminário, eu levo muito a sério aquelas palavras. Como Robertson, em certos momentos eu duvido de tudo. É nessas horas que às vezes me pergunto, enquanto olho pela janela, *O que estou fazendo aqui? Eles me demitiriam se simplesmente soubessem.* Mas depois tenho outro desafio maior como professora: ser mais que uma *professora* das palavras certas. Sei que numa hora dessas eu, como Robertson, devo por ora abandonar aqueles pensamentos. Devo ser misericordiosa e gentil e praticar muitos pequenos serviços — sabendo que isso é certo, independentemente do que seja incerto. Esse é um grande

[25] Citado em Kelly James CLARK, *When Faith Is Not Enough*, p. 94-95.

desafio para todos os que estão no serviço cristão, seja no ministério leigo, seja em outras profissões. Não deveríamos nos sentir ameaçados pela suprema pergunta do tipo "E se?". *E se* nossas crenças bíblicas forem falsas? Se forem, ainda poderíamos olhar para trás na vida com uma sensação de satisfação e segurança, sabendo que cuidamos fielmente da criação e servimos os seres humanos, nossos semelhantes — sempre praticando muitas boas ações?

9 O desafio da psicologia e das questões sociais

O argumento mais forte contra a fé judaico-cristã
que eu conheço é o de Sigmund Freud. [...]
A leitura de O futuro de uma ilusão
é uma experiência que faz pensar.
Até onde eu sei, trata-se da argumentação
mais forte contra a fé religiosa.
Ao cabo da leitura, a gente se sente meio idiota
por continuar sendo um crente.
Fleming Rutledge

O mais fascinante estudo psicológico sobre a crença e a descrença que já vi encontra-se no romance *Os irmãos Karamazov*, de Fiódor Dostoiévski. É a história de três irmãos que têm visões muito divergentes da vida e de Deus. Não é um livro para um leitor tímido. Minha versão em brochura tem mais de novecentas páginas, apesar da letra miúda. Eu ficava pensando, durante a leitura, que esse grande romancista russo poderia ter um número ainda maior de seguidores se tivesse cortado algumas páginas, mas o livro definitivamente merece o esforço do leitor. O próprio Dostoiévski é uma pessoa fascinante, e a obra reflete a estruturação psicológica do autor. Três aspectos de sua personalidade estão encarnados nas crenças e personalidades dos três irmãos. O livro é, como sugere Konstantin Mochulsky, uma "biografia espiritual".[1]

Dostoiévski cresceu em Moscou. Perdeu a mãe em 1837, quando tinha dezesseis anos. Seu pai, médico, foi assassinado pelos empregados alguns anos mais tarde durante uma revolta de camponeses. Era uma época de grandes mudanças científicas e filosóficas no mundo, o que levou ao "esfacelamento do humanismo". De fato, como escreve Mochulsky: "Ante seus olhos o humanismo desprendeu-se de suas raízes do cristianismo e transformou-se numa luta com Deus. Tendo começado com a emancipação do homem da 'teologia' e da 'metafísica', ele acabou escravizando-o às 'leis da natureza' e da 'necessidade'".[2]

[1] Konstantin Mochulsky, introdução a *The Brothers Karamazov*, de Fiódor Dostoiévski, p. xii.
[2] Idem.

O jovem Dostoiévski passou por um período inicial de encantamento com um socialismo utópico, uma forma de humanismo cristão, mas logo adotou o comunismo ateu. Foi nessa época que foi preso por atividades políticas ilegais e condenado à morte. Tinha apenas 28 anos no dia em que subiu ao cadafalso, mas no último momento a sentença de morte foi comutada: ele acabou sendo exilado na Sibéria.

Quando estava prestes a embarcar no trem para o exílio, uma devota senhora cristã passou-lhe um exemplar do Novo Testamento. Assim começou a terceira fase de sua biografia. Em meio a terríveis condições de vida — as horas de árdua labuta, a falta de comida, o mau cheiro da esquálida cela apinhada de presos, as gélidas temperaturas do inverno e o calor do verão — ele encontrou Deus.

Depois de cumprir sua pena no exílio, Dostoiévski procurou resolver as questões pessoais de crença e descrença servindo-se de seus romances. "A questão principal que me atormenta consciente e inconscientemente ao longo de toda a vida", escreveu ele, é "a existência de Deus". Mas Deus nunca deixa de existir nos romances. De fato, "Deus atormenta" todos os seus personagens. Todavia, num certo sentido seus personagens também se encontram num mundo que foi abandonado por Deus. Com essa justaposição de certeza e incerteza, Dostoiévski penetra fundo na psicologia da crença e da descrença.

> A arte psicológica de Dostoiévski é famosa no mundo inteiro. Muito antes de Freud e antes da escola dos psicanalistas, ele mergulhou nas profundezas do subconsciente e investigou a vida interior de crianças e adolescentes; estudou a medicina dos loucos, maníacos, fanáticos, criminosos, suicidas. [...] Mas sua análise não se limitou à psicologia individual; ele investigou a psicologia coletiva da família, da sociedade, das pessoas. Suas mais profundas percepções dizem respeito à alma do povo, à "unidade" metafísica da humanidade.[3]

Deus existe? Essa angustiante pergunta é feita e respondida — de diversas maneiras — ao longo de *Os irmãos Karamazov*. Uma cena específica mostra o sr. Karamazov e seus dois filhos, Ivã e Aliocha, depois de eles terem se encontrado com um monge reverenciado por Aliocha. Ivã é um ateu cínico; Aliocha, um cristão devoto. O pai, conhecendo bem os dois filhos, pergunta se Deus existe. Ivã responde de forma negativa

[3] Idem, p. xiii, xvi.

— E você, Aliocha, existe Deus?

— Claro que sim.

— E a imortalidade, Ivã? Quero dizer, ela não existe de forma alguma? Nem sequer um pouquinho?

— Não, também não existe imortalidade. [...]

— E você, Aliocha. A imortalidade existe?

— Com certeza.

— Então existe a imortalidade e existe Deus?

— Exatamente, as duas coisas: Deus e a imortalidade. E a imortalidade está em Deus.

— Hum. É muito mais provável que Ivã esteja certo. Pensem em quanta fé e energia os homens devotaram a esse sonho, quanta força se desperdiçou com isso, e por milhares de anos! Mais uma vez, pela última vez: Existe ou não existe Deus? Quero uma resposta final, definitiva.

— Pela última vez — Deus não existe.

— Bem, então quem estaria fazendo essa brincadeira com os homens, Ivã?[4]

Ramificações psicológicas e sociais da fé religiosa

Por que Ivã negava a existência de Deus, e por que Aliocha acreditava tão fervorosamente nele? O que influenciou essas perspectivas tão diferentes de fé religiosa? Ambos são produtos da mesma carga genética e do mesmo ambiente. No entanto, não há dúvida de que fatores sociais e psicológicos os predispuseram para a crença e a descrença. Será que alguém acredita a fim de preencher uma latente necessidade psicológica de amar ou a fim de desenvolver contatos de negócios e ligações profissionais? Será que alguém nega a Deus porque um pai é distante e alienado ou porque hábitos pessoais não estão de acordo com doutrinas religiosas? E o que é, poderíamos perguntar, a realidade da crença ou descrença de alguém nos mais profundos recessos do coração e da mente? Será que sequer podemos saber disso sobre nós mesmos?

Uma reflexão psicológica ou sociológica sobre a religião deve levar em conta a natureza da religião — quer se trate de religião civil, sustentada por razões políticas e o bem-estar do estado, quer se trate de fé pessoal afirmada ou negada apesar da reação negativa que possa provocar. Pensadores cristãos através dos séculos

[4] Fiódor Dostoiévski, *The Brothers Karamazov*, p. 159-160. [Há várias traduções para o português.]

(alguns talvez dissessem a partir de Jesus) fizeram uma clara distinção entre religião civil e fé pessoal. Søren Kierkegaard comparou a cristandade ao cristianismo, e Karl Barth definiu a religião como descrença em comparação com a revelação da Palavra de Deus.[5]

Todavia, qualquer esforço para traçar uma linha demarcatória rigorosa entre religião pública e privada é, na melhor das hipóteses, duvidoso. Raramente crenças (ou descrenças) pessoais são questões inteiramente privadas, nem deveriam ser. A fé é formada em comunidade, e essa comunidade muitas vezes ultrapassa uma congregação local de crentes. Como tal, a fé pessoal facilmente invade o que se poderia chamar de religião civil. Crenças religiosas, privadas ou coletivas, são complexas, e são endossadas e rejeitadas na arena pública por muitas razões, da mesma forma que, por muitas razões, são abraçadas e abandonadas na esfera privada.

A mistura de fé religiosa privada e pública tem sido uma questão controversa nos Estados Unidos nas últimas décadas. Muitos que temem a influência da religião na arena pública insistem que a fé do cidadão deveria restringir-se à esfera pessoal. Eles enfatizam os efeitos negativos de uma religião que influencia decisões governamentais e a opinião pública. De fato, alguns norte-americanos fizeram um esforço consciente para isolar a opinião religiosa como uma forma de fala que dever ser excluída da praça pública.

Essas tendências excludentes não são novas. Karl Marx foi o mestre supremo dessa estratégia. Ele considerava a religião, tanto a religião civil quanto a fé pessoal, uma arma de controle social e, como tal, uma toxina que deve ser eliminada da sociedade. Até o socialismo cristão foi uma tentativa mascarada dos ricos para escravizar os pobres, como ele veementemente escreveu em *O manifesto comunista*: é "apenas a água benta usada pelo sacerdote para consagrar os rancores do aristocrata". Marx detesta todas as religiões, mas seu alvo específico era o cristianismo; e em *O capital* ele defendeu sua tese sobre a religião com uma citação extraída de W. Howitt: "As barbaridades e terríveis afrontas da assim chamada raça cristã, por todas as regiões do mundo, impostas a todos os povos subjugados, não encontram nada igual nas ações de qualquer outra raça, por mais feroz, por mais ignorante e por mais destituída de misericórdia e vergonha, em qualquer período da história do mundo". Mas a religião era mais que uma forma de opressão; era um narcótico. Em seu paradigma de luta de classes, Marx via a religião como o pior inimigo do

[5] Paul PRUYSER, *Between Belief and Unbelief*, p. 8.

progresso: "A religião é o suspiro da criatura oprimida, o sentimento de um mundo sem coração, e a alma de uma condição desalmada. É o ópio do povo".[6] Foi Sigmund Freud, todavia, mais que qualquer outro, quem assumiu a tarefa de definir a religião em termos sociológicos e psicológicos; e ele tinha, no mínimo, uma fachada de objetividade profissional que Marx não tinha.

A descrença preconceituosa de Freud

Sigmund Freud (1865-1939), conhecido como o "pai da psicanálise", nasceu e cresceu numa família judaica de Viena, mas não há provas de que a fé religiosa tenha em algum momento criado raízes em sua vida. Seu pai, Jakob, fora durante certo tempo um judeu ortodoxo praticante, mas quando Freud nasceu ele era conhecido na comunidade como um homem de mente liberal, livre-pensador e progressista, e isso talvez tenha influenciado de modo significativo seu filho. O mais notável aspecto de sua infância e juventude foi a total pobreza — aflição que o perseguiu até depois do início da idade adulta. Apesar da pobreza, porém, Freud conseguiu matricular-se na Universidade de Viena em 1873 como estudante de medicina, numa atmosfera de crença otimista de que a ciência detinha as chaves do futuro. Sobre as teorias de Charles Darwin, Freud estava convencido de que "elas alimentam a esperança de um avanço extraordinário de nosso entendimento do mundo".[7]

Freud especializou-se em psiquiatria, então nos estágios iniciais. Naquela época havia apenas duas curas para pacientes mentais: hipnose e eletroterapia. O campo estava todo aberto, e ele rapidamente estabeleceu sua marca nele. "A psicanálise foi concebida por Freud e atingiu uma vigorosa maturidade durante sua vida."[8] Desde o início, seu entendimento da religião exerceu um profundo efeito na psicanálise e grande parte de sua reação à crença religiosa veio de seu passado, como sugere H. L. Philip:

> Freud tornou-se ateu ainda muito jovem, na verdade tão cedo que fica difícil acreditar que estivesse suficientemente maduro, ou que tivesse conhecimento suficiente, para justificar tais conclusões contra o consenso geral da crença. Quando lembramos que

[6] Karl Marx e Friedrich Engels, *Manifesto of the Communist Party* e Karl Marx, *Capital*, em *Great Books*, Chicago, Encyclopaedia Britannica, 1952, 50:430, 372; Robert McAfee Brown, *Is Faith Obsolete?*, p. 134-37.

[7] H. L. Philip, *Freud and Religious Belief*, p. 2-10.

[8] Idem.

ele sempre fora forçado a sentir, dada sua condição de judeu numa comunidade predominantemente católica, que ele era sempre minoria, fica fácil entender sua reação; e se seu pai fosse um livre-pensador completo (como seus netos afirmam que ele foi), a mudança no fim das contas não teria sido tão grande. Contudo, seu ateísmo não parece tão completamente racional como ele mesmo parecia acreditar. Foi adotado muito cedo, e a natureza de seus escritos sobre religião carece daquelas qualidades de objetividade e calma que encontramos em outras partes de seus livros.[9]

"Uma neurose obsessiva universal"

A religião é "uma neurose obsessiva universal" — essa é a tese de fundo de um trabalho de Freud publicado em 1907. "A religião não é explicada, mas descartada", escreve Philip. "É um estado patológico a ser desfeito o mais cedo possível de modo que o homem, não mais atrapalhado por sua influência malsã, possa avançar para um progresso maior." A religião, argumentava Freud, era apenas uma ilusão. Ele nem sequer considerou a possibilidade de que as crenças religiosas pudessem ser verdadeiras.[10]

O ataque mais duro de Freud contra a religião veio duas décadas mais tarde, com a publicação de *O futuro de uma ilusão*. Ele já passara dos setenta anos quando escreveu esse livro que, segundo Philip, "parece uma declaração das crenças de um velho desiludido". Aqui ele desenvolveu seu conceito de deus-pai criado para preencher a necessidade humana de segurança. Ele colocou a religião no mesmo nível de outras criações culturais: "Tentei mostrar que as idéias religiosas surgiram da mesma necessidade da qual surgiram outras realizações da cultura: da necessidade de defender-se contra uma supremacia esmagadora da natureza" e "do ávido desejo de corrigir as tão penosas imperfeições da cultura". As crenças religiosas, dizia Freud, são realizações de desejos: "são ilusões, realizações dos mais antigos, mais fortes e mais insistentes desejos da humanidade".[11]

Quando contemplo Freud e o deus-pai de sua teoria da insegurança, lembro-me de Helen Barrett Montgomery, uma conhecida promotora de missões, presidente de uma denominação religiosa, tradutora da Bíblia e prolífica autora do final do século XIX e começo do século XX. Ela confirmou imagens paternas de Deus, mas

[9] Idem, p. 15.
[10] Idem, p. 23, 34.
[11] Idem, p. 68, 71, 72.

nem de longe se encaixava no perfil de Freud do indivíduo inseguro controlado por uma influência malsã. Ela foi a mais celebrada, a mais franca, a mais viajada líder do movimento missionário feminino e inspirou milhões de mulheres e homens que depois se envolveram com empreendimentos humanitários.

Seu pai foi o maior responsável por sua forte auto-estima, sua inteligência e sua devoção a Deus durante a vida inteira. De fato, seu amor pelo pai permitiu-lhe compreender seu amor por Deus.

> Amei meu pai e minha mãe com toda a afeição dentro de mim. Mas não tenho muita certeza de que a autoridade de minha mãe tenha tido pleno êxito. Eu lhe obedecia porque ela fazia parte da família. Meu pai, ao contrário, era adorado. Aos olhos desta criança Deus sempre se pareceu com seu pai, e a obediência ao pai se tornou a base da submissão à vontade de Deus. Havia reverência, havia temor, o tipo certo de temor, um pavor de fazer o que era errado aos olhos de meu pai.[12]

Meu testemunho pessoal é muito diferente daquele de Montgomery. Meu pai era muito distante, e eu poderia ter desejado que Deus preenchesse em mim algo que meu pai não preenchia, mas Deus muitas vezes pareceu muito mais distante do que meu indiferente e inatingível pai. Fosse qual fosse a espécie de freudiana realização de desejos presente em mim, ela não foi desfrutada.

Religião e o senso de absoluta dependência

Quando pensamos na psicologia da crença e descrença nos tempos modernos, Freud naturalmente vem à lembrança. Mas muito antes de ele entrar em cena, o teólogo alemão Friedrich Schleiermacher (1768-1834) aprofundou-se nessa questão. Como muitos outros filósofos alemães, Schleiermacher nasceu e se criou na incubadora do pietismo evangélico: seu pai foi capelão militar e seus dois avôs foram ministros luteranos. No início ele reagiu contra a formação pietista; mais tarde, porém, procurou combinar a experiência religiosa pietista com o liberalismo teológico. Ao contrário de grandes teólogos de séculos anteriores que enfocaram primeiro a Deus, Schleiermacher enfatizou a experiência religiosa. Ele, juntamente com seu círculo de autores românticos, "rebelou-se contra as visões racionalistas do iluminismo e

[12] Helen Barrett Montgomery, *Helen Barrett Montgomery: From Campus to World Citizenship*, p. 22.

sublinhou o papel do mistério, da imaginação e do sentimento". Como defensor da fé num mundo pós-iluminismo, buscou encontrar o caminho entre a ortodoxia bíblica e a religião moralista. Sobre sua contribuição para a filosofia e psicologia da religião, Barth escreveu: "Ele não fundou uma escola, mas sim uma época".[13]

Para Schleiermacher, a experiência religiosa era a própria essência da religião, e o ponto de partida da experiência religiosa era um senso de absoluta dependência de Deus. Essa era a principal abordagem para entender a religião tanto na atualidade quanto ao longo da história. Tudo era visto através das lentes do sentimento consciente de dependência, embora isso não fosse considerado numa luz negativa como aconteceu mais tarde com Freud. Schleiermacher teria visto a percepção que Montgomery tinha de Deus como um exemplo positivo desse sentimento de dependência absoluta.

A superficialidade da descrença

Outro pensador que se envolveu fortemente com a psicologia da crença foi William James (1842-1910). Ele se formou na Escola de Medicina de Harvard em 1869 e três anos mais tarde para lá voltou como professor, cargo que ocupou por 35 anos. É um dos fundadores da área de psicologia da religião, e desempenhando esse papel (e por meio de seus livros), enfatizou muito o sentimento e a emoção como fatores da religião. Como Schleiermacher, James não se preocupou com questões bíblicas ou teológicas em si e por si mesmas. Ao contrário, a religião era um terreno subjetivo, e assim ele levou muito a sério os relatos pessoais de experiências religiosas. Pessoalmente, ele tinha uma preferência pela tradição mística, embora sua pesquisa fosse uma tentativa séria de abordar o tema cientificamente. Sua obra mais conhecida sobre esse tópico é o clássico *Varieties of Religious Experiences* [Variedades de experiências religiosas]. No último capítulo desse livro ele trata da descrença em relação a Deus, argumentando que ela resulta de uma visão limitada do universo e suas complexidades. De fato, a descrença é uma perspectiva rasa e sem imaginação que depende excessivamente da ciência.

O que James está dizendo tem implicações psicológicas e sociais muito significativas. Tanto a partir de um nível pessoal quanto de um nível social, seria possível argumentar, com base em seus estudos, que o indivíduo e a sociedade que não sufocam a inclinação natural à crença poderiam ter uma perspectiva de vida mais

[13] Colin Brown, *Philosophy and the Christian Faith*, p. 108-109.

profunda e mais imaginativa. O indivíduo ou a sociedade que sufocam a crença muitas vezes se deixa infectar por um humanismo vazio. Alguns dos maiores pensadores de séculos passados foram os que acreditavam em Deus. Os ateus têm suas listas de grandes pensadores, mas o fato de eles precisarem colocá-los numa lista indica a escassez de seus números. É justo sugerir que algumas das maiores civilizações são aquelas que se curvaram ante um conceito de Deus, ao passo que civilizações menores, como a ex-União Soviética, negaram um tributo a Deus? Talvez essa generalização seja forçada demais. Mas a premissa deveria constituir um desafio para os cristãos quando refletem sobre a fé, particular ou pública.

James enunciou claramente os benefícios da fé, como aparece no resumo de sua visão feito por Paul Pruyser:

> A crença pode ser desalinhada, *ad hoc* e concreta, mas a porção de experiência de que ela se ocupa é "uma coisa sólida enquanto perdura". A descrença baseada em razões positivistas pode ser ordenada, geral e abstrata, mas aquilo de que ela trata são "apenas imagens ideais de algo cuja existência nós não possuímos dentro de nós". Mas a grande ênfase de James na atividade motora também o levaria a dizer que no fim as crenças de um ser humano aparecem naquilo que ele faz (com todas as possíveis contradições entre seus fazeres), mais do que nos efêmeros relatos verbais de sua visão de mundo.[14]

Em *The Will to Believe* [A vontade de crer], James definiu a crença como o exercício da vontade, que envolve escolhas, aventuras, compromissos e riscos na busca de alguém que quer conhecer a verdade e evitar a falsidade. Mas com essa definição, ele não identifica a descrença como sendo o oposto disso. De fato, aqui ele sugeriu que a descrença — um agnosticismo consciente, deliberado — pode ser tão aventurosa e arriscada e apaixonada quanto a crença. "Podemos assim complementar a frase de Bacon", escreve Pruyser, "de que existe *uma superstição na fuga da superstição* com a proposição de que pode existir uma *fé na fuga da fé*".[15]

Carl Jung e a busca da alma

Talvez o nome que mais chamou atenção no campo da psicologia da religião nas últimas décadas seja o de Carl Jung (1875-1961). Seu conceito de "homem moderno em

[14] *Between Belief and Unbelief*, p. 59.
[15] Idem, p. 60.

busca de uma alma" foi uma novidade festejada por muitos evangélicos que estavam procurando integrar a fé com um estudo das ciências sociais; mas o próprio Jung não foi nenhum evangélico. Filho de um ministro suíço reformado, ele reconheceu um propósito positivo para a religião na sociedade; mas, como Schleiermacher e James, Jung abandonara muito antes a fé que estava enraizada na história da ortodoxia cristã. No entanto, quando indagado mais tarde na vida se acreditava em Deus, ele respondeu: "Eu não preciso acreditar, eu sei". Ele não estava interessado em idealizações teológicas de Deus. Não estava interessado em Deus — um ser transcendente que era "totalmente outro". Mas estava interessado num Deus que era experimentado: "Devo preocupar-me com ele, pois então ele pode tornar-se importante, até mesmo de uma forma desagradável, e pode afetar-me de maneiras práticas".[16]

O que mais se destaca em relação a Jung — especialmente em comparação com Freud — é sua visão positiva da religião na medida em que ela se relaciona com o bem-estar do indivíduo. Wallace Clift capta sua contribuição nessa arena:

> Jung foi talvez o primeiro psicoterapeuta a enfocar o que se tornou amplamente reconhecido como *o* problema dos indivíduos de hoje em dia — o problema da falta de sentido. [...] Circunstâncias externas não davam significado à vida, pensava Jung. Não interessava se seu paciente era rico ou pobre, tinha uma família e uma posição social ou não. Ao contrário, era muito mais, dizia Jung, uma "questão de sua necessidade totalmente irracional do que chamamos de vida espiritual, e isso ele não pode conseguir em universidades, bibliotecas ou até mesmo igrejas".[17]

A orientação oferecida pelas igrejas, segundo Jung, pode estar relacionada com a experiência, mas trata-se da experiência de alguma outra pessoa. Aquilo de que seus pacientes precisavam não era um ensinamento ou uma doutrina, mas sim uma orientação na interpretação de suas experiências. Eles precisavam de "imagens de integridade oferecidas pelo inconsciente, que, não dependendo do intelecto consciente, surgem das profundezas de nossa natureza psíquica". Trabalhando com seus pacientes, ele se tornou o que ele chamava de "pastor de almas". Sua especialidade era ajudar as pessoas a encontrar uma visão religiosa da vida que fosse única para a sua experiência pessoal.[18]

[16] Wallace B. CLIFT, *Jung and Christianity: The Challenge of Reconciliation*, p. 3-4.
[17] Idem, p. 6.
[18] Idem, p. 5-8.

Jung descobriu que entre seus pacientes adultos — os de 35 anos ou mais — "não há nenhum cujo problema fundamental não seja uma atitude religiosa". Assim, em relação à descrença e à perda da fé, ele podia dizer sem medo: "De fato, lá bem no fundo, todos sofrem por ter perdido aquilo que as religiões [...] deram a seus crentes, e ninguém realmente se cura se não recuperar sua atitude religiosa", o que, acrescentava ele, "nada tem a ver com credos ou com pertencer a uma igreja". O cristianismo e todas as religiões, insistia ele, "são psicoterapias, que tratam e curam os sofrimentos da alma e aqueles do corpo que nascem da alma".[19]

Fé e bem-estar

Jung estava certo? A fé realmente tem um efeito positivo sobre o bem-estar social e psicológico de uma pessoa? Um crente poderia prontamente responder a essa pergunta mostrando os benefícios de levar uma vida cristã. Um descrente pode rir-se dessa certeza, mas pesquisas parecem estar a favor dos benefícios da fé religiosa — e isso pode ser um fator da manutenção da fé. Muita gente que luta com dúvidas, todavia, agarra-se a suas crenças porque encontra apoio e segurança e uma certa espécie de serenidade no seio da comunidade de fé. Para escrever seu livro *Amazing Conversions: Why Some Turn to Faith and Others Abandon Religion* [Incríveis conversões: Por que alguns buscam a fé e outros abandonam a religião], Robert Altemeyer e Bruce Hunsberger realizaram um estudo sobre dois grupos de pessoas: aquelas sem um histórico religioso que se tornaram cristãos convictos ("Incríveis crentes") e aquelas com um histórico religioso intenso que abandonaram a fé ("Incríveis apóstatas").

> Descobrimos que esses raros grupos diferiam em aspectos importantes, além das crenças religiosas em si. Por exemplo, os incríveis crentes pareciam voltar-se para a religião por razões psicológicas e emocionais. Muitos deles relataram históricos muito difíceis, inclusive com uso de drogas, problemas psicológicos, perda de entes queridos, famílias desestruturadas, comportamento criminoso e assim por diante. A religião lhes oferecia conforto, segurança, amigos, compaixão, uma mão amiga — coisas de que elas precisavam desesperadamente em sua vida.
>
> Em contrapartida, os incríveis apóstatas abandonaram seu passado religioso por razões muito diferentes — sobretudo intelectuais. Eles pareciam ter desmantelado,

[19] Gerhard Wehr, *Jung: A Biography*, p. 292-293.

> tijolo por tijolo, a infra-estrutura religiosa de sua vida, repensado o caminho percorrido através de uma longa série de ensinamentos religiosos. No fim, simplesmente não podiam acreditar na religião que lhes fora ensinada, e muitos preferiram adotar a ciência e a lógica como guias de sua vida.[20]

Questões de estilo de vida e perda da fé

Os "incríveis apóstatas" estudados por Altemeyer e Hunsberger se encaixam no mesmo perfil que eu descobri em minha pesquisa. Razões intelectuais são um fator importante em qualquer caso de abandono da fé, e esse fator está freqüentemente relacionado com questões psicológicas e sociológicas. Seria impossível imaginar quantos que antes professavam a fé cristã abandonaram suas crenças depois de estudar Freud e suas visões negativas da religião. Nos dois campos da psicologia e da sociologia, a religião tem sofrido fortes ataques. Mas além desses *fatores intelectuais*, há outros fatores psicológicos e sociológicos muito práticos, do dia-a-dia, relacionados com questões de estilo de vida que entram na composição do quadro.

O mais óbvio estilo de vida comportamental relacionado com a descrença é o de levar a vida como se Deus não existisse — o jeito de viver mais comum hoje em dia, pelo menos no extremamente materialista mundo ocidental. Essa é uma forma de descrença inconsciente, não um procedimento deliberado de abandonar a fé. Os cristãos, inclusive eu, com demasiada facilidade passam a vida como ateus práticos, vivendo como se fossem os senhores de seu destino. Qualquer sensação de total dependência de Deus, da qual falava Schleiermacher, quase não existe numa época em que o bem-estar parece depender muito mais de especialistas médicos, ou dos controladores de tráfego aéreo, ou dos caprichos da bolsa de valores.

Schleiermacher definiu o pecado como uma fome de independência de Deus, uma condição que está intimamente ligada à descrença. "Por que é tão difícil crer?", perguntava Pascal. "Porque é muito difícil obedecer." As pessoas abandonam a fé porque seu estilo de vida não combina com os padrões de suas crenças. Isso foi verdade para J. Budziszewski, escritor e professor universitário, que atesta ter abandonado a fé por um certo tempo a fim de pecar sem culpa — e generaliza sua situação para incluir outros:

> À medida que me afastava cada vez mais de Deus, fui me afastando cada vez mais do senso comum sobre muitas outras coisas, inclusive a lei moral e a responsabilidade

[20] Bruce Hunsberger, "Social-Psychological Causes of Faith", *Free Inquiry*, verão 1999, p. 35.

> pessoal. [...] A essa altura, eu cometera certos pecados dos quais não queria me arrepender. Sendo que a presença de Deus me deixava cada vez mais desconfortável, comecei a procurar motivos para acreditar que ele não existe. Uma coisa engraçada acontece com os seres humanos: poucos duvidam da existência de Deus e depois começam a pecar. A maioria de nós peca e depois começa a duvidar da existência dele.[21]

É justo que o professor ateste sua descrença pessoal, mas devemos tomar suas generalizações com cautela. A implicação de que as pessoas abandonam a fé para pecar é uma acusação comum, mas isso não se verifica em minhas pesquisas. Muita gente que não apresenta nenhuma deficiência ética ou moral óbvia abandona a fé.

Há, todavia, outros indivíduos cuja perda da fé aparece lado a lado com uma guinada para um estilo de vida promíscuo. O indivíduo que se destaca em minha mente é John Humphrey Noyes, figura que estudei na graduação e sobre a qual escrevi depois, por tratar-se de alguém que fundou um movimento "religioso" no século XIX, a Comunidade Oneida. Sua perda da fé e seu "amor livre" coincidiram — embora mais tarde ele voltasse a uma "fé" que incluía o amor livre.

Noyes poderia ter abandonado a fé completamente, mas não o fez. Em vez disso, depois de um lapso de tempo, ele a redefiniu para adaptá-la a seu estilo de vida. Há gente hoje em dia cuja peregrinação espiritual segue um padrão semelhante — embora poucas vezes com um esforço tão complexo para justificar um novo código moral. Em vez disso, as pessoas preferem apontar o cristianismo como prejudicial a seu bem-estar psicológico. Insistem que o cristianismo lhes oferece tudo, menos consolo e benefícios positivos àqueles cujo estilo de vida não se conforma com a moralidade bíblica.

"Meu pecado de homossexualismo tornou-se insuportável"

O testemunho de David Dean é típico de uma peregrinação espiritual que gira em torno de um estilo de vida e do abandono da fé. Quando se matriculou no Instituto Bíblico Moody, Dean era, segundo suas próprias palavras, um "fundamentalista completo e ostensivo". Na escola, escreve ele, "minhas crenças eram convalidadas, eu estava rodeado de gente que pensava como eu, e não havia visões externas para desafiar o que me era ensinado. Era o perfeito microcosmo para o fundamentalista em formação". Nessa atmosfera, Dean no início parecia prosperar:

[21] J. Budziszewski, "Escape from Nihilism", *CPOL Readings*, out. 1998, p. 45.

> Tudo corria às mil maravilhas até que descobri uma realidade sobre mim mesmo que toda a oração do mundo não podia mudar; tratava-se de minha orientação sexual. [...] A dor incalculável que eu suportava por causa de meu pecado de homossexualismo tornou-se insuportável. [...] Eu só sabia que precisava de alívio da culpa de meu pecado, e o suicídio parecia oferecer a melhor resposta.
>
> O auge da depressão aconteceu no semestre de outono do segundo ano no Instituto Bíblico Moody. Surpreendia-me chorando em meu quarto por sentir-me indigno de Deus. Comecei a alimentar diariamente idéias de suicídio. [...] Assim, num sombrio e frio dia de outono eu me vi caminhando pela praia da Oak Street clamando a Deus: "Por que eu?". Continuei caminhando até o Píer Fullerton e ali me sentei contemplando as ondas que se arrebentavam contra as pedras. Envolvia-me uma incrível tristeza no momento em que caminhei para a beira do píer e pensei em me atirar na arrebentação das ondas. Tudo o que posso dizer é que Deus devia estar comigo naquele momento porque de algum modo me surpreendi chorando e querendo viver.[22]

Depois de graduar-se em Moody, Dean continuou seus estudos bíblicos. "Continuei orando, orando, orando pela remoção de meu pecado de homossexualidade." Mas, apesar das orações, escreve ele, Deus "permanecia calado em sua vastidão celestial, sem se importar comigo". Então, diz Dean "abandonei o cristianismo completamente": "Para mim o cristianismo tornou-se uma religião de falsas esperanças e mentiras. Conhecer e experimentar um Deus íntimo era uma invencionice de fanáticos". Uma versão filosófica liberal do cristianismo tampouco o atraía. "Por que me preocupar com o outro que é santo, impessoal?"

Abandonada a religião, Dean atesta que voltou à fé religiosa — uma fé que afirma seu estilo de vida de homossexual: "Abandonei o fundamentalismo e a direita religiosa cerca de sete anos atrás. Depois disso descobri um Deus amoroso que me aceita".[23]

O feminismo e adoração da deusa

O feminismo (ou mais precisamente, o feminismo radical), como o homossexualismo, é uma questão ligada a certo estilo de vida que tem levado gente a abandonar a fé. Para algumas, um dos motivos é o lesbianismo. Como David Dean, elas redefi-

[22] David Dean, "Just As I Am", (2000) Institute for First Amendment Studies, <http://www.ifas.org/wa/dean.html>.

[23] Idem.

nem os padrões morais tradicionais. Em outros casos, a questão é o próprio cristianismo, e não há reinterpretação capaz de resolver o problema. Foi o que aconteceu com uma mulher que relatou sua história a uma repórter do jornal *Chicago Tribune*. Como Dean, ela tivera vínculos estreitos, mediante sua formação e subseqüente emprego, com o Instituto Bíblico Moody, mas pôs a perder seu emprego e casamento por causa da perda da fé:

> Eu freqüentava regularmente a igreja. Participava do clube de jovens, ia para acampamentos da igreja e para a escola bíblica. Matriculei-me numa faculdade ligada à igreja e trabalhei em editoras religiosas por doze anos. Naturalmente ali havia um futuro para mim. Mas fui ficando cada vez mais desiludida. É difícil dizer como a coisa começou; só sei dizer que me vi nesse deserto interior. Era como se estivesse secando por dentro, e o tempo todo seguindo doutrinas do evangelicalismo.
>
> Deixei a igreja porque senti que ela era excessivamente restritiva. Procurei o anglicalismo e fiquei horrorizada ao descobrir que meu verdadeiro problema era o cristianismo. Cheguei até o ponto em que já não conseguia dizer o credo niceno, que começa: "Creio em Deus, pai todo-poderoso".
>
> Era para mim como olhar para baixo do alto de um precipício. Fui criada como cristã e sentia que não tinha outra saída. Nenhuma das outras religiões do mundo funcionaria, porque todas elas também tinham um Deus Pai.[24]

Essa mulher prossegue testemunhando que a única religião que achou satisfatória foi a adoração da deusa. Ela se viu num "deserto interior", "secando por dentro", e o cristianismo não satisfazia suas necessidades. Aqui, como em muitos outros casos, vemos questões psicológicas fortemente entrelaçadas com questões de estilo de vida. São dois fatores que explicam por que algumas pessoas abandonam a fé.

Ao pesquisar o fenômeno do abandono da fé, descobri que as razões e os resultados descritos pelas pessoas variam de modo significativo dependendo da visão de mundo adotada individualmente. Quem tem problemas com as complexidades filosóficas e científicas (estimuladas pelo modernismo) muitas vezes rejeita por completo a crença. Em contrapartida, aqueles cujas questões dizem respeito a fatores psicológicos e de estilo de vida (alimentados pelo pós-modernismo) redefinem os

[24] *Chicago Tribune*, 25 out. 1987, G14.

termos de sua fé religiosa para ajustá-los melhor a suas necessidades psicológicas e seu estilo de vida. Sob alguns aspectos, os dois lados têm sua representação em Freud e Jung respectivamente, sendo este mais ameaçador para o cristianismo histórico. Jung preparou o caminho para a reinvenção da fé religiosa concebida para satisfazer as necessidades individuais, quaisquer que fossem, e como tal o cristianismo histórico, com seus rigorosos padrões morais, é com facilidade rejeitado em favor de uma espiritualidade "sob medida".

Desabrochar num clima gelado

Enquanto contemplo questões de estruturação psicológica e estilo de vida e vejo como elas, juntamente com o modernismo e pós-modernismo, influenciam as pessoas em sua luta com a dúvida e a descrença, sinto-me de novo voltando para os escritos de minha poetisa favorita, Emily Dickinson. Ela estava imersa na moderna visão de mundo da evolução darwinista, que enfrentou mergulhando de cabeça, nunca tentando fazer o cristianismo conformar-se com sua personalidade e necessidades. Reconheceu quem ela era e não estava disposta a fingir ser outra coisa. Foi honesta em sua luta para crer e expressou sua fé — tal qual era — não por meio de argumentos racionais, nem por meio de um sentimentalismo raso, mas sim por meio do mistério de versos poéticos que refletiam sua estrutura psicológica. Estou convencida de que ela desabrochou, como acontece com minha flor preferida do outono, a violeta genciana. Identifico-me com ela quando ela reflete sobre sua espiritualidade hibernal — uma espiritualidade condicionada tanto pela natureza quanto pela criação, tanto por sua estrutura psicológica quanto pelo ambiente a seu redor. Como ela, eu jamais posso ser uma rosa do verão, mas, por meio da graça de Deus, hei de florir num clima gelado.

> Deus fez uma genciana —
> Ela quis ser uma rosa —
> Falhou — e o verão se riu —
> Mas pouco antes das neves
>
> Surgiu criatura violeta —
> Que tudo ao redor encantava —
> E o verão virou seu rosto —
> E a zombaria já acaba.

Gelo era seu contexto —
O esplendor ainda por vir
Quando o Norte — invoque-o —
Criador — devo me abrir?[25]

[25] Emily Dickinson, #520, em *The Poems of Emily Dickinson*, 1:528.

10 A decepção com Deus & com outros cristãos

[Se Deus] nos deixa por muito tempo no sofrimento
até quase sermos consumidos por ele,
não podemos deixar de nos sentir, humanamente falando,
como se ele nos houvesse esquecido.
Quando a ansiedade que essa situação provoca
se apodera da mente de um ser humano,
ela o mergulha numa profunda descrença,
de modo que já não há esperança de nenhum remédio.
João Calvino

O livro mais provocador que já li sobre a perda da fé devido à decepção com Deus é *Silence* [O silêncio], de Shusaku Endo. A idéia do livro diz tudo: silêncio — o silêncio de Deus. Trata-se de um romance sobre sacerdotes católicos romanos que entram clandestinamente no Japão durante o século XVII, nos tempos em que a mensagem cristã era sufocada e os cristãos enfrentavam cruéis perseguições e execuções. Isso se deu no período subseqüente ao apogeu do cristianismo no Japão, abrilhantado pela obra missionária de Francisco Xavier.

Em *Silence*, um dos que se infiltram no Japão é Sebastião Rodrigues, um sacerdote português. Uma de suas cartas endereçada aos superiores contrabandeada para fora do Japão toca no problema do sofrimento e do mal — especialmente a perseguição e o *silêncio* — tal qual ele foi levantado por um cristão japonês:

> Eu não creio que Deus nos enviou esta provação sem algum propósito. Sei que virá o dia em que entenderemos claramente por que essa perseguição, com todos seus sofrimentos, nos foi enviada — pois tudo o que Nosso Senhor faz é para nosso bem. Contudo, no mesmo instante em que escrevo estas palavras, sinto no coração o peso opressivo daquelas palavras balbuciadas por Kichijiro na manhã de sua partida. [...] Por que Nosso Senhor impôs essa tortura e perseguição aos pobres campesinos japoneses? [...] Já se passaram vinte anos desde que a perseguição irrompeu; o solo escuro do Japão foi impregnado com o lamento de tantos cristãos; o sangue rubro de

> sacerdotes correu em profusão; os muros das igrejas caíram; e diante desse terrível e cruel sacrifício oferecido a ele, Deus permaneceu calado.[1]

Mais tarde o pe. Rodrigues escreve sobre cristãos que foram afogados lentamente nas negras águas do mar. Ele foi poupado, mas teve de contemplar a terrível execução deles naquelas águas:

> Foram martirizados. Mas que martírio! Eu havia lido extensivamente sobre martírios em biografias de santos — como suas almas voltaram para casa no céu, como eles foram repletos de glória no paraíso. [...] Mas o martírio dos cristãos japoneses. [...] Que coisa triste e dolorosa! A chuva cai incessante sobre o mar. E o mar que os matou continua se movendo sem saber de nada — em silêncio. [...] Por trás do silêncio deprimente do mar, o silêncio de Deus [...] o sentimento de que, enquanto os homens elevam suas vozes angustiadas, Deus permanece de braços cruzados, em silêncio.[2]

À medida que o livro avança, o pe. Rodrigues sente-se cada vez mais desiludido. Sua primeira contemplação do silêncio de Deus se expressa com as palavras de um crente — um crente que, como o salmista, se pergunta onde está Deus neste vasto universo. Mas, a cada execução, suas perguntas ficam mais desesperadas. O silêncio de Deus transforma-se num Deus que talvez nem sequer exista:

> Não, não. Eu sacudi a cabeça. Se Deus não existe, como pode alguém suportar a monotonia do mar e sua cruel falta de emoção? [...] Mas do mais profundo de meu ser outra voz se fez ouvir num sussurro. Suponhamos que Deus não exista. [...]
>
> Essa imaginação era assustadora. Se ele não existir, como tudo se torna absurdo. Que drama absurdo se torna a vida de Mokichi e Ichizo, amarrados a estacas e engolidos pelas ondas. E os missionários que passaram três anos atravessando o mar para chegar a este país — que ilusão foi a deles.[3]

No fim, o pe. Rodrigues não resiste à perseguição e torna-se apóstata, assim como outro sacerdote, o pe. Ferreira — mas a perseguição que eles querem evitar

[1] Shusaku ENDO, *Silence*, p. 55.
[2] Idem, p. 60-61.
[3] Idem, p. 68-69.

não diz respeito a eles mesmos. Isso seria mais fácil de suportar. O pe. Rodrigues apostata para livrar cristãos japoneses da tortura. As palavras do pe. Ferreira ao pe. Rodrigues — antes que este se torne apóstata — dizem tudo: "A razão pela qual me tornei apóstata [...] você está preparado? Ouça! Eu fui posto aqui e ouvi as vozes daquelas pessoas por quem Deus nada fez. Deus não fez absolutamente nada. Orei com todas as minhas forças, mas Deus não fez nada".[4]

O problema da dor e do mal, relacionado como está com o silêncio percebido de Deus, é certamente o mais perturbador enigma que os cristãos enfrentam. Não deveria nos causar surpresa que as pessoas abandonem a fé durante períodos em que sentem esse silêncio da maneira mais profunda — ou são empurradas para longe por uma comunidade de fé à qual falta compreensão.

O silêncio no Livro de Jó

Perder a fé é um modo de reagir ao silêncio de Deus diante da dor e do sofrimento. Outros buscam aceitar o que teológica e filosoficamente está além da compreensão humana. Outros há que cerram os punhos contra Deus, consumidos mais pela raiva do que pela descrença. E, por mais incrível que pareça, alguns sentem a presença de Deus numa medida ainda maior durante períodos de grande perda e dor — quando Deus pareceria calar-se a respeito de sua dor. Para outros ainda, o aparente silêncio de Deus provoca uma paralisante incerteza acompanhada de uma determinação de manter-se na fé.

É possível verificar vislumbres de todas essas reações no Livro de Jó, o qual, mais que qualquer outro documento bíblico, problematiza o tema do mal, com as questões concomitantes da decepção com Deus e o enigma de coisas ruins acontecendo a gente boa. Em sua reflexão sobre Jó, Thomas Dow enfatiza que os mesmos argumentos que às vezes usamos para provar a existência de Deus caem por terra quando estamos mais vulneráveis, em tempos de desgraça:

> Parecia não existir mais nenhum Grande Esquema em que acreditar. E se não havia nenhuma Grande Esquema, talvez não existisse nenhum Grande Arquiteto, nenhum Construtor com um plano para cada vida e um plano para o todo.
>
> Todos nós podemos nos identificar com Jó neste ponto. Todos nós, numa ou noutra ocasião, nos perguntamos se a vida tem um significado final. Às vezes tudo

[4] Idem, p. 167-168.

> parece fragmentado, com bordas irregulares, tão diferente do projeto ordenado que descrevemos em nossos argumentos teológicos a favor da existência de Deus.[5]

Lamento por um Filho

Estudiosos da Bíblia, teólogos e filósofos todos se bateram com a teodicéia — tentando ver algum sentido no problema da dor e do mal. Para uma pessoa de fé, trata-se realmente do enigma supremo. Simplesmente não existe uma solução satisfatória para o problema. Mas podemos achar palavras e histórias que apresentam idéias de como aceitar o que é absolutamente incompreensível.

Referindo-se à morte de seu filho, o rabino Harold Kushner lembra ao leitor que não nos foi prometida uma vida isenta de dor. "O máximo que nos prometeram", escreve ele, "foi que não estaríamos sós em nossa dor e que poderíamos haurir de uma fonte exterior a força e coragem de que necessitássemos para sobreviver às tragédias e iniqüidades da vida". Seu objetivo ao escrever *Quando coisas ruins acontecem às pessoas boas* era partilhar "com outros a história de como conseguimos continuar crendo em Deus". Seu filho Aaron morreu dois dias depois de completar catorze anos de *progéria*, uma doença congênita que não permitiu que seu corpo crescesse normalmente. "Num certo sentido", escreve Kushner, "venho escrevendo este livro há quinze anos".[6]

Nicholas Wolterstorff não teve essa preparação para seu lamento por um filho perdido. Wolterstorff, um dos principais filósofos cristãos dos Estados Unidos da atualidade, lecionou por muitos anos no Calvin College antes de aceitar um cargo na Escola de Teologia de Yale. Seus livros, muitas vezes pesados e acadêmicos, tratam de questões filosóficas relacionadas com a crença e a descrença. Ele voltou para Grand Rapids no último verão e eu o reconheci — à distância — na igreja. Imediatamente pensei em seus escritos. Dois de seus livros, que eu retirara da biblioteca, estavam sobre minha escrivaninha em casa. Mas o livro que eu com maior freqüência associo a ele não é uma pesada obra filosófica — embora trate da crença e da descrença. Intitula-se *Lament for a Son* [Lamento por um filho].

Eric, o filho de Nick, morreu no dia 11 de junho de 1983, aos 25 anos de idade, enquanto escalava uma montanha na Áustria. *Lament for a Son* é de fato um

[5] Thomas Edward Dow, *When Storms Come*, p. 52-53.
[6] P. 134.

lamento — o mais forte que já vi. "Creio em Deus, Pai todo-poderoso, criador do céu e da terra e ressuscitador de Jesus Cristo", escreve ele. "Também creio que a vida de meu filho foi ceifada na flor da idade. Não consigo encaixar essas peças. Estou perdido. [...] Para a mais torturante pergunta que já fiz eu não sei a resposta. Não sei por que Deus o observaria caindo. [...] Minha ferida é uma pergunta sem resposta."[7]

Nick viu sua fé alterada pela tragédia. Quando um amigo lhe perguntou por que ele não abandonava a fé em Deus em meio a tanto sofrimento, ele refletiu com seriedade sobre a questão. Talvez o amigo pensasse que era mais fácil simplesmente não ter de lidar com um Deus pessoal. Mas isso não constituía uma opção — sobretudo para um filósofo cuja fé em Deus fora testada, pelo menos intelectualmente, muitas vezes antes.

> Estou encurralado. Quando observo este gigantesco mundo intrincado, não posso acreditar que ele aconteceu por acaso. Não quero dizer que tenho alguns bons argumentos a favor de sua criação e que acredito neles. Quero dizer que essa convicção surge dentro de mim de modo irresistível quando contemplo o mundo. A tentativa de eliminá-la não funciona. Quando ergo os olhos para os céus, não consigo crer que eles não declaram a glória de Deus. Quando olho para a terra, não consigo levar a bom termo a tentativa de crer que ela não mostra a obra das mãos dele.
>
> E quando leio o Novo Testamento e examino o material que o cerca, sinto-me convencido de que o homem Jesus de Nazaré foi ressuscitado dentre os mortos. Nisso, vejo o sinal de que ele era mais que um profeta. Era o Filho de Deus.
>
> A fé é uma ponte pênsil, e você não sabe como ela o sustentará sobre o abismo até ser forçado a caminhar sobre ela. Eu estou nesse ponto agora, sobre o abismo. [...]
>
> Durante muito tempo eu soube que Deus não é um ser impassível, indiferente, imutável retratado pelos teólogos clássicos. Eu conhecia o *pathos* de Deus. [...] Mas nunca o provei. Embora confessasse que o homem das dores era o próprio Deus, eu nunca vi o Deus das dores. Embora confessasse que o homem sangrando na cruz era o Deus redentor, eu nunca vi Deus em pessoa sobre a cruz, o sangue da lança, os espinhos e os pregos pingando e curando as feridas do mundo. Que significa isso para a vida — o fato de Deus sofrer? Eu mesmo só estou começando a aprender.[8]

[7] Nicholas WOLTERSTORFF, *Lament for a Son*, p. 68.
[8] Idem, p. 76-82.

O SILÊNCIO DO DIA-A-DIA

O silêncio que provamos ao contemplar a morte de um filho é ensurdecedor. Mas há também o silêncio que é muitas vezes sentido em tragédias menos horrendas, quando oramos e nos perguntamos se nossas orações atingiram algo além do teto. Existe um Deus pessoal que se preocupa com minhas necessidades do dia-a-dia, que ouve minhas orações a respeito de minha entrevista visando a um emprego, meu exame de mamografia, meu seguro cancelado, meu filho rebelde, minha vizinhança infestada pelo crime? É tentador pensar que nossas preocupações pessoais são demasiado pequenas para merecer a atenção de Deus. E quando ouvimos apenas o silêncio, independentemente do tamanho do problema, nós com freqüência nos sentimos esquecidos.

Às vezes o silêncio e a ausência estão implícitos na incapacidade que se tem de orar — na incapacidade pessoal de reconhecer a realidade da presença de Deus. Isso se verificou no caso de minha amiga Judy Kupersmith, que abandonou a fé de sua infância — uma fé que se manteve até os primeiros anos de sua vida adulta. Desde os seis anos de idade ela foi criada no ambiente legalista do metodismo wesleyano onde a crença em Deus e a oração eram tão naturais quanto respirar — embora não para ela pessoalmente.

> Para ser totalmente honesta, acho que eu orava tanto quanto qualquer pessoa de minha idade e talvez mais. E ficava à escuta com os ouvidos e o coração. Na verdade, eu nunca ouvi nada. Sempre estranhei aquela gente que dizia: "Eu SEI o que Deus quer que eu faça; ele me disse enquanto eu orava. Ele guia cada um de meus passos pelo caminho. Ora, eu nunca ouvi nada e nunca soube o que devia fazer. Assim [...] qual é a segunda melhor coisa agora? Encontre alguém que você SABE que é santo e tem dentro de si um canal de comunicação com Deus e peça-lhe que ore para que VOCÊ receba orientação.[9]

Judy recorreu a Janet, a mulher do pastor dela, em busca de orientação, e a seguiu como seu modelo de vida. No Houghton College, Judy namorou um rapaz que se preparava para o ministério pastoral. Janet, escreve Judy, "sentia-se tão feliz pelo fato de que nós duas poderíamos ser esposas de pregadores. Isso aumentou nossa amizade. Eu só sabia que deixar Janet feliz equivalia a agradar a Deus. Assim, o

[9] Judy Kupersmith to Ruth A. Tucker, 31 mar. 2000.

romance continuou". Eles se casaram e, como Janet, Judy tornou-se a esposa de um pastor — mas não por muito tempo.

> Agora esta história realmente fica comprida e complicada. Permita-me cortá-la e ir ao ponto culminante. Dois anos e meio mais tarde, nosso casamento foi anulado por nunca ter sido consumado fisicamente. [...] Eu agora tinha um grande problema com a denominação. Era um escândalo. Mas eu era uma das poucas garotas de nossa igreja que tinha esse problemão por NÃO fazer "aquilo". Aqueles anos foram, de longe, os mais tristes de toda a minha vida — até hoje. Essa experiência não me fez perder a fé ou qualquer uma de minhas crenças. Mas agora eu sabia que certamente iria para o inferno.
>
> Mais tarde, fui salva [...] mais uma vez.[10]

Depois da anulação do casamento, Judy casou-se de novo e "o fruto da nova união foram duas crianças praticamente perfeitas. Depois, o divórcio. Depois, os anos 1970. Um pouco de maconha. Um pouco de valium..." e o lento abandono da fé.

> MAS O MOVIMENTO DEFINITIVO aconteceu em 1976. Eu voltava para casa depois de uma convenção. Entrei no apartamento e acabei surpreendida por um invasor que me assaltou, estuprou e espancou. No chão, de cara virada para baixo, com fotos de meus filhinhos diante dos olhos, eu falei e gritei e roguei e tentei salvar a vida. Salvei-a. Foi depois, semanas depois, quando consegui refletir sobre aquela noite que uma súbita percepção me sobreveio. Eu correra um risco mortal — E NEM ME PASSARA PELA CABEÇA A IDÉIA DE ORAR. Bem, foi como um peso tirado de minhas costas. Eu já não acreditava. Estava livre. Eu tinha me salvado, em minha própria mente. Logo depois daquele evento, meus amigos continuaram o processo de salvação. E AINDA NÃO ME OCORRIA A IDÉIA DE ORAR.[11]

Aqui estava uma mulher criada num ambiente religioso em que se *conhece* a Deus por meio da oração — um Deus que ouve e atende a nossas preces. Todavia, no seu momento de maior desespero, ela nem pensou em recorrer a ele. Onde estava Deus durante esse terrível estupro e assalto?

[10] Idem.
[11] Idem.

Para Judy, a sensação de decepção com Deus veio junto com uma sensação de decepção com as pessoas de Deus. Nos anos subseqüentes à anulação de seu casamento, alguns dos próprios líderes que deveriam cuidar de seu processo de cura aproveitaram-se de sua vulnerabilidade. Sendo ela a jovem e ingênua esposa de um pastor, essa hipocrisia (assunto que até hoje lhe causa mal-estar) preparou-lhe o palco para a subseqüente perda da fé. Ela culpava a si mesma, mas Deus, tal qual era representado em sua vida pelos "homens de Deus", ia diminuindo em estatura e estava prestes a tornar-se inexistente.

Portofino

Às vezes os abusos cometidos por um "homem de Deus" não levam ao abandono da fé, mas seus efeitos são, mesmo assim, devastadores. Pensei nisso recentemente enquanto relia o romance *Portofino*, de Franky Schaeffer. Essa obra foi caracterizada como romance autobiográfico — refletindo o autor não apenas sobre si mesmo, mas também sobre sua mãe, Edith, e seu recém-falecido pai, o conhecido apologista e autor cristão Francis Schaeffer. É ficção, repetia eu continuamente para mim mesma. Mas é difícil ter isso em mente, sobretudo quando leio sobre a afiliação denominacional e ministério da família: trata-se de fundamentalistas presbiterianos atuando como missionários na Suíça, como no caso dos Schaeffer. A seguinte descrição do pai no romance lembra o próprio pai do autor:

> Ele viera à Suíça depois da guerra para ser missionário da juventude católica romana suíça [...] Um ministro presbiteriano reformado que viajava pela Europa pregando o evangelho a jovens onde quer que cristãos precisassem de incentivo em sua obra em prol de católicos romanos perdidos. [...] Papai ensinava a Bíblia, os princípios calvinistas da doutrina da depravação total e as *Institutas* de Calvino a católicos romanos perdidos.[12]

O narrador, um rapaz chamado Calvino relembra a mãe de férias em Portofino, uma cidadezinha italiana nas costas do Mediterrâneo onde a família passava duas semanas cada verão: "Depois de comer alguma coisinha, minha mãe sentava-se em sua espreguiçadeira, uma rainha entre seus agradecidos súditos, e nós, dispostos sobre toalhas a seu redor, continuávamos comendo enquanto ela lia em voz alta".

[12] *Portofino*, p. 47-48.

Lembro-me de que anos atrás uma colega referiu-se a Edith Schaeffer como "a abelha-mestra". Mas eu lembro a mim mesma que a mãe no livro é Elsa, não Edith. Elsa é conhecida sobretudo por suas longas orações — especialmente antes das refeições na sala de jantar do *resort*.

Mas o pai de Calvin é a figura predominante. De fato, seus momentos de mau humor e loucura dominam o livro. O leitor vira as páginas sempre se perguntando se ele terá mais uma de suas "crises":

> A vida de nossa família girava em torno das crises de papai. [...] Qualquer coisa poderia provocar as negras nuvens de uma crise. [...] Em casa, na Suíça, nós muitas vezes íamos para os quartos uns dos outros e ficávamos bem juntinhos para nos proteger dos tons altos e baixos da voz do papai nervoso, interrompidos pelo baixo murmúrio das respostas da mamãe. [...] Depois ouvíamos coisas indizíveis que nos deixavam sem graça, morrendo de vergonha. Era uma agonia o simples gesto de olhar para as irmãs quando papai se comportava realmente mal, porque ficávamos todos muito embaraçados por termos um pai tão mau. [...] No ano passado ele bateu a porta de vidro entre o quarto deles e a sacada com tal violência que ela se estilhaçou, e noutra ocasião ele havia atirado um vaso com uma planta contra nossa mãe.[13]

Certa ocasião, a crise do pai atinge um nível tão agudo logo após a chegada a Portofino que ele obriga a família a fazer as malas no meio da noite e sair para esperar o ônibus que passaria de manhã cedo para levá-los de volta à Suíça. No fim, depois de horas de espera, ele desiste exatamente quando o ônibus chega. Em outra ocasião, durante um jantar no *resort*, quando Elsa lhe oferece seu prato de frango (porque ele se atrasara em fazer seu pedido) ele apanha o prato dela e espatifa contra o chão, fazendo voar frango e cacos de vidro para todo lado. E, como se isso não bastasse, ele depois "derrubou todos os pratos sobre os azulejos do chão". Mas havia outras ocasiões em que ele não estava em crise: "A mãe parecia um tanto ansiosa [...] nervosa temendo que papai quebrasse alguma coisa outra vez. Mas ele se encontrava muito melhor; chegava até a inclinar-se para beijar mamãe e dizia que ela estava linda".[14]

Não faço crítica literária, e o que percebo na poesia e na prosa não é necessariamente o que outros percebem. Mas aqui temos a figura um pai muito dominador,

[13] Idem, p. 51-53.
[14] Idem, 172.

que quase poderia ser equiparado a Deus na mente de Calvin, o narrador, que está totalmente inseguro acerca de sua própria posição perante Deus. Às vezes essa figura paterna é bondosa, mas com maior freqüência o pai é cruel — e sua disposição afeta de forma definitiva a fé do filho. Calvin não se sente atraído para a rigorosa religião do pai ou para a melosa piedade da mãe. Ao contrário, sente-se cativado pela religião dos católicos entre os quais faz amigos em Portofino. Freqüenta uma igreja católica e faz o sinal-da-cruz diante da estátua de Maria, mesmo sabendo que seus pais consideram os católicos fora do aprisco — não fazendo parte dos eleitos de Deus. Eles são o alvo dos esforços missionários da família.

Num certo ponto, Calvin esta divagando sobre si mesmo e seus amigos católicos — como eles vão para o inferno por não terem estudado as *Institutas* de João Calvino para aprender sobre a teologia reformada. Mas em suas imaginações, ele ouve o Senhor dizer sobre João Calvino: "Ele não é um dos eleitos, sua mente não foi regenerada, ele é o vaso *original* da ira". O narrador gosta do mundo dos católicos de Portofino. No último capítulo, ele está se despedindo e preparando-se para partir com a família, mas seu coração permanece no mundo não-regenerado de Portofino.[15]

O livro trata da hipocrisia e muitas outras coisas. É a história de um menino, uma viagem da fé e loucura — e é muito engraçado, apesar dos episódios sombrios. Houve duras críticas contra Franky Schaeffer por ele ter escrito esse livro. Alguns perguntam zangados: Se realmente se trata de um romance autobiográfico, por que ele precisa lavar a roupa suja em público? E se não for esse o caso, por que ele está espalhando falsos "boatos"? Seja qual for o caso, o livro apresenta uma descrição mais que realista de um "homem de Deus" e de sua representação de Deus para uma criança vulnerável.

A importância de *Portofino* para este estudo é que o romance mostra como o pecado e a hipocrisia de líderes cristãos afetam a fé de seus seguidores. Outros relatos publicados, reais e fictícios, demasiado numerosos para mencionar, mostram um padrão semelhante; em alguns casos os seguidores abandonam inteiramente a fé. Em *Don't Call Me Brother* [Não me chame de irmão], por exemplo, Austin Miles expõe um extenso catálogo de todos os pecados de pregadores e evangelizadores muito conhecidos, ou nem tanto. "[Eu] fui impelido à injúria e à repulsa por aquilo que havia testemunhado e provado em nome do cristianismo", escreve ele. Cita Billy James

[15] Idem, 219.

Hargis, um evangelizador batista e reitor de uma faculdade cristã do sul dos Estados Unidos que viajava pelo país cantando canções patrióticas com o coro de sua faculdade — até surgir a notícia de que ele mantinha sórdidos encontros sexuais com mocinhas e rapazes do coro que viajava com ele. Jim e Tammy Bakker também estão na lista de conhecidos próximos que o afastaram da fé que ele outrora professava.[16]

Onde está Deus na hora da dor e do mal?

Por que Deus não intervém e tira essa gente de circulação de uma vez por todas? Por que Deus não dá vazão a sua ira contra os maus e faz os justos prosperar? Essas perguntas são tão antigas quanto a própria Bíblia. Às vezes tem-se a impressão de que Deus vê as coisas ao contrário: o mal prospera e o bem não é recompensado.

O cético desiludido pode achar difícil ver sentido num Deus silencioso, aparentemente desatento, cujos principais seguidores são absurdamente imperfeitos. E essa avaliação de Deus e seus seguidores não é feita apenas por "desertores" descontentes, dispostos a levantar acusações — é o quadro muitas vezes retratado nas Escrituras. No paraíso, apenas uma tentação separava Adão e Eva do pecado; e a partir deles tudo foi piorando, e o primeiro homicídio foi registrado em Gênesis 4. O Antigo Testamento destaca pecados de fraude, discriminação e exploração sexual — pecados muitas vezes associados ao povo de Deus. Mesmo na Bíblia é pequena a sensação de justiça em favor dos que parecem ser os mais explorados. Nós nem sequer ouvimos suas vozes. Onde está Deus em meio a essa dor e esse mal? Lemos sobre o povo de Deus virando as costas para Deus. Será que os pecados dos líderes influenciaram essa infidelidade?

Apesar da infidelidade de seu povo, Deus não lhe virou as costas. Ao longo das Escrituras vemos a preocupação de Deus com os oprimidos e explorados, os pobres e as viúvas, mas seus gritos de dor são, na maioria das vezes, excluídos das histórias. Como a maioria dos registros históricos, a Bíblia apresenta as histórias de homens poderosos e proeminentes, às vezes incluindo suas mulheres. O que aconteceu com os "pequenos" homens e mulheres? Será que muitas vezes eles se sentiram traídos por seus líderes e abandonados por Deus? Só podemos imaginar que sim.

Sabemos que algumas das figuras bíblicas mais destacadas alimentaram esses sentimentos: Jó e o salmista articularam com vigor sua sensação de abandono. Os

[16] Austin Miles, *Don't Call Me Brother: A Ringmaster's Escape from the Pentecostal Church*, p. 148, 268, 295.

lamentos do salmista são muitas vezes citados por outras personagens bíblicas que estão enfrentando uma profunda sensação de silêncio e decepção com Deus. Em si mesmos, esses lamentos não apresentam nenhuma solução real, mas eles nos lembram que não estamos sós em nosso sentimento de abandono.

Um grito de ausência

Um livro provocador que trata das lamentações do salmista e de questões referentes à morte, dúvida e decepção com Deus é *A Cry of Absence: Reflections for the Winter of the Heart* [Um grito de ausência: Reflexões para o inverno do coração], de Martin Marty. Embora Marty seja primeiramente conhecido como o principal estudioso da história religiosa dos Estados Unidos, nesse livro ele reflete sobre muitos salmos sombrios e começa descrevendo a angústia que cerca a doença terminal e a morte de sua esposa, Elsa:

> Ela: O que aconteceu com o Salmo 88? Por que você o pulou?
>
> Ele: Não achei que você ia agüentar esse salmo hoje. Não sei se ele seria capaz disso. Não: eu tenho certeza de que eu não agüentaria.
>
> Ela: Por favor, leia-o para mim.
>
> Ele: Tudo bem
>
> *... dia e noite clamo diante de ti...*
> *Pois a minha alma está farta de males...*
> *Puseste-me na mais profunda cova,*
> *Nos lugares tenebrosos, nos abismos...*
>
> Ela: Eu preciso desse tipo [de salmo] acima de tudo.

Marty prossegue dizendo que cada noite eles se revezavam na leitura de um salmo — ela lia os números ímpares, ele os pares. "Mas um dia em que a crise foi particularmente dura e castigara o corpo dela e minha alma, eu não me sentia capaz de ler o salmo 88. [...] Continuamos conversando, devagar e baixinho, na desolação da meia-noite. [...] Concordamos que muitas vezes as passagens mais duras eram os sinais mais confiáveis da Presença e apareciam nos piores momentos."[17]

Embora o livro relate principalmente a doença terminal e a morte da esposa de Marty, ele faz uma reflexão mais ampla sobre como as pessoas se relacionam com

[17] *A Cry of Absence: Reflections for the Winter of the Heart*, p. xi-xii.

Deus e pede ao leitor "para empreender uma jornada da alma"[18]. Marty escreveu essa obra durante os meses invernais subseqüentes à morte de Elsa, levantando-se às quatro da manhã na fria Chicago, o vento e a neve batendo contra a janela de seu escritório. Os versos de John Crowe Ransom eram apropriados para seu cenário e estado de espírito:

> Dois males, monstruosos de per si,
> Cruéis e lentos iam me dominando;
> Um grito de Ausência, Ausência em mim,
> No bosque o inverno em fúria esfuziando.[19]

Para Marty o "grito de ausência", no sentido mais pessoal, relacionava-se com Elsa, mas ele tinha implicações mais amplas em seu relacionamento com Deus. É essa última perspectiva que torna tão intenso o desafio do livro para crentes em constante luta com uma sensação de ausência e com o silêncio de Deus. Para essa gente, "o divino é distante, o sagrado é remoto [...] Deus é silencioso". Eles são os que "vivem com o marasmo na alma, sentem-se excluídos quando outros só falam de uma brilhante espiritualidade". Aqui ele escreve sobre dois tipos distintos de espiritualidade — o tipo estival e o tipo invernal.

> O tipo invernal, é preciso lembrar, demarca seu território na paisagem ao lado de pessoas que viram Deus excluído de seus horizontes. A exclusão é o sinal de sua natureza invernal. Eles não desistiram de buscar a Deus. Continuam comprometidos com as mensagens cristãs e encontram muitas ocasiões para adorar [a Deus] e afirmar [sua fé]. Esse é o sinal de sua espiritualidade. [...] Eles não conseguem satisfazer sua fome lendo descrições de piedade estival. Precisam encontrar seu Sim na paisagem mais fria, mais desolada.[20]

A melhor resposta que Marty pode oferecer é sugerir que as pessoas entrem num acordo com Deus e consigo mesmas. Os que estão atribulados devido a uma sensação de abandono e silêncio não precisam lutar por uma espiritualidade estival

[18] Idem, p. xii.
[19] Idem, p. 1.
[20] Idem, p. 109-110.

— tampouco devem considerar a opção de abandonar a fé. Há um lugar para eles na desolada paisagem invernal, onde o degelo de janeiro pode oferecer uma trégua bem-vinda. Mas "o janeiro espiritual não durará muito", escreve Marty. "Desfrute o calor e os sons que ele traz, o coração se revela a si mesmo, mas saiba que isso não é o fim do inverno, é apenas uma interrupção."[21]

A pergunta não respondida

De um ponto de vista intelectual, é possível discutir as questões ligadas à decepção com Deus e à sensação de silêncio, mas em última análise não se encontrarão respostas. Estou convencida disso. Analisei os mais perspicazes autores em busca de sugestões, mas tudo o que eles podem dizer, em separado e em conjunto, é que essas coisas estão além de nossa compreensão. Creio que Annie Dillard resume esse problema melhor do que qualquer outro autor. Em *Holy the Firm* [Santo, o Resoluto], ela apresenta uma história com um problema insolúvel: uma menina chamada Julie foi internada numa unidade hospitalar para queimados — seu rosto foi gravemente afetado, tanto assim que nenhuma droga pode aliviar-lhe a dor. Então Dillard nos leva de volta a Jesus e o mendigo cego:

> "E os seus discípulos perguntaram: Mestre, quem pecou, este ou seus pais, para que nascesse cego? Jesus cuspiu na terra e, tendo feito lodo com a saliva, aplicou-o aos olhos do cego e o curou. "Nem ele pecou, nem seus pais; mas foi para que se manifestem nele as obras de Deus."[22]

Depois vem o comentário de Dillard, terminando com uma pergunta formulada de seu jeito único:

> É mesmo? Se interpretarmos essa resposta em referência apenas à aflição da cegueira — e não à cura subseqüente — como "obra de Deus manifestada", então temos, juntamente com "Não vô-la dou como a dá o mundo", duas pobres, intrigantes e enervantes respostas a uma das poucas perguntas que vale a pena fazer, isto é, Que diacho está acontecendo aqui?[23]

[21] Idem, p, 110.
[22] *Holy the Firm*, p. 60.
[23] Idem.

Dillard prossegue concluindo, e com razão, que nada disso — nada da dor e do sofrimento e dos males desta vida — faz sentido. "Precisamos que nos lembrem, não do que Deus pode fazer", escreve ela, "mas do que ele não pode fazer, ou não fará, que é segurar o tempo em sua queda livre e enfiar um tostão de sentido em nossos dias".[24]

O problema da dor e do mal é o terreno de todas as batalhas pela crença. Quer o mal seja percebido como uma ocorrência aleatória, quer seja perpetrado por Hitler ou por um evangelizador da televisão, é simplesmente natural que alguém se pergunte por que Deus não o impede. A única pergunta que realmente vale a pena fazer é "Que diacho está acontecendo aqui?". Nenhum ponderado filósofo ou teólogo tem a resposta. A melhor reação é não dar resposta alguma. Só se pode dizer — juntamente com Dillard e com um suspiro de resignação — "Deus não segura o tempo em sua queda livre e não enfia um tostão de sentido em nossos dias".

Então, por que se preocupar com a fé? Essa é a pergunta que minha amiga Judy Kupersmith me faz. Ela sabe que a fé não é uma coisa fácil para mim. Se fosse, ela não ficaria tão intrigada com isso. Mas ela simplesmente não consegue compreender por que alguém persistiria na fé em meio a lutas com a dúvida e a descrença. Qual é o sentido da fé que se dá bem na desolada paisagem invernal? "Que diacho está acontecendo aqui?", ela bem poderia perguntar-me. Eu não tenho nenhuma resposta a não ser o silencioso suspiro de resignação. *Deus não* [...] *enfia um tostão de sentido em nossos dias.* Não sei por que algumas pessoas se afligem mais que outras com uma sensação de ausência de Deus, mas quanto a mim, procurarei ser fiel a Deus mesmo se meu único *habitat* for "na paisagem ao lado de pessoas que viram Deus excluído de seus horizontes".

[24] Idem, p. 61.

Parte 3

Os capítulos desta seção procuram explicar a nova vida na descrença bem como a nova vida depois do retorno à fé — uma fé que muitas vezes parece diferente da primeira e é sentida como algo mais vital. É importante que o cristão compreenda as pessoas que abandonaram a fé antes de partir para uma interação pessoal com uma resposta programada. Precisamos perguntar: Qual é a melhor maneira de lidar com questões relativas à perda da fé? Qual a maneira e eficaz de reagir a alguém que abandonou a fé? Que medidas preventivas se podem tomar no caso de alguém que esteja lutando com dúvidas?

Os capítulos seguintes apresentam os dois lados — o lado da descrença e o lado da crença. O Capítulo 11 examina a nova vida na descrença da perspectiva do descrente. Aqui os testemunhos de dor e angústia bem como de alegria e felicidade são apresentados como reflexões válidas de indivíduos que estão mais bem equipados para conhecer seu próprio coração. O Capítulo 12 focaliza o esforço "evangelizador" de alguns desses indivíduos que outrora professaram a fé. Esses missionários da descrença são convincentes em suas discussões com cristãos que estão lutando com dúvidas. Os capítulos 13 e 14 procuram responder a algumas perguntas difíceis e contar as histórias de indivíduos que retornaram à fé. Não podemos fabricar respostas fáceis (como demonstra o Capítulo 13), mas podemos achar maneiras de lidar com essas questões difíceis — de fato, podemos até descobrir oportunidades de viver uma vibrante vida de fé em meio às tensões da dúvida e da descrença. O Capítulo 14 focaliza as histórias — os testemunhos — de três mulheres que passaram pela experiência da dúvida e da descrença e *retornaram*, por assim dizer, a uma vida de fé. As histórias oferecem uma forte imagem da soberana graça na vida de indivíduos imperfeitos que entregam a própria vida a Deus na fé.

11 A nova vida na descrença

A busca da felicidade fora da família da fé

Depois de muitos anos vivendo no "Mundo", eu aprendi que existe isso que se chama felicidade, paz e até amor incondicional, e que a associação Calvary Chapel — ou, por falar nisso, a própria religião em geral — não detém o monopólio dessas coisas. Embora me tenha custado quase metade da vida — e horas intermináveis de terapia — botar para fora a raiva, a culpa e o ódio por mim mesmo [...] minha nova vida é comprovadamente mais rica, mais cheia, mais significativa do que minha experiência estreita, dominada pelo medo, embora inebriante, no seio da associação Calvary Chapel. Não estou só.

David Templeton

Como é essa nova vida na descrença? Muitos cristãos procuraram responder ou aludiram a essa pergunta sem jamais levar a sério as histórias daqueles que fizeram a transição da crença para a descrença. A maioria dos cristãos imagina que a vida pós-fé é repleta de infelicidade, insegurança e desamparo. Mas muitos que abandonaram a fé dão testemunhos nada negativos — excetuando-se a dor inicial da tomada de decisão e da revelação à família e aos amigos. Todavia, assim que o choque inicial é absorvido e o indivíduo se acomoda na nova vida na descrença, muitas vezes acontece uma declaração de maior felicidade e segurança. Muitos cristãos argumentariam que tal afirmação é só fachada, que ocorre uma serenidade enganosa, não condizente com a realidade. Pode ser que isso aconteça, mas também se pode alegar a mesma coisa acerca de cristãos que se dizem felizes e seguros.

Sou cética no que diz respeito a declarações de uma vida de maior tranqüilidade, sejam elas feitas por crentes ou por descrentes. Sei muito bem que nos bastidores esses testemunhos públicos muitas vezes se revelam falsos. Os que abandonaram a fé muitas vezes declaram ter encontrado a verdadeira paz antes que sua paz pós-fé tenha passado por uma crise concreta. Agora que perderam a fé, como é que eles vão aceitar a perda de um filho ou de um ente querido? Como vão enfrentar a própria morte? Não faz nenhuma diferença o fato de que eles perderam a esperança de um dia reencontrar-se com seus entes queridos? Não se pode responder a essas perguntas plenamente em nome daqueles que abandonaram a fé sem pesquisar e realizar estudos e levantamentos que vão além do escopo deste livro. Mas um passo inicial para tentar entender os que abandonaram a fé é levar a sério alguns de seus testemunhos.

Perda da fé e contentamento

Muitos que perderam a fé não descreveriam necessariamente sua "nova vida" em termos de felicidade ou contentamento. Eles prefeririam insistir — e com razão — que não se pode fingir que se continua crendo em alguma coisa, ou seja, não se pode continuar vivendo uma mentira por causa do contentamento pessoal. No fim, o fingimento não proporciona nenhum contentamento verdadeiro. No entanto, há outros que, tenho certeza, por causa do conforto permanecem no seio da comunidade cristã apesar de suas sérias dúvidas e descrença. É justo perguntar qual é seu grau de contentamento.

A "perda da fé" acarreta uma perda real? Muitos que abandonaram a fé insistem que não gostam do termo *perda* — porque não sentem que *perderam* coisa alguma. Em uma recente mensagem que me enviou por e-mail, Dan Barker (cuja história aparece no Capítulo 12) diz: "Como você sabe, não tenho nenhuma sensação de perda ao abandonar minha fé. Não há uma virtude na fé — ela sempre apresenta mais problemas do que respostas. Sinto-me aliviado. 'Salvo', se você preferir. A razão e a bondade são suficientemente boas para mim".

Minha amiga Judy Kupersmith, de Tampa, dá um testemunho semelhante — embora, comparada a Dan Barker, ela sinta muito mais carinho pelos cristãos. No caso de Judy, eu e ela temos contatos freqüentes e eu fico sabendo de suas frustrações e alegrias no dia-a-dia. Ela viveu com sua mãe idosa e enfrentou as frustrações normais envolvendo as questões de saúde que se poderiam esperar, embora seja maior a freqüência em que a ouço falar dos momentos bons que elas passaram juntas. Recentemente ela se tornou avó em dose tripla; e neste ponto sua maior frustração é que um de seus netinhos mora longe demais da avó coruja. Até mesmo sugerir que ela de certo modo tem menos alegrias com seus netinhos do que eu tenho com minha pequena Kayla seria algo totalmente subjetivo. De fato, eu às vezes invejo a sensação de contentamento que ela tem na vida, uma sensação que muitas vezes não consigo captar.

Respondendo ao questionário que lhe enviei, ela escreveu o seguinte sobre a qualidade de sua vida de descrente:

> Eu encontrei a paz quando comecei a buscar, dentro de mim mesma e nas pessoas a meu redor, tudo aquilo de que preciso. Meu contentamento interior encontra-se completamente na esfera natural, não na sobrenatural. Os últimos dezesseis anos e mais alguns meses foram tranqüilos e muito produtivos porque minhas energias

puderam ser canalizadas para outras coisas e não na busca de "algo" espiritual. Tem sido uma jornada extremamente interessante partir daquela igrejinha da esquina dominada pela gritaria de metodistas wesleyanos para chegar aonde estou agora. Foi uma jornada sem ressentimentos, ou raiva, ou amargura — coisas tão predominantes em cristãos "em recuperação". Ainda estou ligada a pessoas daquele pedaço de minha vida. E embora, do ponto de vista intelectual, eu discorde delas por completo, ainda posso amá-las e tolerar suas crenças por causa delas. [...] É muito mais difícil para elas me aceitar do que é para mim aceitá-las. Suponho que seja porque eu estive onde elas estão; elas não estiveram onde estou.[1]

Mas Judy e Dan representam os que abandonaram a fé? As provas frias, concretas, não são facilmente disponibilizadas, mas alguns estudos mostrariam que há uma verdadeira *perda* implícita na perda da fé. Robert Altemeyer, um pesquisador canadense, elaborou um questionário do tipo "Felicidade, Alegria e Conforto" no final da década de 1990, que ele aplicou a centenas de pais de estudantes universitários. Perguntava-lhes como "felicidade, alegria e conforto" eram influenciados por *crenças religiosas tradicionais* em oposição a *lógica e ciência*. Havia dezesseis categorias envolvendo coisas como

1. Elas me revelam a finalidade da vida.
2. Elas me ajudam a lidar com a dor e o sofrimento.
3. Elas eliminam meu medo da morte.

Os resultados mostraram que "a religião lhes trazia, de modo substancial e significativo, mais felicidade, alegria e conforto do que a lógica e a ciência". Apenas em uma das dezesseis categorias a lógica e a ciência atingiram 50% da nota máxima — nesta categoria: "Elas me proporcionam o prazer da descoberta" — ao passo que em todas as outras categorias a religião estava acima dos 50%. Mas um resultado até mais perturbador para o lado não-religioso é que a lógica e a ciência tiveram um desempenho pior que a religião em "respostas satisfatórias a todas as questões da vida" e explicando "os mistérios da vida" — e tudo isso partindo de um grupo de pessoas com um bom nível de escolarização.[2]

[1] Judy Kupersmith para Ruth A. Tucker, 31 mar. 2000.
[2] Bruce Hunsberger, "Social-Psychological Causes and Faith", *Free Inquiry*, verão 1999, p. 35.

Esse questionário considerou apenas fatores relacionados à satisfação com a vida. Entre todas as características e atributos da vida, que valor se deveria atribuir à satisfação pessoal? Por uma questão de justiça, seria preciso ressaltar que outras pesquisas mostraram que quanto mais religiosa for a pessoa, tanto maior provavelmente será seu preconceito — em especial quando essa pessoa, do ponto de vista da religião, é classificada como fundamentalista; e para esse grupo de gente as pesquisas mostraram que o autoritarismo também era uma de suas características. Alguém poderia argumentar que se trata de um saco de gatos — muita gente que não é religiosa se confessa satisfeita, e muita gente religiosa detesta o preconceito e o autoritarismo. Outro problema com o levantamento foi que ele contrastou crenças religiosas tradicionais com a lógica e a ciência, esta última refletindo a visão da modernidade. Hoje muita gente se identificaria mais com categorias pós-modernas e provavelmente atribuiria sua felicidade, alegria e conforto a uma "espiritualidade" mal definida.

Perda da fé por erosão

Talvez seja necessário fazer outras pesquisas e mapear outros números. Mas, de muitas maneiras, a nova vida na descrença é mais bem relatada em narrativas, não em estatísticas. É útil ouvir sobre a dor e a luta e, sem dúvida, sobre a paz e a satisfação que alguns atestam após abandonar a fé. Em muitas instâncias, a transição da crença para a descrença é uma estrada longa e difícil. Todas as histórias têm sua própria trama e elenco de personagens, mas as histórias partilham temas semelhantes. As metáforas usadas para descrever esses temas variam, mas uma das mais adequadas provém de Rudolf Nelson, que fala de "erosão":

> Eu tive dificuldades com a crença cristã quase desde minhas primeiras lembranças pessoais, embora por longos períodos as mantivesse enterradas. [...] Por volta de 1967 [...] fui obrigado a reconhecer que por uns vinte anos minha fé viera sofrendo um contínuo processo de erosão. A palavra *erosão* quase sempre carrega conotações pejorativas, e eu certamente não a usei naqueles anos para descrever o que acontecia comigo. Satisfazia-me muito mais a idéia autocomplacente de que eu era um escultor desbastando matéria supérflua para revelar uma bela obra de arte. Na metáfora do escultor, o que eu estava perdendo simplesmente não valia a pena preservar, e eu ficaria com um pequeno cerne de afirmações cristãs nas quais *realmente* acreditava. Mas depois as partes do cerne também foram sendo desbastadas.

> Perguntava-me se sobraria pedra suficiente para criar uma obra de arte. A metáfora da erosão era a certa no fim das contas. Todavia, uma coisa é perder alguns centímetros por ano do litoral atlântico; outra coisa completamente diferente é sentir sinistros tremores subterrâneos e descobrir que o rio da dúvida está comendo por baixo do chão e a casa da fé inevitavelmente estará suspensa à beira do abismo.[3]

Outra metáfora para a perda da fé é a morte. De fato, para os membros da família a perda de um ente querido para a descrença pode ser pior que a morte.

Perda da fé pior que a morte

As famílias e comunidades de igrejas são profundamente afetadas quando alguém abandona a fé e parte para uma nova vida na descrença. Num *site* na Internet intitulado "A angústia de deixar a fé", um cidadão chamado James publicou uma carta relatando a "desconversão" dele e de sua mulher. Ali vemos muitas das emoções que afloram e complicações que surgem durante o processo do abandono da fé. De fato, ele e sua mulher no início esconderam a descrença para suavizar o golpe em suas famílias.

> Foi porque nós queríamos bons relacionamentos nas famílias que evitamos revelar nossa perda da fé logo que ela aconteceu. Queríamos nos afastar da fé pouco a pouco para dar a todos vocês a oportunidade de se habituarem com a idéia e poupar-lhes o choque. Mas fomos descobertos acidentalmente e assim agora devemos lidar com o caso.[4]

Em sua correspondência, James lembra a seus parentes por afinidade que ele "foi cristão" por vinte e três anos e levou "muito a sério sua vida de cristão". Não foi a negligência de sua fé que o levou a ter dúvidas, mas sim o estudo da Escritura — enquanto "concedia ao cristianismo todos os benefícios da dúvida". Ele tentou ignorar as dificuldades que sobrevieram, supondo ainda não ter descoberto as soluções para elas. "Todavia", escreve ele, "quanto mais eu estudava, tanto mais numerosas e conspícuas tornavam-se as dificuldades". Depois, quase um ano antes de iniciar sua

[3] Rudolf Nelson, *The Making and Unmaking of an Evangelical Mind: The Case of Edward Carnell*, p. 5.

[4] James Bruckner, "The Anguish of Losing Faith" (2000). Institute for First Amendment Studies, <http://www.ifas.org/wa/bruckner.htlm>.

correspondência pela Internet, sua vida mudou de forma dramática: "Um dia, na época do último Natal, sentei-me e abri a Bíblia para minhas devoções particulares e de repente reconheci que já não acreditava mais".[5]

Dor e raiva ficam evidentes na primeira carta que ele e sua mulher receberam dos familiares depois que estes tomaram conhecimento das mudanças dramáticas que haviam acontecido.

> Esta carta é uma resposta a sua aparente nova crença/prática segundo a qual a Bíblia não é verdadeira e Deus não existe. Nós vamos prefaciar nossas observações dizendo que tudo o que escrevemos aqui se deve a nosso profundo amor por vocês. Primeiro, vou dizer quais são nossos sentimentos. Eles incluem o seguinte: muito perturbados (acordando no meio da noite preocupados), pesarosos, enraivecidos, tristes e... pior coisa que já aconteceu com nossa família...
>
> James, nós o consideramos responsável porque firmemente acreditamos que Alison jamais faria uma coisa dessas por iniciativa própria. [...] Temos um desentendimento sério no seio da família pela primeira vez. Estávamos em harmonia até agora. Agora não concordamos com suas crenças e estamos muito preocupados com a maneira como nossos netos estão sendo criados. Se essa crença/esse modo de vida continuar então estamos preocupados e temerosos de que sua grande família irá sofrer. De fato, prevejo que isso acontecerá, por mais que eu odeie fazer previsões. [...] Estou lhe enviando três livros que espero que leiam e oro para isso.[6]

O fato de os parentes de James por afinidade o culparem, em vez de culpar a filha, por abandonar a fé não era infundado. Ele não fez segredo de que Alison o havia seguido "na descrença" logo depois que ele havia "perdido a fé". A razão dela (descrita numa carta subseqüente) foi que ela confiava no conhecimento que ele tinha da Bíblia e achava que sua "nova posição devia estar muito bem fundamentada em fatos". E ela sabia que não se tratava de um assunto decidido num momento de capricho. "Ela me havia visto lutando para resistir e não chegar a esta conclusão, mas as provas contrárias dobraram meu intelecto e, se posso parafrasear Josh McDowell, meu coração não pode adorar o que minha mente não pode aceitar."[7] Uma semana depois de receber a carta em parte citada, James respondeu procurando explicar

[5] Idem.
[6] Idem.
[7] Idem.

as razões de seu abandono da comunidade da igreja e também explicar como essa provação era penosa para ele e Alison.

> Sei que minha própria existência, como um cristão que rejeita a fé baseando-se no conhecimento dessa fé, é ameaçadora; e entendo o motivo de vocês todos terem reagido com tanta veemência. Alison e eu provamos muitas das mesmas emoções que vocês estão sentindo. Nossa perda da fé nos sobreveio enquanto estávamos fazendo aquilo que os cristãos devem fazer — não algo que nós, por nossa vontade ou malícia, decidimos. (Por que faríamos isso? Teria sido muito mais fácil continuar como crentes.) Todo o processo tem sido dilacerante para nós dois e, como vocês, eu perdi muitas horas sono por causa disso. Todavia [...] afirmar algo em que para mim é impossível acreditar seria mentir, e isso não sei fazer com a consciência tranqüila.[8]

Depois de receber de seu sogro os livros mencionados acima, James escreveu-lhe agradecendo, e acrescentou que não leria nada do que lhe fora enviado a menos que houvesse um acordo mútuo: "Eu lerei um livro, ou um capítulo, ou um ensaio de sua escolha para cada livro, ou capítulo, ou ensaio de minha escolha que você ler".[9]

Em carta a seu pastor, James insistiu que não sentia nenhuma animosidade para com ele e pedia desculpas por não lhe ter dado a notícia pessoalmente. (O pastor soube dela por meio do sogro de James.) A razão de James para não revelar a questão ao pequeno grupo que ele conduzia na igreja (dissera em vez disso que estava renunciando porque o cargo se tornara "estressante demais") não deixou dúvidas: "Eu não quis abalar a fé de meu pequeno grupo de cristãos, sobretudo enquanto nós mesmos estávamos profundamente envolvidos com a derrocada de nossa inteira visão de mundo".[10]

James também se preocupou para que o caso não afetasse seus filhos: "Decidimos que seria traumático demais contar às crianças, uma vez que lhes tínhamos ensinado a amar Jesus. Em vez de contar, estamos lhes ensinando a pensar criticamente e ajudando-as a tirar suas próprias conclusões quando estiverem prontas". Uma declaração muito comovente que James fez em sua correspondência relatava o motivo que o levara a não conversar de imediato com seu pastor: "Seu dever e o deles teria sido o de reconduzir-nos de volta ao aprisco, e assim tivemos de travar a

[8] Idem.
[9] Idem.
[10] Idem.

luta da perda da fé sozinhos. Nesse sentido limitado, a perda da fé é mais dura que a perda de alguém que se ama, pois não há apoio de amigos (crentes) ou da família para acompanhar quem perde a fé".[11]

James encontrou seu grupo de apoio fora da igreja — na Internet. No fim de março de 1998, mais de um ano depois do Natal da perda da fé e alguns meses após sua família ter descoberto seu segredo, James escreveu uma carta aos apoiadores de "desertores" na Internet.

> Oi, pessoal! Estou me declarando curado da ilusão cristã e estou deixando a lista de ex-cristãos. Quero que saibam que acho vocês o máximo. Perder a fé é uma experiência solitária, e a existência dessa lista e de gente que escreve para ela me deu inúmeras injeções de ânimo quando eu mais precisei disso no ano que passou.
>
> Já faz algum tempo que me sinto forte, feliz, confiante e livre, e creio que já não preciso de apoio. O fantasma de minha velha fé cristã desapareceu, e eu realmente já consigo viver e gozar a vida aqui e agora sem superstições. Portanto, meu estado emocional é sadio e vigoroso, se é que posso fazer um diagnóstico de mim mesmo.
>
> Quanto a relacionamentos [...] minha mulher e filhos estão felizes e sadios sem superstições. [...] Estou confiante [...] que possamos manter relações respeitosas com meus parentes. [...] Sinto-me agora como se tivesse nascido para uma vida nova. Perder a fé é como perder peso — melhora a saúde e faz a gente sentir-se maravilhoso.[12]

Fico de coração partido quando leio essa última carta. Sou cética demais para acreditar que a vida seja tão rósea para a família de James como ele dá a entender que é. Parece-me que eles abandonaram a fé por motivos que são todos falsos e que os que estavam ao redor deles não estavam bem preparados para lidar com o que com demasiada freqüência é visto como uma situação "pior que a morte". Por que, pergunto eu, ele precisou sair de sua comunidade de fé para buscar apoio? Como poderia ter sido tudo diferente se seu grupo de apoio não fosse um grupo de descrentes da Internet, mas de crentes *de carne e osso* — crentes que sabem que uma comunidade de fé que confia plenamente na graça soberana de Deus não precisa ser ameaçada pela descrença.

[11] Idem.
[12] Idem, 27 mar. 1998.

"Agradavelmente surpreso" com a nova vida na descrença

"O mês de janeiro de 1982 foi para mim muito importante." Essa é a frase que abre outro testemunho publicado num *site* da Internet por um homem chamado Edie. "Foi nessa época que me tornei um cristão renascido. Lembro-me muito bem do dia. Foi cerca de duas semanas antes de meu aniversário, e eu estava horrivelmente deprimido. Tinha então apenas catorze anos, e o país estava numa recessão que obrigava meus pais a contar cada centavo economizado — a vida parecia muito desesperançada."[13]

O pai biológico "desaparecera" da vida de Edie quando ele era criancinha; sentia-se inseguro, "assim a idéia de um pai celestial que me estendia a mão, me aprovava e cuidava de mim era boa demais para ser verdade". Logo Edie se tornou muito ativo na igreja Batista e "profundamente envolvido com o fundamentalismo". Depois do ensino médio, ele passou a integrar o movimento Jocum (Jovens com uma missão) e, por meio dessa organização, fez cursos de estudos bíblicos. Mais tarde matriculou-se numa faculdade cristã, onde continuou seus estudos bíblicos e teológicos. "Eu fora alertado", escreve ele, "sobre como muitas vezes a escolarização resultava na perda da fé. Mas em vez de tomar isso como um sinal de que algo estava errado com a fé cristã, eu o tomei como uma indicação de que o diabo de fato ainda estava se intrometendo na mente dos seres humanos num esforço supremo para levar alguns com ele".[14]

A dúvida de Edie começou depois de ele receber um recado eletrônico através de um *site* ligado ao grupo "Walk Away" (um grupo de apoio *online* para ex-fundamentalistas).

[13] Edie Cottle, "January '98 Was a Momentous Month" (2000). Institute for First Amendment Studies, <http://www.ifas.org/wa/cottle.htlm>.

[14] Idem. Que papel desempenha o Diabo no processo do abandono da fé? Essa, imagino eu, é uma pergunta pertinente, e alguns sem dúvida me acusarão de não ter tratado desse assunto mais cedo neste livro — e fazê-lo apenas numa nota de rodapé. Eu acredito no poder do mal neste mundo — um poder que é mencionado na Escritura como Satanás e forças demoníacas. Que Satanás tem parte em todo mal deste mundo e em tudo o que diminui a adoração de Cristo, para mim, parece óbvio. Mas ser mais específica do que isso seria, em minha opinião, nada mais que especulação. Quando alguém me diz (como de fato já aconteceu) que Satanás provocou um atraso de três horas na partida de seu vôo saindo de O'Hare, eu me pergunto quem foi a fonte dessa informação. Se eu tivesse de associar o atraso a forças cósmicas (em oposição a céus congestionados), é mais provável que eu perguntasse o que Deus poderia ter a ver com esse atraso. É possível que o Senhor talvez queira que eu ajude alguém necessitado ou simplesmente que eu diminua o ritmo da vida e passe umas horas meditando sobre os salmos? Escrituras à parte, eu não tenho como conhecer a mente de Deus e não conheço o poder e os métodos e a mentalidade do diabo.

> Os cristãos são a maioria dos desconvertidos. Ora, eu podia entender por que alguém abandonaria o fundamentalismo legalista — eu mesmo o fizera, mas não havia sacrificado a fé "jogando fora o bebê com a água do banho" como fizeram muitos ex-cristãos. Surpreendi-me dizendo: "Se eles soubessem o que *eu* sei, ou se eles fossem como *eu*, eles não teriam saído". Basicamente, eu pensava que aquilo não poderia acontecer comigo, e que eu era "diferente" e "especial". Essas pessoas *obviamente* não tinham o cabedal de conhecimento, experiência e "relacionamento com Jesus" que eu tinha, caso contrário não teriam saído. [...] Decidi aceitar o supremo desafio no que dizia respeito à minha fé: eu ia enfrentar as objeções dos desconvertidos e ir ao fundo da questão. [...] Eu depositava tal fé em minhas crenças que estava convencido de que acharia uma resposta e seguiria essa trilha aonde quer que ela me levasse.[15]

A trilha levou ao que Edie e muitos outros chamam de "desconversão", um processo que recebeu significativo apoio de novos conhecidos da Internet. Como tantos outros, ele faz um retrato positivo da nova vida na descrença:

> Quando finalmente percebi que já não podia acreditar no cristianismo [...] assim como não podia [...] voar feito um super-homem, foi um pouco assustador. [...] Foi como se eu fechasse os olhos, suspendesse a respiração e partisse para o mergulho final, sem saber que terríveis sentimentos se escondiam sob a obscura superfície. Tive uma surpresa agradável. [...] Não houve nenhuma "mudança" mágica ou impulso para sair correndo e "pecar" porque eu já não tinha um Pai repressor lá no céu me dizendo para não fazer aquilo. De fato, meus princípios e minhas convicções morais sobre ser bondoso, amoroso e respeitoso com os outros mudaram muito pouco e apenas para se tornarem mais amplos e inclusivos. [...] Você pode imaginar a sensação de liberdade que se sente por saber que não haverá nenhum julgamento no fim, que não é preciso perguntar-me se meus amigos homossexuais irão para o inferno. [...] Outro maravilhoso resultado é que eu já não preciso "esconder-me" do escrutínio ou da verdade por medo de ser levado para o mau caminho. Se alguém me apresenta provas sobre *o que quer que seja*, sinto-me livre para considerá-las e ponderar adequadamente. [...] Ouvi crentes perguntando: "Você não tem medo de que um dia fique provado que está errado sobre o cristianismo?". Minha resposta: "Eu não. E você?".

[15] Idem.

> Ei, já estive errado antes. Passei mais de quinze anos dedicando-me ao cristianismo. Talvez existam algumas provas por aí. Afinal, reformulando a Aposta de Pascal,[16] o que tenho a perder?[17]

Uma verdade básica do cristianismo é que a fé proporciona liberdade. Do banco de memória da Bíblia por onde comecei na infância, posso facilmente citar João 8:36: "Se, pois, o Filho vos libertar, verdadeiramente sereis livres". No entanto essas pessoas, que abandonaram a fé, dão testemunho de uma liberdade recém-descoberta. Há claramente uma diferença nos sentidos de "liberdade". Os cristãos muitas vezes são tentados a descartar em vez de procurar entender esse conceito realmente diferente de liberdade. Steve Locks apresenta uma perspectiva semelhante.

"Todos os problemas e conflitos... desapareceram"

O primeiro contato de Steve com o cristianismo aconteceu numa "igreja anglicana moderadamente ritualista" e ali ele se sentiu muito atraído pela música. Juntou-se ao coro e foi confirmado. Mas durante os anos do curso universitário ele teve seu "primeiro contato decente com argumentos de ateus. [...] Passei a conhecer livres-pensadores mais bem informados. (Agora detesto o termo 'não-cristão' com suas conotações negativas. É como chamar uma mulher de 'não-homem' como se isso fosse um defeito!)".[18]

Quanto mais ele conversava com livres-pensadores, tanto mais frustrado ele ficava:

> Eu estava incomodado por não poder dar uma explicação coerente adequada nem mesmo sobre os fundamentos do cristianismo. [...] Quase me desconverti durante o curso universitário devido ao que me parecia uma explicação mais coerente do cristianismo como um fenômeno humano. Deteve-me, porém, o sentimento de que, como disse Thomas Merton, "negando a Deus nós estamos negando a nós mesmos". Se eu não fosse cristão estaria perdendo algo importante na vida, portanto devia haver alguma coisa no cristianismo. Eu lia com voracidade. Li tudo de Bonhoeffer, tudo

[16] Argumento criado por Blaise Pascal publicado em sua obra *Pensamentos*, São Paulo: Martins Fontes, 2001. (N. do E.)

[17] Edie Cottle, "January '98 Was a Momentous Month" (2000). Institute for First Amendment Studies, <http://www.ifas.org/wa/cottle.htlm>, 19 jul. 1998.

[18] Steve Locks, "Leaving Christianity" (2000). Institute for First Amendment Studies, <http://www.ifas.org/wa/locks.htlm>.

> de C. S. Lewis, G. K. Chesterton, "a nuvem do desconhecimento", Tomás à Kempis e outros clássicos. [...] Também ingressei na igreja evangélica! Embora não fosse minha praia, de fato achei-a muito emocionante quando fiz essa tentativa. Fiquei chocado ao ver como essas pessoas realmente acreditam em sua religião. Eu não havia visto essa força de fé antes. [...] Senti que tinha um relacionamento especial com Deus por meio da aceitação de Cristo.[19]

Steve continuou suas discussões com livres-pensadores, defendendo a própria fé, mas pouco sabendo sobre a deles:

> No fim enfrentei o problema. Senti que eu devia ter o aval (de Deus) para examinar o outro lado da argumentação. Confiei que ele me ajudaria a atingir uma fé mais profunda. [...] Pus-me nas mãos dele para que não me deixasse ir pelo mau caminho. Também escrevi um diário durante todo aquele período, o que se transforma (para mim) numa fascinante percepção de minha desconversão. Li obras sobre a psicologia da religião e a história de cristianismo de fontes as mais neutras possíveis. Ao mesmo tempo (quase) tive uma "experiência de desconversão". [...] Li *Por que não sou cristão* de Russell. Quando cheguei à passagem em que o autor diz que Jesus tinha um defeito moral sério, ele acreditava no inferno — meu estômago se revirou. [...] O fato de que Jesus, tal qual é descrito nos evangelhos, acreditava no inferno é para mim um problema tão sério que foi um dos fatores que finalmente esfacelaram meu cristianismo. [...] Foi a gota d'água.[20]

No início, Steve procurou tornar-se um missionário da descrença: "Sentia que precisava alertar todo mundo, em especial por eu estar numa posição de falar sobre o assunto, pois o conhecera como era por dentro". Exatamente do mesmo modo que lera livros de Dietrich Bonhoeffer e C. S. Lewis para fortalecer suas crenças cristãs, Steve lia agora obras de Bertrand Russell, William James, David Hume, Friedrich Nietzsche, Thomas Paine e Robert Ingersoll. Enquanto isso, percebia que toda a sua perspectiva de vida ia mudando — para melhor.

> Devido à minha total mudança de visão de mundo também tive algumas experiências muito diferentes de tudo o que havia esperado. Senti-me profundamente chocado

[19] Idem.
[20] Idem.

> pelo que chamei de "choque existencial". Estava completamente espantado com o mero fato da existência. [...] Eu estava sendo atingido pelo maravilhoso "sacramento" da vida ou o absoluto choque e oportunidade da existência em oposição à não-existência. [...] Sentia-me transformado, assombrado, entusiasmado — o mundo inteiro parecia mais especial do que jamais se pode expressar com palavras. A vida era muito mais emocionante sem o cristianismo do que jamais fora com ele. Eu não esperava que aquilo fosse acontecer comigo. Pensei que essas experiências eram o que convertia as pessoas para a religião, não o que você ganhava quando saía! [...] Todos os problemas e conflitos associados com a religião obviamente desapareceram, embora eu não tenha pretensões de dizer que fosse fácil explicar minha nova posição a meus amigos cristãos. (Alguns ainda não sabem.) [...] O maior benefício que descobri foi para mim o desaparecimento de uma barreira espiritual entre as pessoas. Quando eu tinha uma religião forte [...] eu estava num "estado espiritualmente superior". Agora vejo os cristãos simplesmente como gente, mas com uma crença equivocada. [...] Agora vejo a todos nós como seres humanos vulneráveis, cheios de esperanças e medos e complicações psicológicas.[21]

As pessoas cujos testemunhos foram citados não deveriam ser tomadas como representantes oficiais de todos os que abandonaram a fé. De fato, muitos contam histórias totalmente diferentes — em especial os que depois retornaram à fé. Para alguns a nova vida na descrença proporciona uma libertação dos "problemas e conflitos associados com a religião"; mas para outros a situação é precisamente inversa. Isso se verificou com Wetherell Johnson, que não conseguiu suportar uma vida sem a crença em Deus.

"A vida era totalmente destituída de sentido"

A recém-falecida Wetherell Johnson foi a fundadora e diretora da maior organização mundial de estudo da Bíblia, a Bible Study Fellowship. Quando jovem, ela lutou com profundas dúvidas sobre a vida cristã. Ela fora educada na França, onde "o estudo pesado não lhe deixava tempo livre para pensamentos ou introspecções emocionais". Ao voltar para a Inglaterra, percebeu quanto havia mudado. "Tive tempo para reconhecer que, quando deixei de crer no Senhor Jesus Cristo e na

[21] Idem.

Bíblia, eu não tinha filosofia nenhuma para preencher o vazio que ficou. A vida era totalmente destituída de sentido."[22]

Essa dúvida logo a levou a gritar no meio da noite: "Deus, se existe um Deus, se tu me deres alguma filosofia que faça algum sentido razoável para mim, eu me comprometerei a segui-la". Depois disso ela testemunha: "Deus encontrou-se comigo de um modo misterioso que não sei explicar plenamente". Um resultado dessa experiência foi um intenso desejo de aprender e compreender a Escritura. Ela se inscreveu em cinco cursos por correspondência e prosseguiu no estudo da Bíblia que depois propagou entre milhares de mulheres e homens pelo mundo inteiro.[23]

O caso de Johnson é um desses que deveríamos ter em mente quando interagimos com pessoas que professam ter abandonado a fé. Mas não deveríamos subestimar ou negar as histórias de indivíduos que falam de paz e felicidade depois de abandonar suas crenças. Nem todo mundo experimenta a mesma sensação de falta de sentido provada por Johnson. Quando David testemunha (na epígrafe deste capítulo) que sua nova vida é "mais rica, mais cheia" e James afirma que se sente "forte, feliz, confiante e livre" — ambos se referindo ao que aconteceu depois do abandono da fé —, nós deveríamos ouvir o que eles têm a dizer, ouvir suas histórias e aprender com elas. Às vezes exatamente as coisas que mais os fizeram sofrer acerca de suas comunidades de fé não eram, em primeiro lugar, autênticas crenças e práticas cristãs. Precisamos desafiar esses indivíduos em nossas palavras e ações — ao mesmo tempo que os convidamos a nos desafiar.

[22] A. Wetherell JOHNSON, *Created for Commitment*, p. 40-43.
[23] Idem.

12 Missionários da descrença

O apelo da mensagem e do mensageiro

Praticamente todos sabem que os crentes religiosos muitas vezes procuraram converter outras pessoas a suas convicções. Menos comum é reconhecer que também os ateus, ao longo de séculos, têm exercido seu proselitismo, com o objetivo de derrubar deuses de seus altares para no lugar pôr a razão. Os motivos que animam os projetos ateus são — como os que inspiram a propaganda religiosa — muitos e variados.

Rodger Beehler

As missões constituem uma de minhas áreas de especialidade. Sobre o tema lecionei e preguei. Escrevi muitas obras, inclusive um manual de história das missões e outros livros e artigos sobre mulheres nas missões, a família missionária, missões urbanas, missões de mórmons e missões voltadas para judeus e muçulmanos. Mas até começar a trabalhar neste volume, eu nunca havia pensado no conceito de "missionários da descrença". Exatamente como a *conversão* é um dos objetivos de missionários cristãos, assim também a *desconversão* é um dos objetivos dos missionários da descrença. Para muita gente não basta simplesmente abandonar a fé; os missionários da descrença procuram conduzir outros a pensarem como eles. No caso de Dan Barker, esse papel veio naturalmente. Assim que ele rompeu com o cristianismo, deslocou-se facilmente de seu prévio ministério de evangelizador cristão para seu trabalho de evangelizador ateu.

O "ateu amigo da vizinhança"

A letra do tão amado cântico natalino *Pequena Vila de Belém* (hino nº 98, HCC) foi escrita por Philips Brooks, um dos mais célebres pregadores do século XIX. Ele foi reconhecido como um "brilhante, convincente e cativante ministro que serviu como bispo da igreja episcopal de Boston, fez muitas palestras sobre a pregação religiosa na Escola de Teologia da Universidade de Yale e pregou na Abadia de Westminster e na Capela Real em Windsor perante a rainha Vitória. Um século depois que a letra do cântico foi escrita, Dan Barker registrou direitos autorais de uma letra nova para a mesma música, começando com as palavras "O, shining star of solstice time" [Ó brilhante estrela do solstício]. Outros títulos que ele registrou são *Nothing Fails Like Prayer* [Nada frustra mais que a oração] e *Friendly Neighborhood Atheist* [Ateu amigo da vizinhança].

Encontrei-me com Dan Barker pela primeira vez esta noite. Conversamos rapidamente antes e depois da palestra dele no Centro de Ciências Calkins no campus do Community College de Grand Rapids. Refletindo sobre esta noite, sorrio e reafirmo um comentário que fiz recentemente numa sala de aula — que *eu nunca conheci um ateu de quem não gostasse.* Tenho certeza de que há muitos ateus por aí que não me agradariam, mas simplesmente não os conheci. Quanto a Baker, ele foi engraçado, espontâneo, seguro e não deu mostras de ser amargurado ou ressentido em relação a seu passado de cristão. Pelo contrário, falou com carinho de suas memórias e experiências de criança numa família fundamentalista e enfatizou que permanece muito próximo de alguns de seus amigos cristãos. Durante o tempo reservado a perguntas e respostas, apresentei-lhe uma pergunta dizendo que, enquanto ouvia sua história, eu dizia "Eu também". Mas Barker e eu seguimos direções muito diferentes. Ele foi embora; eu não (nem irei).

Barker é o principal evangelizador da descrença dos Estados Unidos. Há outros. Alguns poderiam argumentar que John Shelby Spong, um bispo episcopaliano, é quem merece esse título. Com seus livros e palestras ele fez uma carreira dedicada a desmascarar crenças tais como a infalibilidade da Bíblia, o nascimento virginal e a ressurreição de Cristo. Mas Spong ainda não negou abertamente a crença em Deus e ele não foi reconhecido antes como um evangelizador da crença, como foram Brooks e Barker — "brilhantes, convincentes, cativantes" ministros. Além de ambos serem brilhantes, Barker (membro de várias sociedades de "alto QI") e Brooks têm muito em comum: os dois foram evangelizadores e pregadores que viajaram muito, os dois foram autores de livros e os dois compuseram canções.

E de fato os dois levaram suas mensagens à presença de ícones de seu tempo: Brooks à presença da rainha Vitória e Barker à da rainha da televisão diurna, Oprah Winfrey. Mas a mensagem que Barker levou à presença da "realeza" era diferente daquela de Brooks. A fama de Barker deriva de sua mudança de crença e vocação, como indica o subtítulo de sua autobiografia, *Losing Faith in Faith: From Preacher to Atheist* [A perda da fé na fé: De pregador a ateu].

Barker nasceu em 1949 e foi criado no sul da Califórnia. Começou sua obra evangelizadora aos quinze anos de idade, associando-se por um breve período ao ministério da curadora-pela-fé Kathryn Kuhlman. Em 1975, depois de formar-se pela Universidade Azusa Pacific, foi ordenado ministro; e nos anos seguintes trabalhou em três igrejas diferentes. Por oito anos viajou como evangelizador em tempo integral e foi reconhecido como exímio pianista, arranjador e compositor — tendo criado mais de duzentas canções publicadas e gravadas. Sua música foi executada pelo coro da Crystal Cathedral no programa televisivo de Robert Schüller, e ele trabalhou com Pat Boone e outras celebridades cristãs. Continua recebendo direitos autorais da Manna Music por seus musicais para crianças *Mary Had a Little Lamb* [Mary tinha um cordeirinho] (1977) e *His Fleece Was White as Snow* [De pêlo branco como a neve] (1978), peças ainda executadas em igrejas pelo mundo afora.

Hoje em dia Baker usa suas habilidades de evangelizador, falando e escrevendo, para afastar as pessoas da fé. O testemunho de Rhonda Jockisch, lançado na Internet, é típico. Ela se formou na faculdade, conseguiu um belo emprego e tinha o hábito de ler a Bíblia diariamente.

> Eu devia me sentir nas alturas e, no entanto, me sentia péssima, cheia de culpa perante todos os meus supostos pecados. [...] Depois comprei um computador e comecei a conversar com alguns humanistas/ateus. [...] Um deles recomendou-me... *Losing Faith in Faith* [A perda da fé na fé], de Dan Barker. E depois de ler esse livro, eu sabia que, se Dan Barker dizia a verdade, de modo algum o cristianismo poderia estar certo.[1]

Barker integra a equipe da revista *Freethought Today* em Madison, no estado de Wisconsin, escreve e faz palestras em defesa da causa ateísta. Também se dedica como voluntário ao trabalho em asilos, onde faz concertos gratuitos para os internos. Entre os temas de seus debates estão: "Deus existe?", "A Bíblia é um guia aceitável para a moral?", "Jesus ressuscitou dos mortos?" e "Jesus de Nazaré: Messias ou mito?". E Barker não dirige sua mensagem missionária apenas a adultos: ele continua escrevendo e compondo para crianças. Um de seus livros intitula-se: *Just Pretend: A Freethought Book for Children* [Imagine só! Um livro de livre-pensamento para crianças].

Como é que um evangelizador dá uma guinada de 180 graus, passando da pregação de Jesus como Messias para a pregação de Jesus como mito? Primeiro dizendo

[1] Holly Chrisman, "I Deconverted from Christianity", 24 out. 1995. Página do ex-cristão na *Internet*: <http://www.infidels.org/electronic/ex-tian/Holly Chrisman.html>.

às crianças que o evangelho é a boa notícia e depois dizendo-lhes que é notícia ruim? Barker quer muito dar seu testemunho a todos os que quiserem ouvir:

> Foi durante o ano de 1979, quando ia completar trinta anos, que comecei a me fazer as primeiras perguntas sobre o cristianismo. [...] Simplesmente cheguei ao ponto em que minha cabeça estava inquieta e queria ir além da simplicidade do fundamentalismo. Eu estivera tão envolvido com questões evangélicas e fundamentalistas que havia ignorado uma parte de mim mesmo que estava começando a exigir atenção. Foi como se houvesse uma leve batida em meu crânio e alguma coisa estivesse dizendo: "Ôoo de casa!". Eu estava morrendo de fome e não sabia, como acontece quando você está mergulhado no trabalho e se esquece de comer e nem sabe que está com fome até a fome apertar de verdade. Eu estivera lendo os autores cristãos (Francis Schaeffer, Josh McDowell, C. S. Lewis etc.) e durante anos lera muito pouco sobre outros assuntos além da Bíblia. Assim, sem ter em mente nenhum objetivo específico, comecei a satisfazer minha incômoda fome intelectual. Comecei a ler algumas revistas de ciência, algumas de filosofia, algumas de psicologia, jornais diários(!) e a atualizar-me sobre questões de humanidades, o que deveria ter feito anos antes. Isso me abriu um feroz apetite de aprender e provocou uma lenta, mas constante migração de um extremo a outro do espectro que levei quatro ou cinco anos para completar.
>
> Não tive nenhuma súbita experiência que me abrisse os olhos. Quando você foi criado como fui, não pode simplesmente estalar os dedos e dizer: "Ah! como fui tonto! Deus não existe".[2]

Com o passar do tempo, Barker afastou-se mais de sua herança cristã conservadora. "Viajando de um extremo a outro do espectro", lembra ele, "eu fui estabelecendo minha meta cada vez mais alto. Estudei alguns teólogos liberais, tais como Tillich e Bultmann". Finalmente ele chegou ao ponto de poder dizer: "Não me sentia desconfortável com a idéia de Tillich de que Deus é a 'base de todo ser', ou alguma outra idéia vaga". Embora Barker não estivesse pregando sermões "arrebatadores", ele continuou a aceitar convites para apresentações musicais e pregações em "igrejas evangélicas conservadoras e fundamentalistas". Mas sua consciência o atrapalhava: "Naquela época, já me sentia hipócrita, muitas vezes ouvindo-me proferir palavras sobre as quais eu já não tinha certeza, mas palavras que a platéia queria ouvir".[3]

[2] Dan Barker, *Losing Faith in Faith: From Preacher to Atheist*, p. 28.
[3] Idem, p. 29-30.

No verão de 1983 Barker finalmente admitiu para si mesmo que era ateu — embora não revelasse o fato a ninguém durante meses. "Entre o verão e o Natal de 1983", escreve ele, "passei por um terrível período de hipocrisia. Eu ainda fazia sermões, e me odiava. [...] Sabia que eu simplesmente devia ter cortado aquilo de uma vez, mas não tinha coragem".[4]

Foi numa noite de novembro daquele ano, durante uma turnê de pregações pelo México que ele teve a experiência que de repente lhe fez perceber a necessidade de romper imediatamente seus vínculos com a fé cristã. Sua cama era uma maca numa igreja. Não conseguindo dormir, ele de repente chegou à "estranha constatação" de que estava só — "completamente e totalmente só [...] sem nenhuma realidade espiritual, nenhum Deus". Cumpriu mais uma série de pregações, mas depois disso nunca mais voltou a pregar. Em janeiro, ele mandou uma carta a todos os seus conhecidos — "ministros, amigos, parentes, editoras, gravadoras cristãs, colegas missionários — e lhes contei que eu já não era cristão, era ateu ou agnóstico".[5]

Um missionário da descrença "em sua própria casa"

Um encontro com Barker imediatamente revela que seu longo ministério como evangelizador carismático, bem-humorado e entusiasmado foi uma boa preparação para seu novo ministério como missionário da descrença. E exatamente como ele soava digno de confiança e crédito, assim continua soando depois de sua "desconversão". De fato, sua história é única na medida em que diz respeito a sua influência sobre outros, particularmente sobre membros de sua família. Na maioria dos casos, os familiares fincam o pé no chão e nem sequer dão atenção a quem abandona a fé. Mas no caso de Barker, muitos ouviram e alguns se desconverteram.

Os pais de Barker tinham sido evangelizadores leigos nas Assembléias de Deus e quando receberam sua carta, diz ele, "ficaram chocados". Tinham orgulho da celebridade dele como evangelizador e músico itinerante, e agora se sentiam desapontados e envergonhados devido àquilo que parecia ser seu supremo fracasso — o fracasso da fé. "Minha mãe", escreve Barker, "imediatamente tomou um ônibus, viajou de Phoenix até minha casa na Califórnia, e nós tivemos uma longa e emocionada discussão madrugada adentro. Ela nunca mais seria a mesma. Depois daquela discussão até altas horas, ela nunca mais voltou para a igreja

[4] Idem, p. 31.
[5] Idem, p. 31-32.

e revelou numa entrevista o motivo: "As respostas que ele me deu impressionaram meu coração e minha mente. [...] Eu amava tanto meu filho que sabia que de algum modo ele estava certo".[6]

Para o pai de Barker, o processo de "desconversão" foi mais lento. Contou ele na mesma entrevista: "Eu tentei endireitá-lo. A coisa funcionou ao contrário". Barker, todavia, insiste que ele não tentou "desconvertê-los": "Eu nunca sugeri a meus pais que eles deveriam tornar-se ateus. Eles pensaram por si mesmos". Enquanto o pai de Barker estava reconsiderando algumas questões, ele se lembrou de ter tocado em festas dançantes antes de aderir ao legalismo da comunidade cristã.

> Uma noite, um pouco antes de largar todo o sistema da crença, meu pai foi até a igreja, tirou do carro o estojo de seu trombone e caminhou na direção da construção onde havia gente rezando, cantando e pregando. Ao chegar à porta de repente percebeu que aquele já não era seu lugar. Esperando que ninguém notasse, rapidamente se virou e foi para casa.[7]

Seu irmão mais novo, Darrell, também abandonou a fé e mais tarde se tornou diretor de uma unidade do grupo Ateus Unidos. Sobre essa série de acontecimentos, Barker escreve:

> A mudança gradual de meus pais e meu irmão Darrell foi animadora demais. Eu nunca teria previsto um desfecho assim. Meus pais haviam sido evangélicos fervorosos por muitos anos, e Darrell fora pregador de rua de uma organização missionária. [...] O fato de que esses pregadores renascidos, que pregavam de porta em porta, estavam dispostos a mudar me deixa esperançoso.[8]

Em 1985, o casamento de Barker terminou devido, obviamente, "à tensão entre diferentes pontos de vista". Em 1987, ele se casou com Annie Laurie Gaylor, a editora da revista *Freethought Today*. Quando ele escreveu sua autobiografia em 1992, o irmão mais velho de Barker mantinha sua fé, assim como os filhos de Barker, que moravam na Califórnia com sua ex-mulher. "Eles vão à igreja com a mãe, que tra-

[6] Idem, p. 44.
[7] Idem, p. 45.
[8] Idem, p. 46.

balha numa escola cristã, e com o padrasto, um orientador de jovens de uma igreja batista."[9] Depois, os filhos abandonaram seu envolvimento ativo com a igreja.

A história de Barker é dessas que nós como cristãos preferimos não ouvir. Gostamos de "testemunhos" — histórias contadas por jovens de voz embargada e olhos lacrimosos que foram salvos de sua vida desregrada, ou por antigos céticos que foram gloriosamente transformados por Jesus. Queremos ouvir falar de "conversão" — de salvar-se, de renascer, de convidar Jesus para seu coração e depois estender a mão a familiares e amigos para conduzi-los aos pés da cruz. Não estamos equipados para lidar com o inverso disso. Não temos nenhuma estrutura para a *desconversão*. Ela simplesmente não deve acontecer. Como, perguntamos, alguém que provou o poder do evangelho em sua vida e na vida dos outros poderia virar as costas e renunciar exatamente à fé outrora proclamada em público?

Também precisamos perguntar: Como é que um cristão desconstrói o relato da desconversão de Barker? Uma das primeiras perguntas que me faço é por que narrativas como essa não são mais divulgadas. É fácil encontrar histórias de gente que abandonou algum culto menor. Será que menos gente abandona a fé cristã? Provavelmente não. Mas é socialmente mais aceitável desmascarar um culto do que desmascarar o cristianismo. Então é razoável supor, em minha opinião, que há muita gente que abandonou a fé, alimentando idéias como as de Barker, mas sem expressá-las abertamente. Barker, como muitos cristãos, não se sentiu à vontade para falar francamente sobre suas dúvidas logo que elas surgiram.

Para Barker, a desconversão foi um processo lento. Para outros, ela acontece muito mais rápido — às vezes no próprio ato de defender a fé perante ateus, como aconteceu com a desconversão de Chris. Quer a perda da fé aconteça lentamente, quer se dê num instante, a comunidade de crentes precisa ter consciência de que alguns podem abandonar a fé e, por isso mesmo, ela precisa criar uma atmosfera que permita que as dúvidas sejam discutidas, não descartadas.

Um evangelizador virtual perde a fé

Chris foi criado numa família cristã com ligações pentecostais e fundamentalistas. Na adolescência fez profissão pessoal de fé. "Fazer isso", escreve ele, "significava arrepender-me, convidar Jesus para meu coração como Senhor e Salvador, ler as

[9] Idem, p. 34,47.

Escrituras, viver corretamente e partilhar o evangelho". Mas foi este último passo que o levou à ruína. Durante uma discussão de fé pela Internet, a mesa foi virada: Chris, o evangelizador cristão, foi "desconvertido" por Rich, o evangelizador ateu.

> Tornei-me ateu depois do que aconteceu numa discussão *on-line* com um ateu durante o verão de 1996. Acho que, de certo modo, foi "defendendo a fé" e fazendo o que devia fazer — levando o evangelho aos perdidos. Todavia, no decorrer da discussão, esse ateu [...] ressaltou que, se eu de fato esperava que ele me levasse a sério, então eu também teria de levar a sério seus argumentos. Eu sabia que a Bíblia era a base de minha fé desde o tempo em que era criança e sempre acreditei que havia algo "especial" envolvendo a Bíblia, e fazia alguma idéia de que a argumentação típica de Josh McDowell visava defender esse ponto. Todavia, essa foi a primeira vez na vida que examinei criticamente essa crença.[10]

Chris não estava preparado para as questões que Rich levantou. De fato, sua história não é nada incomum. Os evangelizadores da descrença andam em busca do tipo de interação oferecido por Chris. Eles raciocinam que nada têm a perder. Para Chris, a perda foi nada menos do que sua fé.

> Em vez de achar provas apontando de modo irresistível para Jesus, como eu esperava, eu me vi enfrentando perguntas cada vez mais difíceis. [...] Não eram de modo algum perguntas "novas" que nenhum teólogo jamais ouviu; de fato, muitos autores que li tinham respostas prontas para essas perguntas. Todos eles tinham uma coisa em comum: não eram nada convincentes. Depois de alguns meses de ponderação, oração, estudo, reflexão e profundo exame de consciência, eu decidi que não podia continuar sendo intelectualmente honesto e ainda acreditar que havia algo especial envolvendo a Bíblia, algo que lhe conferia autoridade acerca de questões espirituais. Juntamente com a rejeição da Bíblia veio a rejeição de Deus.[11]

Sob alguns aspectos Dan Barker e Chris correspondem cada um ao perfil de um "desertor", especialmente em relação a sua educação e comunidade eclesial. Ali onde as buscas intelectuais se limitam em grande parte à Bíblia e a leituras reli-

[10] Chris Ashton, "Why I Left Faith", página do ex-cristão na Internet: <http://www.infidels.org>.
[11] Idem.

giosas, onde a dicotomia do sagrado e do secular é rigorosamente mantida, onde perguntas complicadas são caladas – ali muitas vezes emergem dúvidas que ameaçam a fé. Nesse contexto surge alguém que descobre um estimulante mundo novo de conhecimento, ansiosamente difundido entre outros que estão presos no que é desprezado como sendo fundamentalismo religioso antiintelectual. Mas ali onde uma escolarização completa nas humanidades é considerada um componente necessário para a visão cristã de mundo e onde perguntas difíceis são estimuladas – ali a fé cristã está mais segura. Todavia, mesmo nesse contexto alguns ainda lutam para manter a fé. De fato, alguns argumentam que esse tipo de ambiente aberto estimula um jovem universitário brilhante como Peter De Vries a buscar sucesso em suas "aventuras mundanas" onde os perigos ocultos o espreitam de todos os lados.

Missionário do "ateísmo cristão"

Peter De Vries não foi missionário no mesmo sentido de Dan Barker. Sua mensagem foi divulgada na forma de ficção — ficção geralmente humorística. Como Barker, porém, ele cresceu como evangélico norte-americano, mas do lado oposto do espectro. Sua herança — família, comunidade, igreja e escolarização do primário à faculdade — foi firmemente assentada na Igreja Cristã Reformada. Ele nasceu em 1910 e na sua juventude a igreja ainda preservava uma forte herança holandesa, marcada por uma tendência pietista, mesclada com legalismo e isolamento do mundo. "Íamos à igreja cinco vezes por semana", escreve ele, "três vezes aos domingos".[12]

Como muitos de seus amigos, De Vries matriculou-se no Calvin College depois de concluir o curso colegial numa escola cristã. (Conheço bem o Calvin College. Moro a um quarteirão do antigo campus onde estão os corredores que De Vries percorreu, e por doze anos lecionei em tempo parcial no campus atual, que fica a cinco quilômetros de minha casa.) Então, como agora, a escola era conhecida por seu elevado padrão acadêmico, e De Vries teve muitas oportunidades para interagir com brilhantes colegas e membros do corpo docente. Foi nessa época que ele começou a questionar sua herança cristã.

Antes da faculdade, porém, ele enfrentara uma séria crise de fé — a morte da irmã mais velha aos dezoito anos de idade. Mais tarde ele lembrou como seus pais responderam à tragédia:

[12] Citado em D. Bruce Lockerbie, *Discussing God: Modern Writers' Struggle Against Religion*, p. 218.

> Meu pai tornou-se extremamente religioso, de modo que nem mesmo as orações à mesa e na escola eram suficientes. Tínhamos de terminar o dia de joelhos sobre o chão da cozinha com os cotovelos apoiados em cadeiras. Minha mãe nunca mais cantou na igreja depois da morte de minha irmã.[13]

De Vries lutou como escritor depois de concluir a faculdade até que, após chegar aos trinta anos, começou a trabalhar para a revista *New Yorker.* Aqui "continuou como um dos principais esteios, compondo legendas para os famosos desenhos humorísticos até sua morte em 1993". Sua energia criativa básica, porém, era dedicada a suas obras de ficção: escreveu mais de vinte romances durante um período de quatro décadas. "Sua modalidade era a narrativa cômica, uma história contada com ironia, mostrando personagens habilmente nomeados — ou com nome errado — num verdadeiro estilo dickensiano. [...] Seus temas nunca se afastavam muito da representação satírica de sua educação religiosa."[14]

The Blood of the Lamb [O sangue do cordeiro] é o romance mais autobiográfico de De Vries. "Este livro", escreveu um resenhista da *New Yorker*, "está escrito com a mais intensa paixão, com uma raiva cheia de rancor contra Deus". Como o narrador, Don Wanderhope, De Vries chorou a morte de sua filha de onze anos vitimada pela leucemia. No livro, Wanderhope não deriva nenhum consolo dessa oferta de um cordeiro sacrifical, do qual provém o título do livro. Alguns meses após a morte da filha, Wanderhope apanha uma fita com a gravação da menina tocando piano, apresentando em seguida as reflexões dela, que ele ainda não tinha ouvido. Ela se dirige diretamente a ele, dizendo que folheando as páginas de uma velha revista da faculdade, ela havia visto um editorial sobre a filosofia de vida dele. Ela pergunta se ele se lembra, e lhe diz que aquilo lhe deu coragem para enfrentar o que ela sabe que vai acontecer. Depois ela lê a passagem para ele:

> Eu acredito que o homem deve aprender a viver sem aqueles consolos ditos religiosos, que a essa altura sua própria inteligência deve ter-lhe dito que fazem parte da infância da raça humana. A filosofia também não nos pode dar nada permanente em que possamos crer; ela é rica em respostas, cada uma eliminando as outras. A busca de significado está de antemão fadada ao fracasso. A vida humana não "significa"

[13] Idem, p. 219.
[14] Idem.

> nada. Mais isso não quer dizer que não valha a pena de ser vivida. O que "significa" a *Arabesque* de Debussy, ou um arco-íris, ou uma rosa? O homem se deleita com todas essas coisas, sabendo que ele mesmo não é mais que... um sopro de música e uma fumaça de sonhos dissolvendo-se ao sol. O homem só tem o apoio de seus dois pés, sua própria trindade para acompanhá-lo na vida: Razão, Coragem e Graça. E a primeira mais a segunda equivalem à terceira.[15]

É no romance *Slouching Toward Kalamazoo* [Rastejando para Kalamazoo] que De Vries expõe mais claramente a mensagem de seu "evangelho", a mensagem da verdade que ele procura apresentar a seus leitores. O narrador de seu livro é o filho de um ministro. (Aos dezoito anos, o narrador influencia seu professor muito mais velho.) Nessas circunstâncias, seu pai concorda em participar de um debate público com o ateu da cidade, que está tendo um caso "platônico" com a mulher dele. Os juízes do evento votam por um empate, mas no processo da discussão o ministro foi conquistado para o outro ponto de vista. Ele confessa sua perda da fé à mulher:

> "Ele está certo. Não existe Deus. Nem ninguém para justificar a religião que vim pregando. Sempre tive minhas dúvidas, você sabe, todo homem escolarizado e pensante tem, mas já não tenho mais. Só certeza. O cristianismo *é* uma miscelânea de restos de religiões pagãs amalgamada num mito para o qual a civilização ocidental estava preparada. É um ópio para a pobre humanidade incapaz de aceitar a realidade pura e simples. Estive alimentando estômagos famintos com promessas de banquetes celestiais. [...]".
>
> "A Bíblia é uma caldeirada de absurdos, contradições e superstições tribais." Ele chutou o banquinho. "Meu ministério é uma piada. A única coisa que posso fazer honestamente é pedir demissão."[16]

De Vries não demonstrou o mesmo zelo ateu de Barker, o evangelizador experiente. Preferiu a sátira sutil que procura lançar dúvida sobre o que é certo. "Ele procurou converter as pessoas ao que ele chama de 'ateísmo cristão.'"[17]

[15] Peter De Vries, *The Blood of the Lamb*, p. 241.
[16] Idem, *Slouching Toward Kalamazoo*, p. 81-82.
[17] Idem, p. 207.

> Ou veja as coisas por outro lado e chame-os de cristãos ateus, adeptos da fé e da disciplina religiosa que é muito mais necessária para uma espécie que misteriosamente surgiu num universo desprovido de qualquer governo, ou quaisquer provas de sentido ou propósito propriamente ditos. Que a igreja, então, sirva num Vazio: seria muito mais essencial por isso. Voltaire tinha razão. Se Deus não existisse, seria necessário inventar um. E inventá-lo bem que a humanidade já o fez, para acompanhá-la na caminhada por este vale de lágrimas.[18]

No ateísmo cristão, De Vries buscou juntar a fé e a razão num novo evangelho. Nele a moral e a ética e as disciplinas da fé combinam-se com a racionalidade e a liberdade intelectual da razão — uma "combinação de fé e ceticismo". O indivíduo introduzido no romance como o modelo dessa nova religião é Bertrand Russell, "o sempre grande humanitário infiel do século XX, que pode ser declarado um cristão ateu apesar de seus esforços para explicar por que ele não era cristão". A crença descrente de De Vries era direta e talvez muito mais atraente do que o ateísmo pregado por Barker:

> Vivemos como *se* a vida tivesse significado, e vejam — ela tem! Vivemos como se fôssemos soldados cristãos marchando sob o comando de nosso Capitão, e vejam — é o que somos! Nossos melhores escritores nos disseram que esta vida é um disparate, até mesmo alguns dos profetas do Antigo Testamento disseram isso, mas na medida em que descobrimos a farsa, isso não é verdade. Hemingway chamou a vida um truque sujo; Mark Twain, de trapaça; Fitzgerald, de fraude; Shakespeare, de história contada por um idiota; e assim por diante. [...]
>
> O ponto que estou tentando mostrar é que se exige mais fé para viver sem crença na aconchegante ilusão do que tradicionalmente tem sido chamado de fé. Essa é nossa doutrina sem doutrina, nossa crença descrente.[19]

O fato de Russell ter sido o modelo do "sempre grande humanitário infiel do século XX" não causa surpresa. Russell é também o modelo de um missionário da descrença. Seu nome é provavelmente mais mencionado como o indivíduo que foi mais convincente na influência da perda da fé. Ele foi um ateu apaixonado, que pro-

[18] Idem.
[19] Idem, p. 235-236.

curou tornar a descrença atrativa. "Russell provavelmente exerceu mais influência no século XX", escreve J. C. A. Gaskin, "do que qualquer outro filósofo acadêmico contemporâneo. [...] Sua tranqüila busca do razoável e do demonstrável faz de Russell [...] o sábio do século".[20]

Russell foi um ateu que tinha coração; foi o ateu amigo da vizinhança que Barker procura ser na atualidade — um eficaz missionário da descrença. Os cristãos deveriam ter consciência das atividades desses missionários e deveriam preparar-se não apenas para se opor a eles, mas também para ouvi-los. Mas isso pode ser perigoso. Muitos desses mesmos missionários abandonaram a fé em conseqüência das atividades missionárias de outros descrentes. Precisamos proteger nossa própria fé. Mas não deveríamos deixar que esses indivíduos nos intimidassem. Eles lutam com suas próprias dúvidas e incertezas, como fez Russell: "O centro para mim", confessou ele, "é sempre e eternamente uma dor terrível — uma dor brutal — uma busca de algo além do que o mundo contém".[21]

"Realmente, um jovem ateu nunca pode proteger a fé com zelo excessivo", escreve C. S. Lewis. "Os perigos estão à espreita de todos os lados".[22]

[20] *Varieties of Unbelief: From Epicurus to Sartre*, p. 195.
[21] Citado em Philip Yancey, *Decepcionado com Deus: Três perguntas que ninguém ousa fazer*, p. 276.
[22] C. S. Lewis, *Surprised by Joy*, p. 226.

13 Respostas à dúvida e à descrença

O enfrentamento das questões sérias

Um pensador religioso honesto é como alguém numa corda bamba.
É como se ele estivesse caminhando no ar.
Seu suporte é o mais reduzido que se possa imaginar.
E, no entanto, é de fato possível caminhar sobre a corda.
Ludwig Wittgenstein

Às vezes fico preocupada quando leio livros e artigos sobre a dúvida — exatamente como fiquei quando li um artigo de Mark Buchanan em *Christianity Today* intitulado "O benefício da dúvida". Buchanan enfatiza o lado positivo da dúvida, insistindo, como muitos outros autores, que ela pode reforçar a fé. Pode ser, mas a maioria das pessoas que teve dúvidas sérias não fala delas como sendo algo que de fato reforçou-lhes a fé. Às vezes elas acabam tendo uma fé diferente, mas a possibilidade de aquela nova fé ser mais forte ou não depende de como se define fé. Talvez o benefício mais incontestável da dúvida seja que ela permite que se estenda a mão de um modo mais eficaz a outros que estão lutando com o mesmo problema.

Mas para mim mais preocupante que a ênfase de Buchanan no benefício da dúvida é o fato de ele aparentemente ignorar quem duvida ou, talvez, se eu quiser ser mais caridosa, o fato de não compreender os que duvidam. Sobre a dúvida, ele escreve: "Ela pode tornar-se uma forma de manter Deus como refém. [...] Alimentada em excesso, a dúvida torna-se uma simples brincadeira de salão". Em meus estudos, percebi que no caso da maioria dos que duvidam a única maneira em que eles estão "mantendo a Deus" consiste em se *manterem agarrados à vida*, temendo que sua crença em Deus esteja lhes fugindo das mãos. E, embora alguns talvez estejam fazendo uma "brincadeira de salão", a maioria enfrenta uma batalha de vida e morte por suas crenças. Buchanan prossegue dizendo:

> Aqui está a falha básica de toda dúvida: nunca se pode satisfazê-la de fato. Prova nenhuma é jamais plena e cabalmente suficiente. A dúvida quer sempre consumir,

> jamais se consumar. Ela clama sem cessar por uma resposta, e assim sufoca qualquer resposta que se possa dar. Ela exige uma prova, mas põe em dúvida qualquer prova que se apresente. A dúvida, então, pode tornar-se um apetite desregrado; sua voracidade aumenta na medida em que tentamos satisfazê-lo.[1]

Eu mesma conheci poucas pessoas com esse tipo de dúvida, excetuando-se os casos envolvendo moços ou jovens adultos revoltados contra a fé de sua infância que simplesmente nunca foi fé. Para quem de fato creu ou viveu uma vida de fé, a dúvida raras vezes é algo que "quer sempre consumir", que "clama sem cessar por uma resposta"; poucas vezes é "um apetite desregrado". Não, de modo algum, não é isso. A maioria das pessoas tomadas por sérias dúvidas que conheci são pessoas em profunda aflição, pois querem desesperadamente manter-se na fé. Elas não "exigem provas"; ao contrário, agarram-se a qualquer coisa que as ajude a resistir um pouco mais. Com freqüência sentem uma profunda sensação da ausência de Deus: querem crer num Deus pessoal, mas enfrentam apenas o silêncio e a ocultação e um distanciamento infinito.

Ao ler a conclusão do artigo de Buchanan tive uma sensação da tristeza por aqueles leitores que estão lutando com suas dúvidas e que leram aquele texto em busca de ajuda. No caso de muitos que têm uma fé fraca, a argumentação de Buchanan pode atrasá-los ainda mais em sua luta com a constante dúvida. Ele conta, de segunda mão, a história de um homem que não se convence da verdade da ressurreição de Jesus, preferindo acreditar que "aqueles que viram o Cristo ressuscitado apresentavam um estado de consciência alterado". Buchanan não mostra nenhuma prova de que esse homem não fosse realmente sincero em sua dúvida, mas escreve sobre a descrença dele:

> Essa não é uma dúvida honesta. É algo muito diferente – dogma intelectual, agnosticismo doutrinário, teologia preconceituosa, Trivial Busca acadêmica. É a recusa de se convencer mesmo se alguém ressurgir dentre os mortos.
>
> Neste caso, prefiro sempre Tomé com sua dúvida.[2]

Tomé viu Jesus ressuscitado em carne e osso. O homem de quem fala Buchanan não o viu. E nós não sabemos se Tomé continuou lutando com dúvidas — é

[1] Mark BUCHANAN, "The Benefit of the Doubt", *Christianity Today*, 3 abr. 2000, p. 65.
[2] Idem, p. 67.

possível que o tenha feito pelo resto da vida. Eu admiro Tomé, mas meu coração pende a favor do homem descrito por Buchanan e com prazer caminharei com ele, embora ele talvez nunca venha a encontrar a "prova" para crer. Somente Deus é o juiz da "dúvida honesta". Não cabe a mim julgar o que acontece no coração de outra pessoa.

A resposta de Buchanan é uma abordagem mais *dura* do que aquela que eu adotaria, embora com certeza haja precedentes históricos e bíblicos para esse tipo de reação. De fato, alguns grupos religiosos, dos Amish aos Testemunhas de Jeová e Muçulmanos, tentariam *evitar* os que abandonaram a fé. É possível construir uma boa argumentação demonstrando que esse tipo de reação é eficaz não apenas como medida preventiva, mas também para levar os desertores a voltar à fé. Para muitos, o isolamento da família e dos amigos funciona como um fator de dissuasão muito eficaz.

Mas esse tipo de reação não mostra compreensão para com quem está sinceramente lutando com a dúvida e a descrença. Ela minimiza as verdadeiras preocupações e ignora as verdadeiras dificuldades enfrentadas por muitos dos discípulos, que acharam os ensinamentos de Jesus difíceis de entender: "Duro é este discurso; quem o pode ouvir?" (Jo 6:60). No entanto, quando essas questões são vistas em termos de vida e morte e destino eterno, algumas pessoas têm muita dificuldade para se manterem calmas.

Como *não* reagir aos que abandonaram a fé

A dificuldade em manter-se calmo e composto está demonstrada no caso de James e Allison (cf. Capítulo 11). Depois de eles abandonarem a fé, James recebeu uma carta de seu pastor, com o qual havia colaborado de perto como líder de grupo. Como deveria reagir um pastor a semelhantes revelações? Eu tento colocar-me no lugar desse pastor. No mínimo eu gostaria de começar a carta com uma afirmação de meu amor e minha amizade bem como com algumas palavras de apreciação pelos anos de serviço que James e sua mulher haviam dedicado à igreja. Eu tentaria, acima de tudo, ouvir — ouvir a história deles e tentaria compreender o que eles tivessem a dizer. Interagiria com eles, perguntando se estavam talvez exigindo demais de sua fé, por exemplo, esperando *provas* que a fé cristã nunca promete. Eu expressaria minha profunda decepção e, ao mesmo tempo, prometeria estar à disposição deles para ajudá-los durante esses tempos difíceis. Mas esses não são sentimentos que James percebeu nos parágrafos de abertura da resposta de seu pastor.

> Você não provou uma "Perda da fé". Você acreditou numa mentira (Romanos). Você é um homem inteligente, James, mas não é mais inteligente do que Jesus! Mesmo que você rejeite a Jesus como divindade, ele foi (segundo todos os relatos históricos) o mestre mais profundo e sábio que existiu. Ele ensinou que você deve temer a Deus. Você é um homem inteligente, mas provavelmente não é mais inteligente do que o rei Davi, o rei Salomão, Moisés, o apóstolo Paulo e outras figuras históricas que foram inteligentes o suficiente para acreditar em Deus. Você não constitui nenhuma novidade, James. Até Nabucodonosor travou uma batalha com o orgulho e a falsa crença de que Deus não existe. Ele recuperou o bom senso. Você é um homem inteligente, mas não é onipresente. Portanto,você não pode SABER que não existe nenhum Deus nalgum ponto do universo, pode? (Seja lógico!) Portanto, você não pode ser ateu. Ninguém que seja honesto, racional, lógico jamais reivindicaria para si a onipresença, exceto o próprio Deus. Você não está preparado para fazer uma reivindicação irracional como a do ateísmo, está? Na melhor das hipóteses, James, você talvez seja um agnóstico. [...] Você é um homem inteligente. Busque a sabedoria. Não seja como o tolo que disse em seu coração que Deus não existe! Você é um homem inteligente, James, mas você não é mais inteligente que Deus. Seja humilde sob sua poderosa mão! [...] Para mim será um privilégio e um gesto de amizade ajudar você a voltar quando estiver pronto.[3]

Respondendo a seu pastor, James refutou cada uma das acusações e concluiu enfatizando novamente como fora penosa essa luta. "A perda da família da igreja foi a parte mais dura para Allison. É uma lástima que o cristianismo seja pequeno demais e não possa conviver com ex-crentes que rejeitaram a fé baseados no conhecimento da fé." Ele depois indaga se a igreja é realmente uma "igreja para os excluídos da igreja".

A resposta à pergunta de James é esta: *Sim, a igreja é para "os excluídos da igreja"*. Especialmente para aqueles que, na comunidade dos crentes, estão lutando com a dúvida e a descrença. No caso de James e Allison, as coisas poderiam ter sido diferentes se aqueles a seu redor houvessem mostrado mais compreensão e menos irritação. Mas como reagimos precisamente em relação aos que têm uma fé hesitante ou àqueles que acham que perderam a fé? É essencial que comecemos

[3] James BRUCKNER, "The Anguish of Losing Faith" (2000) Institute for First Amendment Studies, <http://www.ifas.org/wa/bruckner.html>.

supondo que a luta deles é genuína — não presumindo que eles são insinceros ou desonestos — e que conseqüentemente tenhamos compreensão, tendo em mente os seguintes fatores:

- A verdade ou falsidade do cristianismo não é *comprovada* por argumentos racionais.
- O elemento do mistério na fé deveria ser celebrado, não evitado.
- A dúvida e a descrença são componentes naturais da fé.
- Os mais experientes na fé devem ser sinceros sobre suas experiências com a dúvida.
- A fé é um esforço coletivo que implica comunidade e serviço.

Eu preparei essa pequena "lista" a partir de numerosas fontes, mas dos textos que estudei a fonte que apóia essas idéias do modo mais eficaz é a correspondência de Flannery O'Connor.

Flannery O'Connor: sobre a dúvida e a descrença

A célebre ficcionista Flannery O'Connor (1925-1964) apresenta profundas percepções sobre a crença e a descrença em sua extensa correspondência pessoal. Não se trata de uma apologista que procura convencer alguém a voltar à fé. Fé é fé, e nunca há evidências ou provas suficientes para trazer alguém que exija provas de volta para a fé. Isso não significa dizer que obras apologéticas — clássicas ou contemporâneas — não ajudem muita gente. Mas, a quem exige provas, O'Connor apresentaria uma abordagem muito diferente.

Sua "preocupação mais grave", escreveu ela a um conhecido, era "o conflito entre a atração pelo que é Santo e a descrença disso que respiramos na atmosfera de nosso tempo". Embora ela fosse às vezes criticada pela violência presente em seus romances e contos (especialmente no conto "A Good Man Is Hard do Find" [É difícil encontrar um homem bom]), ela era uma católica romana dedicada que não apresentava desculpas por sua fé cristã:

> Eu enxergo do ponto de vista da ortodoxia cristã. Isso significa que para mim o sentido da vida está centrado em nossa redenção por Cristo, e o que vejo no mundo eu o vejo em relação a isso. Não creio que essa seja uma posição que se possa assumir

pela metade ou que seja particularmente fácil mostrá-la de forma transparente na ficção de nosso tempo.[4]

O'Connor correspondeu-se com gente que lutava com a dúvida e a descrença e foi em suas cartas que ela construiu seus melhores "argumentos" em defesa da fé. A Louise Abbot confessou o "tormento" que as dúvidas causavam a ela — e a todos os que realmente queriam crer. Falou da dúvida como sendo o maior sofrimento que se pode suportar, mas esse sofrimento é parte do custo da religião. Muita gente, insistia ela, "pensa que a fé um grande cobertor elétrico, quando naturalmente ela é a cruz". O'Connor percebeu que a cruz faz pouco sentido para quem luta com a dúvida, mas ressalta que "essas coisas são mistérios e que se [...] pudéssemos entendê-los, eles não mereceriam ser entendidos: Mas no final o conselho que ela dava era simplesmente realizar um exercício de vontade: "Se você sente que não pode crer, deve pelo menos fazer o seguinte: mantenha um mentalidade aberta. Mantenha a mente aberta para a fé, continue querendo-a, continue pedindo-a, e deixe o resto por conta de Deus".[5]

Fé "como as marés de um oceano invisível"

Em julho de 1955, O'Connor começou uma correspondência com uma mulher que até então não conhecia, com quem criaria uma profunda e íntima amizade. Nessa mulher, que também era escritora, O'Connor encontrou alguém "que enxerga meu trabalho como eu tento mostrá-lo", e a mulher encontrou em O'Connor uma "escritora que tinha consciência de Deus e estava perto dela". Quando as cartas de O'Connor foram reunidas e publicadas após sua morte, essa mulher pediu para permanecer no anonimato. Ela é identificada apenas como "A". Em janeiro de 1956, seis meses depois do início do relacionamento, O'Connor escreveu para A. que estava lhe enviando o livro *The Church and the Modern Man* [A igreja e o homem moderno], que trata de coisas como "dogma e livre-arbítrio". Ela prosseguiu dizendo: "Tenho muitos livros que talvez possam lhe interessar, mas não os quis mostrar porque achei que eram 'católicos demais' e eu não quis que você pensasse que eu estava enfiando-lhe a Igreja goela abaixo". Em maio de 1956, menos de um ano após

[4] Sally & Robert FITZGERALD, *Flannery O'CONNOR: Mystery and Manners*, p. 32.

[5] Flannery O'CONNOR, *The Habit of Being*, org. Sally FITZGERALD, New York, Farrar Straus Giroux, 1979, p. 353-354.

o início do relacionamento delas, A. decidiu aderir à Igreja Católica, e O'Connor escreveu: "Terei muito prazer de ser sua madrinha de crisma".[6]

O'Connor foi madrinha de sua amiga, mas esse compromisso religioso teve vida breve. Em 1958, A. começava a decepcionar-se com a igreja, como fica evidente na resposta de O'Connor aos questionamentos dela:

> Toda a sua insatisfação com a igreja me parece derivar de uma compreensão incompleta do pecado. [...] Você está pedindo que o homem volte imediatamente ao estado no qual Deus o criou; você está excluindo o terrível orgulho radical da humanidade que causa a morte. [...] A Igreja está fundada sobre Pedro que negou a Cristo três vezes e não conseguiu caminhar sobre as águas por si só. Você espera que seus sucessores caminhem sobre as águas.[7]

No verão de 1961 A. já havia decidido deixar a igreja. O'Connor garantiu-lhe que não a tinha em menor estima por essa decisão. Mas ela também expressou sua grande mágoa. A. era certamente quem saía perdendo e, como amiga, O'Connor estava profundamente condoída pela perda que descreveu como "um estreitamento da vida para você e uma diminuição do desejo de viver". Lembrou à amiga que, embora a fé seja um dom, ela é também um ato da vontade, e sua perda é "basicamente uma falta de apetite, assistida pela esterilidade do intelecto". Eram palavras duras, e O'Connor não parou ali: "Algumas pessoas, ao perderem a fé em Cristo, passam a ter uma fé inflada em si mesmas". Ela insistiu, porém, que não estava acusando A. dessa atitude. Prosseguiu lembrando-a de que a fé tem altos e baixos — "como as marés de um oceano invisível" — e que deixar a igreja durante uma maré baixa não é a solução. "Tudo o que posso lhe sugerir, na qualidade de quem foi sua madrinha, é que você tente encontrar em si mesma um mínimo resquício de desejo de crer, que volte para a igreja com um coração leve e sem a dor na consciência a que provavelmente está sujeita agora."[8]

A descrença faz parte da fé

Uma das cartas mais profundas de O'Connor sobre a fé foi endereçada a um estudante universitário. É uma carta que deveria ser copiada por pais e amigos cristãos

[6] Idem, p. 133-134, 154.
[7] Idem, p. 307-308.
[8] Idem, p. 451-452.

e passada a jovens adultos que lutam com dúvidas e a descrença. É uma carta que professores cristãos do ensino médio e superior deveriam ter na ponta da língua — para si mesmos e para seus alunos.

Para Alfred Corn, 30 de maio de 1962.

> Eu acho que essa experiência que você está tendo de perder a fé ou, como você acredita, de tê-la perdido, é uma experiência que, a longo prazo, faz parte da fé. [...] Eu simplesmente não sei como o tipo de fé que se exige de um cristão do século XX simplesmente pode existir se não estiver fundamentada na experiência que você está tendo neste exato momento de descrença. [...]
>
> Como calouro na universidade você é bombardeado com novas idéias. [...] Depois de um ano assim você acha que não pode crer. Você está apenas começando a entender como é difícil ter fé e qual é a medida de um compromisso de fé, mas você é jovem demais para decidir que já não tem fé simplesmente porque sente que não pode crer. Provavelmente a única maneira de sabermos se cremos ou não é através daquilo que fazemos, e pela sua carta eu acho que você não vai escolher o caminho da menor resistência nesse assunto e simplesmente decidir que perdeu a fé e não há nada que você possa fazer sobre isso.
>
> Uma das conseqüências da estimulação de sua vida intelectual que ocorre na faculdade é geralmente um encolhimento da vida imaginativa. [...] Todavia, as dificuldades intelectuais devem ser encaradas, e é provável que as enfrente pelo resto da vida. [...] Se você quer a sua fé, vai ter de trabalhar por ela. É um dom, mas para bem poucos é um dom que não exige um tempo equivalente dedicado ao seu cultivo. Para cada livro anticristão que você lê, considere seu dever ler outro que apresenta a visão oposta do problema.[9]

Ser vulnerável com os vulneráveis

Qual é a melhor forma de reagir àqueles que abandonaram a fé? Essa pergunta foi para mim um desafio durante a elaboração deste livro. Afinal, este estudo não estaria completo se não tratasse com seriedade da questão do *retorno à fé* e não contasse histórias de como isso às vezes acontece.

[9] Idem, p. 476.

Na qualidade de cristã reformada que leva a sério a doutrina da soberania de Deus, eu talvez tenha, em meu papel de evangelizadora ou mentora ou amiga, mais motivo para relaxar do que aqueles que enfatizam o livre-arbítrio e a responsabilidade humana pela salvação das almas — ou pela recondução dos desertores de volta à comunidade de fé. Se dependesse de mim, eu tenderia a assumir a responsabilidade e tentaria agir. Sou impaciente. Quando uma reunião está marcada para iniciar às 2 horas, é provável que às 2h5 eu comece a protestar indagando quem vai dar início às atividades. Tenho de controlar-me para não interferir demais na vida de meu filho. Assim, minha inclinação natural é trabalhar e levar a bom termo a tarefa começada.

Mas interagindo com quem abandonou a fé, minhas bases teológicas e a experiência pessoal me aconselham a recuar — a ater-me mais ao carinho do que ao comando, ouvindo mais e falando menos. Assim, preciso controlar a tendência que tenho a interferir ou provar que meu jeito é o certo. Todavia, há ocasiões em que uma pessoa é convencida a aceitar a fé. Em *Letters from a Skeptic* [Cartas de um cético], por exemplo, Gregory Boyd, que é ministro e professor de seminário, sistematicamente apresenta a seu pai suas razões para acreditar. O livro inclui as cartas deles — as perguntas do pai e as respostas do filho — mas o leitor sabe desde o prefácio o que vai acontecer:

> Excepcionalmente inteligente, muito cético, muito teimoso e com setenta anos de idade — seria possível achar um candidato mais improvável que meu pai para uma conversão? Ele me dera poucos motivos para ter esperança. Meu pai nunca mostrou nenhuma abertura para o evangelho. Ele alimentava apenas ressentimento para com a igreja e era muito direto em seu rancor contra quem ele chamava de "gente que nasceu de novo". As poucas conversas que eu e ele tivemos sobre a fé durante os catorze anos em que eu fora um cristão até o início de nossa correspondência tinham todas sido meio estranhas, muito breves e totalmente fúteis. Falando com muita franqueza, eu praticamente havia perdido a esperança de ver sua salvação.
>
> Contudo, a partir de março de 1989 me senti fortemente levado pelo Senhor a tentar mais uma vez partilhar a fé cristã com meu pai, dessa vez não conversando cara a cara, mas por meio de cartas. [...] Para minha surpresa, ele aceitou o convite. Quase três anos e trinta cartas depois que nossa correspondência começou, Edward K. Boyd fez de Jesus o Senhor e Salvador de sua vida, no dia 15 de janeiro de 1992.[10]

[10] P. 9.

Lendo as cartas, eu muitas vezes tomei o partido do pai, que levantou algumas perguntas muito ponderadas, e eu me perguntava como as respostas de seu filho iriam realmente trazê-lo para a fé como fora prometido no prefácio do livro. Se eu tivesse de identificar um momento decisivo na correspondência, seria depois da metade do livro. Aqui seu pai se torna muito pessoal:

> Por que Deus nos coloca numa posição em que precisamos *tentar* crer nele? [...] O que há de tão grande na "fé" para ele desejá-la mais que uma *óbvia* revelação de si mesmo? E quando ele se revela — supostamente na Bíblia — ele faz tantas coisas malucas e esquisitas que não dá para esperar que alguém que não estava presente para ver possa acreditar. No entanto, pressupõe-se que a "salvação" dependa disso![11]

Na carta-resposta, o filho se afasta de sua costumeira apologética e inclui na carta uma confissão muito honesta que talvez tenha ajudado seu pai a romper a barreira da descrença, pelo menos em seu subconsciente, embora a resposta que lhe deu o pai não indique necessariamente isso: "Receio que eu não posso simplesmente 'suspender' meu julgamento no caso de todas as histórias da Bíblia. Para mim, o cristianismo se mantém de pé ou cai por terra como um todo". Em resposta, o filho admitiu sua própria luta para crer. E, tendo seu pai consciência disso ou não, essas palavras talvez tenham sido as primeiras que realmente os uniram em sua peregrinação religiosa.

> Ao longo de minha graduação houve várias ocasiões em que minha fé esteve em perigo. Eu encontrava novas provas ou novas perspectivas que pareciam contradizer aquilo em que eu acreditava. E por um certo tempo minha fé evangélica ficava numa espécie de "estado de suspensão". Na verdade, para ser totalmente honesto com o senhor, ainda sinto essa 'suspensão'. [...] Portanto, não se deixe enganar pela minha aparente certeza durante nosso diálogo. Sou certamente um cristão convicto. [...] Mas a fé nunca foi fácil para mim também. Eu me vi e me ouvi em todas as páginas de suas cartas.[12]

Esse é o tipo de confissão que muitas vezes fala mais alto quando interagimos com quem nunca acreditou ou com quem abandonou a comunidade da fé. Muitos

[11] Idem, p. 119-120.
[12] Idem, p. 121-122.

dos que se afastam da fé agem correndo um grande risco e depois de considerável investigação, ponderação e confusão interior. Nosso esforço de trazê-los de volta para fé por meio da argumentação muitas vezes os leva a esforçar-se mais para desafiar o cristianismo e sustentar a própria descrença. Às vezes precisamos deixar de lado nossos argumentos e revelar nossa vulnerabilidade.

O evangelho é convidativo?

Quando ponderamos o fenômeno de gente que abandona a fé, precisamos olhar para nós mesmos e perguntar o que há no evangelho, em nosso próprio testemunho, em nossa comunidade de fé, que deixa de ser atraente. Eu preciso perguntar o que deixa de ser atraente em mim como cristã em minha comunidade de fé. "Eu gosto do Cristo deles", ponderava Mahatma Gandhi, mas "não gosto de seus cristãos". Friedrich Nietzsche formulou a objeção de um modo um pouco diferente: "Eu acreditarei no Redentor quando o cristão parecer um pouco mais redimido".[13]

Por que as pessoas abandonam a fé? Por que os descrentes não são atraídos para minha igreja? Que há no cristianismo — tal qual ele é representado em minha cultura — que o torna tão pouco atraente para tantas pessoas? Agimos bem quando levamos muito a sério o humor de Walker Percy:

> Veja os cristãos. Estou cercado por eles. Geralmente são gente simpática e agradável. [...] Mas se eles detêm a verdade, por que é que eles são repulsivos na mesma proporção em que abraçam e divulgam a verdade? A gente poderia até tornar-se cristão se houvesse menos cristãos por aí. Você já viveu no meio de quinze milhões de batistas do sul? [...] Um mistério: Se a Boa-Nova é verdadeira, por que ninguém gosta de ouvi-la?[14]

O que disse Percy é muito compreensível, apesar da possível rápida resposta de muitos cristãos dizendo que a "Boa-Nova" nunca foi necessariamente agradável aos ouvidos — que ela naturalmente parece ser, segundo a própria Escritura, "loucura" e "escândalo". Mas será possível ter as duas coisas, ter um Evangelho da cruz tão convincente que atraía as pessoas, ter o tipo de mensagem que Percy está

[13] Lee Strobel, *Em defesa da fé*.
[14] *The Second Coming*, p. 188.

procurando? Quando penso em minha peregrinação religiosa pessoal, vejo-me anos atrás como um dos cristãos de quem Percy está falando — "repulsiva" na exata medida em que eu estava abraçando e divulgando a verdade. Se eu tivesse conseguido ser mais tranqüila e menos preocupada com minha própria importância, é possível que eu fosse menos repulsiva.

Quando o foco incide sobre Deus e não sobre si mesmo — não sobre o próprio testemunho exterior, mas também sobre a identidade interior — creio que diminui a probabilidade de alguém ser repulsivo. Com demasiada freqüência a mensagem do Evangelho se confunde com a agenda pessoal. Embora seja verdade que os cristãos devam ter uma certa sensação de propriedade em relação à mensagem do evangelho, há outra sensação de que o Evangelho não pode ser propriedade de ninguém. Trata-se antes de uma verdade divina que eu tento refletir em palavras e atos. Roy Berkenbosch refere-se a esse ideal em seu retrato idealista dos cristãos reformados:

> Os cristãos reformados sentem-se atraídos pela visão bíblica de um Deus dispensador da graça. Deus tem boas intenções para com a humanidade... que nunca são interrompidas por nossa incapacidade de merecê-las. [...] A grande bênção aqui é que podemos descansar. Não preciso levar-me demasiadamente a sério desde que lembre como Deus me leva a sério. O reino de Deus virá em todo o seu esplendor esteja eu no esquema ou não, uma vez que ele não é produto de mãos humanas. Tem pouco a ver com o fato de eu me sentir espiritualmente elevado, de eu contemplar devidamente os mistérios divinos ou até mesmo de eu observar com fidelidade as disciplinas espirituais. O Evangelho diz respeito ao que Deus fez e continua fazendo, não às nossas ações.[15]

Humildade e honestidade em questões de fé

Como devem então reagir aos cristãos àqueles que abandonaram a fé? Às vezes a atitude de uma reação é mais importante do que a reação em si. Espero que meu comportamento seja, primeiro e acima de tudo, um comportamento de humildade e honestidade. Eu simplesmente não tenho todas as respostas e entendo por que tanta gente veria as respostas que tenho como conversa fiada. Às vezes eu mesma

[15] "Reformed Theology 101: What Being Reformed Is All About", *The Banner*, 14 fev. 1999, p. 17.

penso assim. Isso não significa que eu não tenha fortes sentimentos de crença e não goste de acalorados debates, mas quando isso ocorre, eu estou interagindo com outros num espírito de troca mútua em oposição à atitude de superioridade que já tive — uma atitude que não é fácil disfarçar.

Juntamente com a humildade há um profundo sentimento de minhas limitações, sobretudo quando se trata de converter alguém ao cristianismo. Assim, posso envolver-me num diálogo significativo sobre questões de fé com minha amiga agnóstica Judy Kupersmith sem achar que sou responsável por trazê-la de volta à fé. Isso fica nas mãos de Deus. Sou aberta e honesta com ela no que se refere às minhas dúvidas e descrenças, sabendo que essas confissões não ferem a reputação de Deus. E posso desejar-lhe "Boa Páscoa", usando minhas palavras preferidas: "Cristo ressuscitou. Ressuscitou de fato", e sei que ela as receberá de mim sem achar que estou tentando enfiar-lhe minha fé goela abaixo. Meu amor por ela e minha amizade não dependem de ela fazer ou não uma profissão de fé.

Quando estou com a Judy, não fico pensando sobre o que deveria dizer para convencê-la da verdade do cristianismo ou o que deveria fazer para mostrar-lhe aquela verdade. Prefiro simplesmente desfrutar de nossa companhia mútua — e posso dizer com certeza que o sentimento é recíproco. Nossa amizade, uma amizade entre uma cristã e uma agnóstica, é sob alguns aspectos incomum, em especial porque muitas vezes discutimos crença e descrença. Para Judy, eu sou aquela pessoa que entende sua própria herança fundamentalista — aquela que ouve sem se sentir ameaçada pela crítica e até mesmo pela zombaria dirigida a sua herança cristã legalista.

Eu levo a sério o desafio de Percy: que o escândalo do Evangelho não está na mensagem e sim no mensageiro. Pode parecer um objetivo modesto, mas confio que de algum modo, mediante a graça de Deus, eu possa refletir a mensagem evangélica sem repelir outras pessoas — especialmente quando estou interagindo com aqueles que abandonaram a fé.

14 Histórias reais sobre o retorno à fé

Percebo que minha recuperação foi grandemente incentivada pelo amor, compreensão e apoio daqueles que me cercam. Mas também devo agradecer a muitos amigos desconhecidos que passaram antes de mim e me deixaram seu testemunho para alumiar meu caminho escuro.
Anne Morrow Lindbergh

Revendo os capítulos anteriores, percebo que há neles mais histórias sobre homens do que sobre mulheres. Os temas que escolhi por acaso determinaram isso. Assim, não preciso dar explicações para este capítulo que, explorando as lutas e dificuldades — e também a vitória — na descoberta da fé, apresenta três mulheres. Embora eu nunca tenha conhecido essas mulheres pessoalmente, vim a conhecê-las por meio de seus escritos. Elas são "amigas" minhas e refiro-me a elas pelo primeiro nome: Kathleen, Madeleine e Annie. Kathleen e Annie são minhas contemporâneas. Nós sobrevivemos à adolescência no final da década de 1950 e estudamos em faculdades mistas na década seguinte. Madeleine é da geração de nossas mães. Mas, em meu caso, a amizade sempre abrangeu gerações, em especial pelo fato de eu ter feito amigos — vivos e mortos — por meio da leitura.

Este não é um capítulo sobre apologética e provas a favor de Deus capazes de levar alguém a crer a partir de um roteiro racional. Livros desse tipo já foram escritos. Aqui estão histórias de mulheres (embora seu apelo nada tenha a ver com gênero) que encerram mais emoção que argumentos racionais, mais mistério que certezas e às vezes mais humor do que solenidade. São histórias de descoberta da fé bem como histórias de retorno à fé — histórias que servem igualmente para o crente e para o descrente. Nenhuma das personagens dos dramas abaixo *chegou* ao fim da viagem. Elas estão em trânsito, enfrentando desvios, congestionamentos, acidentes e panes, estudando os mapas rodoviários e buscando o mesmo destino. Eu também estou nessa viagem, socorrendo-me de suas anotações sobre pontos de referências e orientações lançadas no papel.

Uma confissão da "Maravilhosa Graça"

Um dos meios mais eficazes de evangelizar é o da confissão. De fato, uma confissão em forma de narrativa, imersa na humildade, é muito mais eficaz que o debate. Uma confissão nesse estilo que me desafiou em minha jornada de fé é a autobiografia de Kathleen Norris intitulada *Amazing Grace* [Maravilhosa graça]. Nessa obra ela fala de seu lento retorno à igreja depois de ficar afastada por muitos anos. "Sempre que eu preenchia um formulário exigindo a declaração de minha afiliação religiosa, eu escrevia 'nenhuma'." Seu retorno aconteceu aos trancos e barrancos, e mesmo na conclusão de seu livro ela não deixa transparecer um ar de confiança. Sua peregrinação é incerta, como ela acha que deve ser. No prefácio ela escreve:

> Se este livro é de certa forma minha "realização" como cristã, eu devo lembrar ao leitor (e a mim mesma) que essa não foi uma conclusão antecipada quando comecei a escrevê-lo. Na melhor das hipóteses, parecia-me improvável que eu acabasse encontrando um lugar para mim dentro da tradição religiosa de minha herança. Em meus livros anteriores, *Dakota* e *The Cloister Walk* [Passeio no claustro], contei a história da mudança que fiz com meu marido, David, deixando a cidade de Nova York, onde eu havia trabalhado por seis anos depois de me formar na faculdade em Vermont, para voltar a meu lar ancestral no estado de Dakota do Sul. Meus quatro avós haviam-se deslocado para esse estado no tempo da cessão de terras pelo governo na qualidade de professores, doutores e ministros metodistas. Desde 1974, moro numa casa onde minha mãe se criou e, para minha surpresa, descobri que a volta às raízes acabou sendo em parte uma reconciliação com minha herança religiosa. Em 1985, entrei para a igreja presbiteriana de uma pequena cidade, igreja que eu freqüentara esporadicamente desde a mudança para o Dakota do Sul.[1]

Lendo *Amazing Grace*, comecei a identificar-me com Kathleen. De fato, temos alguns "amigos" em comum — particularmente uma poetisa do século XIX. "Eu me amarrei em Emily Dickinson", escreve Kathleen. Também aprecio sua fala direta e seu jeito reconfortante de ver a vida. Ela é feminista, mas aprecia a versão autorizada da Bíblia apesar de sua linguagem não-inclusiva e do fato de a Oração do Senhor começar com "Pai Nosso". O tema de *Amazing Grace* é a recuperação da herança religiosa. "A herança humana é uma bênção e, ao mesmo tempo, uma maldição",

[1] P. 6.

escreve ela. "Minha herança, minha história, é a de alguém que é cristã protestante, metodista, congregacional e presbiteriana. [...] Agora me alegro por poder identificar-me como uma cristã comum. [...] Tem sido uma jornada cheia de vida. Eu sou a pessoa que partiu, muito tempo atrás, e não sou absolutamente a mesma."[2]

A história de Kathleen que abandonou a comunidade cristã no seio da qual se criara é dessas que se repetiu inúmeras vezes: "Apesar de eu ter amado a igreja na infância, achei que foi surpreendentemente fácil abandonar tudo aquilo quando entrei na faculdade". Mas mesmo antes dos anos passados no curso superior, ela tivera um "estonteante primeiro encontro com o iluminismo e as filosofias humanistas modernas." Aos dezesseis anos, sua fé começou a vacilar. "Uma dose de iluminismo, um pouco de Bertrand Russell, uma grande quantidade de Marx, uma pitada de Camus, e lá se foi Deus."[3]

Todavia, o que torna sua história diferente de tantas outras é que ela não atesta a perda da fé. Depois de passar um tempo com os beneditinos, lá pelos 35 anos de idade, Kathleen começou a "reconhecer que a conversão religiosa estivera viva dentro de mim durante os anos em que eu teria afirmado não ter absolutamente nenhuma religião". Mais uma vez ela atesta: "Comecei a entender que Deus não me perdera mesmo se eu durante anos parecia tê-lo posto no lugar errado". Falando de Deus, ela cita Catherine M. La Cugna: "A gente encontra a Deus porque Deus já encontrou a gente. Qualquer coisa que encontrássemos sozinhos não seria DEUS".[4]

CRENÇA, DÚVIDA E SAGRADA AMBIGÜIDADE

Um dos aspectos mais úteis do livro de Kathleen é sua luta honesta para crer. Num capítulo intitulado "Crença, dúvida e sagrada ambigüidade", ela apresenta conselhos e palavras de sabedoria para quem acha que a crença está fora de seu alcance. Ela ressalta que a palavra *crença* é muitas vezes mal entendida:

> Descobri que minha formação, até mesmo a formação religiosa, deu-me um sentido inadequado e falho de crença religiosa identificada com uma espécie de suspensão do intelecto. [...] No entanto, eu conhecia religiosos que eram psicólogos, matemáticos e cientistas. Assim, eu tinha de supor que a crença religiosa estava simplesmente além de meu alcance. Outros a possuíam, eu não. E por muito tempo, mesmo atraída

[2] Idem, p. 22-25.
[3] Idem, p. 41, 258.
[4] Idem, p. 41-42, 104.

> pela igreja, eu estava convencida que aquele não era meu lugar, porque minhas crenças não eram completamente sólidas, assentadas sobre pedras.[5]

Foi por meio de seu relacionamento com monges beneditinos que Kathleen começou a fazer as pazes com suas dúvidas e a descrença. Eles se preocupavam muito menos que ela com essas dúvidas. "Pareciam crer que se eu simplesmente continuasse voltando para os serviços religiosos, continuasse voltando para casa, as coisas no fim se ajustariam." Mas que ela continuaria "voltando para os serviços religiosos" não foi uma conclusão antecipada. Ela usa um flagrante eufemismo quando admite que para alguém "angustiado com questões de crença e dúvida o serviço religioso pode tornar-se impossível". No caso dela ele não era apenas impossível, mas o simples esforço de voltar às vezes desencadeava uma depressão que durava dias.[6]

O que aparentemente mais ajudava era *lembrar*, lembrar sua infância — as histórias da Bíblia, a crença em Deus e as manhãs de domingo cantando na igreja. É nesse ponto que eu mais me identifico com Kathleen. A história dela é também a minha. Essas foram "as grandes alegrias" de sua infância. "Mas se eu tivesse de achar uma única palavra para descrever como a crença começou a arraigar-se em mim", escreve ela, "a palavra seria 'repetição'". A repetição das palavras do hino *Maravilhosa Graça* e as dos credos, salmos e das narrativas da Bíblia, tudo isso serviu para ajudar sua fé cristã.[7]

Mas mesmo enquanto absorvia a herança religiosa da infância, ela não esteve livre da dúvida e da descrença. Sentia-se às vezes tentada a abandonar inteiramente a luta. Sua resolução veio do que poderia parecer uma situação improvável — com a qual eu facilmente me identifico como escritora *e* crente.

> Eu evocava as sábias palavras de William Stafford, que certa vez disse que nunca provou o bloqueio do escritor, porque quando um poema não vinha ele simplesmente reduzia seu padrão de expectativas e aceitava qualquer coisa que viesse. Assim, eu reduzia minhas expectativas. [...] Felizmente, crer, assim como escrever, é mais um processo do que um produto, e não é, rigorosamente falando, uma atividade voltada para um objetivo. Não há limite de tempo.[8]

[5] Idem, p. 62.
[6] Idem, p. 63-64.
[7] Idem, p. 64.
[8] Idem, p. 66.

Mas se ela reduziu seus padrões para a crença, parecia razoável que também devesse reduzir seus padrões para a descrença: "Talvez meu avanço mais importante a respeito da crença tenha acontecido quando aprendi a ser tão conscientemente cética e inquisitiva sobre minha descrença quanto o era sobre minha fé florescente".[9] Kathleen, que se manteve afastada da igreja por quase vinte anos, está habilitada a falar da descrença de um jeito que desafia outros "desertores" a contemplar sua própria situação. Refletindo sobre a apostasia, "o abandono individual da fé religiosa", ela escreve:

> Há um certo orgulho inerente à apostasia, que muitas vezes se manifesta como uma fé extraordinária em si mesmo, como quem dissesse: "Só eu sei o que é certo para mim". Professores, tradições, histórias da família e as crenças da multidão comum, tudo é suspeito; a suspeita, em vez da confiança, é o que define o apóstata. E define nossa época. O indivíduo está só, uma igreja de um só, convencido de que ele ou ela está livre da tirania de qualquer credo ou dogma. [...] Se eu tivesse de apresentar um sinônimo para apostasia [...] o termo é simples vaidade.[10]

Raízes

Por que a história de Kathleen Norris impressiona os que abandonaram a fé? Talvez a razão principal seja sua ênfase na tradição, nos ancestrais e nas raízes. Na apostasia, "o indivíduo" está só. Mas, na volta à fé, há o reconhecimento da necessidade da comunidade, e muitas vezes essa comunidade inclui a própria família, tanto os vivos quanto os mortos. Isso aconteceu com Kathleen:

> O medo não é um ponto ruim para começar uma jornada espiritual. [...] [Para mim] ele significou fazer as pazes com meus ancestrais metodistas: eu já não os ignoro, mas respeito seu poder.
>
> A conversão significa começar com quem somos, não quem gostaríamos de ser. Significa saber de onde viemos. [...] E isso é o que espero ter feito, começando com meu retorno ao estado de Dakota. O caminho de minha salvação talvez contenha alguns elementos "nativos", por causa da atmosfera da terra onde moro e porque entendo que minha fé provém de minhas avós. [...]

[9] Idem, p. 66-67.
[10] Idem, p. 202-203.

> [Para mim] foi uma surpresa desagradável o fato de que meus antepassados me trouxeram de volta à igreja. Continua me surpreendendo o fato de que a igreja é para mim uma fronteira nova e velha. E tanto me assombra quanto me deleita que o regresso às pastagens do Dakota me tenham levado à fronteira religiosa onde o novo crescimento religioso se alimenta de algo muito antigo: a tradição monástica beneditina de 1.500 anos.[11]

Nessa área de fazer as pazes com a tradição pessoal, Kathleen se dirige com particular familiaridade e entendimento de causa a quem abandonou a fé. Alguns têm boas lembranças da fé da infância e de todos os rituais que a acompanharam, ao passo que outros podem ter muito mais lembranças negativas que positivas. Kathleen serve de exemplo tanto na afirmação quanto no reconhecimento de sua tradição e de sua busca de um novo entendimento da fé.

Passo a passo... percorri meu caminho de volta à igreja

Para Kathleen, fé e comunidade andam junto. Ela absorveu o conceito de comunidade do mosteiro beneditino e o remodelou em sua própria comunidade religiosa ancestral de sua igrejinha presbiteriana numa pequena cidade do Dakota do Sul. A igreja é a comunidade da crença *corporativa*. A crença e a espiritualidade individuais são parte da trama do tecido da fé, e os fios mais fracos são protegidos pela sobreposição de laços e nós que prendem a fé com firmeza. No entanto, sempre existe um cuidadoso equilíbrio: quando um número exagerado de fios se desgasta pela infidelidade e pelo fracionamento, o tecido se desintegra. Mas o ideal é uma comunidade com uma firme trama de fé; aqui buscamos o verdadeiro culto comunitário.

> O culto comunitário é algo de que preciso; é uma experiência, não uma filosofia, nem sequer uma teologia. Seja qual for o grau de minhas dúvidas, o culto está à minha disposição, é só querer. Para mim parece um milagre que em nossa cidadezinha sem graça nós possamos nos reunir para cantar alguns dos mais belos hinos, refletir sobre a vida, ouvir algumas maravilhosas leituras (e talvez um sermão chato; o risco existe), fazer algumas orações e receber uma bênção. [...]

[11] Kathleen Norris, *Dakota: A Spiritual Geography*, p. 130-131.

> Passo a passo... percorrendo meu caminho de volta à igreja, comecei a descobrir muitas coisas que os modernos supõem irrelevantes: o ano litúrgico, a liturgia das horas, a Encarnação como uma realidade cotidiana são de fato essenciais para minha identidade e sobrevivência. Não estou negando o passado, ou tentando trazê-lo de volta, mas estou procurando em minha herança o que a teóloga Letty Russell denomina "um passado útil".[12]

As confissões de Crosswicks

Quando, muitos anos atrás, li pela primeira vez os *Crosswicks Journals* [Diários de Crosswicks], percebi que havia descoberto na autora um espírito semelhante ao meu. Grifei os livros e tirei deles muitas citações usadas em aulas e palestras. Mas agora, tendo a oportunidade de reler esses volumes, percebo coisas que anos atrás passaram despercebidas. Madeleine L'Engle é primeiramente mãe e, em segundo lugar, escritora, professora e palestrante (que muitas vezes faz palestras no Wheaton College e em outras escolas cristãs). Foi em seu desempenho dessas atividades e em sua perspectiva de vida que me identifiquei com ela. Agora, porém, descobri que ela, como eu, também foi comerciante: ela administrava um armazém com o marido. Meu estabelecimento é uma loja de plantas e flores que montei com meu filho. Ela escreve que "em suas leituras de Schopenhauer atrás do balcão, ou escrevendo num diário entre fregueses, ela deve ter parecido um tipo muito estranho para quem entrasse em nosso estabelecimento".[13] Eu também escrevia nas páginas de meu diário no meio de fregueses; ela e eu com certeza fazemos parte de uma espécie de comerciantes em extinção, desses que lêem Schopenhauer atrás do balcão.

Como Kathleen, Madeleine escreve de modo direto sobre sua luta para crer. Depois de um longo percurso em sua peregrinação de fé, ela confessou a sua amiga Luci Shaw que vinha vivendo com "uma sensação de ausência de Deus".[14] Esses sentimentos fizeram parte de seu estilo de vida desde os primeiros esforços para crer e continuaram durante o percurso de sua jornada.

No começo de sua viagem, seu raciocínio era mais pragmático do que "espiritual". Ela freqüentara a igreja na infância, mas "desde a crise de fé [...] que tantas

[12] Idem, p.133.
[13] *A Circle of Quiet*, p. 76.
[14] Luci Shaw, *God in the Dark: Through Grief and Beyond*, p. 265.

vezes acontece na faculdade, eu raras vezes havia atravessado o limiar da porta duma igreja onde acontecia um serviço religioso". Isso foi antes de ela se tornar mãe.

> Mas quando nasceram nossos filhos, duas coisas se deram ao mesmo tempo. Purificamos nossa linguagem. [...] E descobrimos que não queríamos que eles crescessem num mundo centrado no homem, do qual Deus era excluído. [...] De repente lá estava eu explicando ao jovem ministro que eu não acreditava em Deus, "mas descobri que não posso viver como se não cresse nele. Desde que me baste dizer que tento viver como se cresse em Deus, eu gostaria muito de freqüentar a igreja — se o senhor me permitir".
>
> Assim, tornei-me regente do coro. Minha avó era a organista. [...] Ela andara chateada porque a igreja estava por tanto tempo sem um coro. [...] Talvez eu não cresse em Deus. [...] Talvez estivesse terrivelmente insegura sobre Deus, mas sentia-me feliz trabalhando em sua casa.[15]

Por ser honesta em questões de dúvida e descrença, Madeleine cria espaços para que outros sejam honestos e expressem suas lutas pessoais. Por meio de seus escritos, ela muitas vezes me deu apoio em tempos de fraqueza. "Com meu intelecto puro e simples não posso crer em Deus", confessa ela. Essas onze palavras resolutas muitas vezes repercutem em minha hesitante confissão. "Meu intelecto", escreve ela, "está convencido de que qualquer idéia sobre a continuação e o crescimento de alguém após a morte é absurda. A lógica não vai além do pó que volta ao pó". Mas nem tudo está perdido. Há um outro meio para ela — e para mim — de encontrar esperança: "Imagens, no sentido literário do termo, me levam muito mais longe".[16]

A descoberta de Deus no mistério

Na tentativa de resolver o problema de quem é Deus, Madeleine desafia a idéia que muitos de nós alimentamos, pelo menos de modo subconsciente, acreditando que Deus se *localiza* lá longe, fora do espaço, além dos confins do universo. Essa mesma idéia contribui para a descrença, e as palavras dela são úteis àqueles para quem Deus é distante e inatingível.

[15] Madeleine L'Engle, *Circle of Quiet*, p. 34, 35, 57.
[16] Idem, p. 41.

Se eu pensar que Deus está lá longe, não funciona. [...] Retrocedendo aos tempos em que era possível crer que este planeta era o centro de tudo, que o Sol e a Lua e as estrelas pendiam do céu unicamente para nosso bem, era bastante possível pensar em Deus como nosso Criador, lá longe. [...] Com demasiada freqüência temos pensado em Deus como estando *fora* do universo, criando-nos e observando o que acontece conosco, preocupado, mas lá longe. Quando, porém, contemplo a vastidão do céu noturno numa noite clara e fria, Deus lá longe não funciona. Lá longe é longe *demais*. Deus se torna demasiado remoto. [...]

Segundo as Escrituras, Deus está na Criação e faz parte dela; caminhando e conversando com Adão e Eva, saindo com Abraão para ver as estrelas, lutando com Jacó.

E como a mais gloriosa demonstração possível de Deus *na* Criação e *participando dela*, Deus veio até nós em Jesus de Nazaré, participando plenamente de nosso processo humano de nascimento e morte e oferecendo-nos a gloriosa Páscoa.[17]

Um Deus de mistério

É por meio da literatura e da arte — por meio das percepções estéticas — que nós muitas vezes nos aproximamos de Deus o máximo possível. Um toque de humor muitas vezes ajuda. Em seu livro *Circle of Quiet* [Círculo de quietude], Madeleine repete a história de Dorothy Sayers sobre um senhor japonês que educadamente escuta um cristão que está tentando explicar o conceito da Trindade. O senhor japonês está intrigado: "Venerável Pai, tudo bem. Venerável Filho, tudo bem. Venerável Pássaro eu simplesmente não entendo". Madeleine prossegue comentando:

> Muito poucos de nós entendemos o Venerável Pássaro, exceto para reconhecer que sem seu poder e graça absolutamente nada seria escrito, pintado ou composto. Dizer qualquer coisa além disso sobre o processo criativo é como arrancar as pétalas de uma flor a fim de analisá-la, e terminar destruindo a flor.[18]

Em seus escritos, Madeleine procura desvendar o mistério de Deus. "Suas histórias", escreve Donald Hettinga, "são as respostas a esse Deus de Mistério. As perguntas dela não são perguntas oportunas; elas exploram a realidade, testemunham sua fé — são perguntas sobre a natureza de Deus e a natureza do mal, perguntas sobre

[17] Madeleine L'Engle, *A Stone for a Pillow*, p. 86.
[18] Idem, *Circle of Quiet*, p. 50.

o amor e perguntas sobre a dor". Para Madeleine, porém, essas perguntas ficam sem respostas: "As perguntas que valem a pena não têm respostas". Para ela o Deus que conhecemos está sempre justaposto ao Deus que desconhecemos:

> O mistério é tremendo, e o fascínio que sempre me faz voltar às perguntas afirma que vale a pena fazê-las e que qualquer Deus no qual vale a pena crer não é apenas o Deus das imensidões das galáxias [...] mas também o Deus do amor que se preocupa com nosso sofrimento de seres humanos e está aqui, conosco, para nós, em nossa dor e em nossa alegria.[19]

Peregrina do riacho Tinker

Algum tempo atrás, enquanto me recuperava de uma pequena cirurgia, ouvi uma leitura gravada do livro de Annie Dillard que ganhou o prêmio Pullitzer: *Pilgrim at Tinker Creek* [Peregrina em Tinker Creek]. O livro estivera ocupando espaço em minha estante sem ser lido. Eu o começara alguns anos antes, mas sou muito apressada, e esse é um livro que não pode ser lido às pressas. Assim, acamada, impossibilitada de me sentar para ler, ouvi sem pressa alguma as palavras de Annie.

Identifico-me com ela de muitas maneiras. Poucos meses separaram nossas datas de nascimento. Ela tem seu riacho Tinker; eu tenho meu Yellow River. O dela é um riacho que corre por um vale das Montanhas Azuis da Virgínia; o meu é um rio que corre pelas florestas e pelos prados de uma fazenda de 200 acres onde cresci, no norte de Winsconsin. Eu amava aquele rio em todas as estações e passei inúmeras horas observando seus movimentos, as melodias e os ritmos, suas formas, os matizes e o temperamento. Eu era criança naquela época. Hoje moro muito longe daquele rio. Mas Annie me leva de volta a um mundo que naquele tempo eu só percebia vagamente, um mundo que agora ficou para trás. Voltando àquele mundo, vejo mais com maior clareza através dos olhos dela não apenas a natureza, mas também a natureza humana — e mais que isso, vejo sinais de Deus, sinais que atingem nossos sentidos o tempo todo ao longo das margens do riacho Tinker. Aqui estão algumas das palavras delas que eu ouvi enquanto convalescia:

> O céu é profundo e distante, rendado por galhos de sicômoro formando tracejados de espadas cruzadas. [...] Minhas costas repousam numa margem íngreme debaixo

[19] Citado em Donald. R. HETTINGA, *Presenting Madeleine L'Engle*, p. 19.

do sicômoro; diante de mim brilha o riacho [...] e acima dele eleva-se a outra margem, também íngreme, e coberta por árvores.

Nunca entendi por que tantos místicos de todos os credos sentem a presença de Deus no alto das montanhas. Eles não têm medo de ser carregados pela ventania? [...] Muitas vezes parece mais gostoso ficar numa posição inferior, sem aparecer, em vez de exibir seu espírito por aí em lugares altos feito um pára-raios. [...] A invisibilidade é o grande "esconderijo" de todos os tempos. [...] E nós somos tão vulneráveis. Nosso corpo está infectado de mortalidade. [...] É por isso que a coragem física é tão importante — ela preenche, por assim dizer, os vazios — e é tão revigorante. [...] A coragem das crianças e dos animais é uma função da inocência. [...]

Quando perdemos a inocência — quando começamos a sentir o peso da atmosfera e aprendemos que há morte na cumbuca — nós abandonamos os sentidos. Apenas as crianças conseguem ouvir a canção do camundongo macho. Apenas as crianças mantêm os olhos abertos.[20]

Uma infância norte-americana

Annie cresceu em Pittsburgh — um meio muito diferente do contexto rural em que cresci. Mas nossa formação espiritual foi parecida. Ela conta que participava com sua irmã de um acampamento bíblico todos os verões: "Se nossos pais tivessem sabido como esse acampamento era piegas e vulgar, eles nos teriam arrancado de lá", escreve ela. As crianças todas cantavam "exuberantes hinos", oravam e aprendiam versículos das Escrituras, e isso a fez guardar na cabeça "quilômetros de Bíblia decorada".

"Eu tinha religião nesse acampamento religioso", lembra ela, mas o tempo cobrou seu tributo. "À medida que os anos foram passando, os intervalos que separavam os acampamentos de julho foram ficando mais longos", e nos intervalos estavam todas as atrações do mundo. "Quando eu tinha quinze anos, senti que algo estava prestes a acontecer; agora eu tinha dezesseis, e aconteceu. [...] Eu era o que chamavam de fio desencapado. Espalhava faíscas que iam cavando um fosso ao meu redor, e eu me afundava nesse buraco."[21]

A partir desse ponto, a vida dela começou a desemaranhar-se: "Deixei a igreja. Escrevi uma carta cruel ao ministro". Exatamente nessa época ela lutava com

[20] Annie Dillard, *Pilgrim at Tinker Creek*, p. 89-90.
[21] Idem, *An American Childhood*, p. 132-133, 222, 224.

a pergunta que continuaria a assombrá-la: "Se o criador todo-poderoso dirige o mundo, então por que todo este sofrimento?". Mas na maioria suas lutas eram menos filosóficas.

> Engraçado como eu me dera mal. [...] Acordei e descobri que estava num juizado de menores, apoiada em muletas. Durante algumas semanas depois do racha minhas pernas não me agüentavam. [...]
>
> Eu fora suspensa da escola por fumar. [...] Meus pais choravam. [...] Por que eu não me acalmava, não endireitava, não tomava jeito? Eu também queria saber. [...]
>
> Uma noite, já tarde, meus pais e eu nos sentamos à mesa da cozinha. Houve uma trégua. Estávamos todos desolados, e eu cansada de brigar. [...]
>
> "Que vamos fazer com você?"
>
> A mãe levantou essa pergunta. Sua voz tremia e aumentava com a emoção. [...]
>
> Ela suspirou e voltou a dizer, olhando para o alto da noite negra pela janela: "Santo Deus, o que vamos fazer com você?". Meu coração sentiu pena deles. Parecia que todos nós havíamos esgotado nossas opções. Pediram-me idéias novas, mas eu não tinha nenhuma. Vasculhei o cérebro, mas não consegui encontrar nada. A Marinha dos Estados Unidos não aceitava garotas de dezoito anos.[22]

Uma filósofa junto ao riacho Tinker

Desde aquela época Annie cresceu e hoje tem algumas das percepções mais lúcidas sobre a crença e a descrença que já conheci. E algumas de suas percepções não são percepções — são simplesmente exposições de fatos. Eu concluí o Capítulo 10 com as reflexões dela sobre a dor e o sofrimento — uma questão que a preocupa desde a adolescência. Seu veredicto: "Precisamos que nos lembrem não do que Deus pode fazer, mas do que ele não pode fazer, ou não fará, que é segurar o tempo em sua queda livre e enfiar um tostão de sentido em nossos dias".[23]

É do humor de Annie que eu mais gosto. Com demasiada facilidade os cristãos — e a igreja que é feita de cristãos — levam-se a si mesmos e a seus atos demasiado a sério. Como devemos parecer tolos aos olhos de Deus — e me refiro a todos nós, não apenas àqueles que estão pondo em prática o dom do "riso santo" ou ao pastor que faz malabarismos a fim de levantar fundos para comprar uma nova *van* da

[22] Idem, p. 233-236.
[23] Annie Dillard, *Holy the Firm*, p. 61.

"igreja". Todos parecemos tolos. Precisamos examinar a nós mesmos e nossas débeis tentativas de entrar em contato com Deus. E aquilo que é realmente débil, sublinha Annie, pode realmente conectar-nos com o coração de Deus de modo mais eficaz do que aquilo que é tão polido e profissional. Uma de suas histórias ilustra isso muito bem:

> Recebemos certa ocasião uma cantora lamentável, proveniente de uma congregação canadense, uma loira enorme, de cabelo "decepado" e ombros largos, que usava óculos coloridos e um longo vestido rendado, e cantava, sorrindo, ao som de um acompanhamento hesitante, uma canção inteiramente secular sobre montanhas. Nada poderia ter deixado mais claro do que aquilo que Deus amava aquela garota; nada poderia ter-me convencido mais da infinita misericórdia divina do que a existência prolongada da igreja sobre a terra.
>
> As igrejas cristãs mais altas — onde me encaixo eu, se é que me encaixo nalgum lugar —apresentam-se a Deus com um ar de profissionalismo indevido, com autoridade e pompa, como se soubessem o que estão fazendo, como se as pessoas em si fossem um conjunto apropriado de criaturas para interagir com Deus. Eu muitas vezes penso nos textos litúrgicos prescritos como certas palavras que as pessoas conseguiram dirigir a Deus sem serem fulminadas por ele. Nas igrejas altas eles se movimentam durante a liturgia como índios em volta de um cadafalso, tendo esquecido há muito tempo o risco que correm. Se Deus fulminasse tal serviço e o reduzisse a pó, creio que a congregação se sentiria genuinamente chocada. Mas nas igrejas baixas você espera que isso aconteça a cada minuto. Esse é o começo da sabedoria.[24]

Annie capta a continuidade da história e nosso lugar nela perante Deus tão bem quanto qualquer autor que conheço. Sou historiadora mais do que por profissão: não consigo pensar separada da história. Sem a história não haveria futuro, nem fé, nem Deus. Os textos e o pensamento de Annie estão impregnados de um senso de história — história sagrada que aparece em roupas muito batidas:

> Uma vaga sensação de romance prende-se às idéias que temos sobre "publicanos", "pecadores", "os pobres", "as pessoas no mercado", "nosso próximo", como se Deus naturalmente devesse revelar-se , se é que vai se revelar, a essas pessoas simples, essas

[24] Idem, p. 58-59.

> figuras de aquarelas dos livros da escola dominical, que são tão puramente elas mesmas em suas túnicas esfarrapadas, que são singulares em si mesmas, ao passo que nós somos vários, complexos e, no fundo, satisfeitos. Somos ocupados. Assim, percebo agora, também foram eles. Quem subirá ao monte do Senhor? Quem há de permanecer em seu santo lugar? Não há ninguém a não ser nós. [...] Nunca houve. Houve gerações que lembraram e gerações que esqueceram; nunca houve uma geração de homens e mulheres íntegros que viveram bem sequer por um só dia. No entanto, alguns imaginaram bem, com honestidade e arte, os detalhes de uma vida assim e a descreveram com tal graça que nós confundimos a visão com a história, o sonho com a descrição e imaginamos que a vida decaiu.[25]

"No entanto, alguns imaginaram bem", escreve ela, "com honestidade e arte" em especial "artistas e visionários". Essas três mulheres — Kathleen, Madeleine e Annie — são artistas e visionárias que imaginaram bem. Elas falam de suas experiências por meio de histórias que têm uma qualidade universal, histórias que despertam a curiosidade espiritual naqueles cujos sentidos se entorpeceram devido a argumentos racionais e explicações complexas. Elas abandonaram a fé de sua infância e voltaram com percepções novas, sempre conscientes de sua vulnerabilidade. Elas estão lutando para ver sentido na vida, sentido na fé, sentido no reino de Deus neste mundo. Sua luta e seu desafio são os meus, e elas me estimulam a avançar na peregrinação da fé.

[25] Idem, p. 56-57.

Pós-escrito

Ao fechar este volume, concluo com a frase de abertura: "Senhor, eu creio". Posso dizer essa frase com confiança, mas nunca vou excluir as palavras retraídas que vêm depois: "Ajuda a minha incredulidade". Essa confissão em sete palavras não sugere que minha fé é provisória — de fato, precisamente o contrário. Confiante eu declaro minha fé, enquanto reconheço, humilde, minha dependência de Deus. A segunda metade da confissão não é igual à primeira parte; é antes um qualificativo. Em nada subtrai a força da afirmação "Senhor, eu creio". De fato, eu acredito que acrescenta alguma coisa. Reconhece que, sem a *ajuda* do Senhor, minha fé é totalmente insuficiente. Reconhece que minha fé não se apóia em minha capacidade de crer.

É uma lástima que essa citação seja evocada na maioria das vezes em discussões da fé que hesita, ou cambaleia, ou fraqueja. É citada em todos os livros sobre a dúvida, mas raras vezes aparece em obras que celebram o poder da fé. No entanto, ela deveria fazer parte de nosso modo de pensar — se não de nossas palavras — em cada declaração de fé que fazemos.

Como cristã eu confesso, juntamente com a igreja ao longo dos séculos, o Credo dos Apóstolos. Mas quer me parecer que até mesmo essa vigorosa declaração de fé deveria incluir um humilde reconhecimento de nossa propensão à descrença — e nossa necessidade de ajuda.

> Creio em Deus Pai, Todo-Poderoso,
> Criador do céu e da terra.

Senhor, ajuda a minha incredulidade.

> E em Jesus Cristo, seu único Filho, nosso Senhor:
> o qual foi concebido por obra do Espírito Santo.
> Nasceu da Virgem Maria,

padeceu sob o poder de Pôncio Pilatos,
foi crucificado, morto e sepultado,
desceu ao mundo dos mortos;
ressuscitou ao terceiro dia,
subiu ao céu,
e está sentado à direita de Deus Pai todo-poderoso,
de onde virá para julgar os vivos e os mortos.

Senhor, ajuda a minha incredulidade.

Creio no Espírito Santo:
na santa Igreja Cristã;
na Comunhão dos Santos;
na remissão dos pecados;
na ressurreição do corpo;
e na Vida eterna.

Senhor, ajuda a minha incredulidade. Amém.

Bibliografia

Altizer, Thomas J. J. (org.) *Toward A New Christianity: Readings in the Death of God Theology.* New York: Harcourt, Brace & World, 1967.

Babinski, Edward T. *Leaving the Fold: Testimonies of Former Fundamentalists.* Amherst, New York: Prometheus, 1995.

Barker, Dan. *Losing Faith in Faith: From Preacher to Atheist.* Madison, Wis.: FFRF, 1992.

Bavinck, J. H. *The Church Between Temple and Mosque.* Grand Rapids, Mich.: Eerdmans, 1981.

_________. *Faith and Its Difficulties.* Trad. por Wm. B. Eerdmans Sr. Grand Rapids, Mich.: Eerdmans, 1959.

Bainton, Roland H. *Here I Stand: A Life of Martin Luther.* New York: New America Library, 1963.

Berger, Peter. *A Far Glory: The Quest for Faith in an Age of Credulity.* New York: Macmillan, 1992.

Blakney, Raymond Bernard. *Meister Eckhart: A Modern Translation.* New York: Harper & Brothers, 1941.

Borg, Marcus. *Meeting Jesus Again for the First Time.* San Francisco: HarperCollins, 1994.

Bouwsma, William J. *John Calvin: A Sixteenth-Century Portrait.* New York: Oxford University Press, 1988.

Boyd, Gregory A. *Letters from a Skeptic.* Wheaton, Ill.: Victor, 1994.

Brown, Colin. *Philosophy and the Christian Faith.* Downers Grove, Ill.: InterVarsity Press, 1968.

_________. "The Ascent of Man", em *Eerdmans' Handbook to the History of Christianity*, org. Tim Dowley, Grand Rapids, Mich.: Eerdmans, 1977.

Brown, Robert McAfee. *Is Faith Obsolete?* Philadelphia: Westminster Press, 1974.

Buechner, Frederick. *Telling Secrets: A Memoir.* San Francisco: HarperCollins, 1991.

Bulgakov, Sergei. citado em *Pilgrim Souls: An Anthology of Spiritual Autobiographies*, org. Amy Mandelker & Elizabeth Powers. New York: Simon & Schuster, 1999.

Cali, Grace. *Paul Tillich First-Hand: A Memoir of the Harvard Years.* Chicago: Exploration, 1996.

Clark, Kelly James. *When Faith Is Not Enough.* Grand Rapids, Mich.: Eerdmans, 1997.

Clift, Wallace B. *Jung and Christianity: The Challenge of Reconciliation.* New York: Crossroad, 1982.

Cruz, João da. *Noite Escura.* São Paulo: Vozes, 2008.

Dembski, William A. *Intelligent Design: The Bridge Between Science and Theology.* Downers Grove, Ill.: InterVarsity Press, 1999.

DILLARD, Annie. *An American Childhood.* New York: HarperCollins, 1987.

___________. *Holy the Firm.* New York: Harper & Row 1977.

___________. *Pilgrim at Tinker Creek.* San Francisco: Harper & Row, 1974.

DOSTOIÉVSKI, Fiódor. *Os irmãos Karamazov.* [Há várias traduções para o português.]

DURANT, Will. *The Story of Philosophy.* New York: Washington Square Books, 1964. [Há várias traduções para o português disponíveis em sebos.]

DE VRIES, Peter. *The Blood of the Lamb.* Boston: Little, Brown, 1961.

___________. *Slouching Towards Kalamazoo.* Boston: Little, Brown, 1983.

DOW, Thomas Edward. *When Storms Come.* Kitchener, Ontario: Thomas Dow, 1995.

ENDO, Shusako. *Silence.* Trad. para o inglês por William Johnston. New York: Taplinger, 1980.

EUSEBIUS, *História eclesiástica.* São Paulo: Fonte Editorial, 2005.

EVANS, C. Stephen. *Faith Beyond Reason: A Kierkegaardian Account.* Grand Rapids, Mich.: Eerdmans, 1998.

FITZGERALD, Sally & Robert. *Flannery O'Connor: Mystery and Manners.* New York: Farar, Straus & Giraux, 1969.

FORD, Michael. *Wounded Prophet: A Portrait of Henri J. M. Nouwen.* New York: Doubleday, 1999.

FRADY, Marshall. *Billy Graham: A Parable of American Righteousness.* Boston: Little, Brown and Company, 1979.

FRANKLIN, R. W. (org.) *The Poems of Emily Dickinson.* 3 vols. Cambridge, Mass.: Harvard University Press, 1996.

FRY, Christopher. *A Sleep of Prisoners.* London: Oxford University Press, 1951.

GALLAGHER, Fr. Michael Paul. *Help My Unbelief.* Chicago: Loyola University Press, 1988.

GARDNER, Martin. *The Flight of Peter Fromm.* Amherst, New York: Prometheus, 1994.

GASKIN, J. C. A. *Varieties of Unbelief: From Epicurus to Sartre.* New York: Macmillan, 1989.

GAYLOR, Annie Laurie (org.) *Women Without Superstition. "No Gods — No Masters": The Collected Writings of Women Freethinkers of the Nineteenth and Twentieth Centuries.* Madison, Wis.: FFRF, 1997.

GRAY, Meredith. *Mother: Tributes from the World's Great Literature*, org. Lois M. Notkfin. New York: Samuel Curl, 1943.

HABERMAS, Gary R. *The Thomas Factor: Using Your Doubts to Draw Closer to God.* Nashwille: Broadman, 1999.

HARKNESS, Georgia. *The Dark Night of the Soul.* Nashville: Abingdon-Cokesbury, 1945.

HELM, Paul. *Faith and Understanding.* Grand Rapids, Mich.: Eerdmans, 1997.

HENRY, Marie. *The Secret Life of Hannah Whithall Smith.* Grand Rapids, Mich.: Zondervan, 1984.

HERRICK, Jim. *Against the Faith: Essays on Deists, Skeptics and Atheists.* Buffalo: Prometheus, 1985.

HETTINGA, Donald R. *Presenting Madeleine L'Engle.* New York: Twayne, 1993.

HIGH, Stanley, *Billy Graham.* London: The World's Work, 1957.

HOLMES, Marjorie. *Who Am I God?* New York: Bantam, 1971.

HUNSBERGER, George R. *Bearing the Witness of the Spirit: Lesslie Newbigin's Theology of Cultural Plurality*. Grand Rapids, Mich.: Eerdmans, 1998.

HUNSBERGER, George & GELDER, Graig Van, org.. *The Church Between Gospel and Culture*, Grand Rapids, Mich.: Eerdmans, 1996.

JOHNSON, A. Wetherell. *Created for Commitment*. Wheaton, Illinois: Tyndale House, 1982.

KLASSEN, William. *Judas: Betrayer or Friend of Jesus?* Minneapolis: Fortress, 1996.

KUSHNER, Harold S. *Quando coisas ruins acontecem às pessoas boas*. São Paulo: Nobel, 1998.

LARSEN, David L. *The Company of the Creative: A Christian Reader's Guide to Great Literature and Its Themes*. Grand Rapids, Mich.: Kregel, 1999.

L'ENGLE, Madeleine. *A Circle of Quiet*. San Francisco: Harper & Row, 1972.

_______. *A Stone for a Pillow*. Wheaton, Ill.: Harold Shaw, 1986.

LEWIS, C. S. *God in the Dock: Essays on Theology and Ethics*, org. por Walter Hooper. Grand Rapids, Mich.: Eerdmans, 1970.

________. *Surprised by Joy*. New York: Harcourt Brace, 1955.

LISIEUX, Thérèse. *The Autobiography of Saint Thérèse de Lisieux: The Story of a Soul*, tr. John Beevers. New York: Doubleday, 1989.

LIVINGSTONE, W. P. *Mary Slessor of Calabar: Pioneer Missionary*. London: Hodder & Stoughton, 1915.

LOCKERBIE, D. Bruce. *Dismissing God: Moderns Writers' Struggle Against Religion*. Grand Rapids, Mich.: Baker, 1998.

LUNDIN, Roger. *Emily Dickinson and the Art of Belief*. Grand Rapids, Mich.: Eerdmans, 1998.

MARTY, Martin. *A Cry of Absence: Reflections for the Winter of the Heart*. Grand Rapids, Mich.: Eerdmans, 1997.

_________. *Varieties of Unbelief*. New York: Holt, Rinehart & Winston, 1964.

MILES, Austin. *Don't Call Me Brother: A Ringmaster's Escape from the Pentecostal Church*. Buffalo: Prometheus, 1989.

MILES, Jack. *God: A Biography*. New York: Random House, 1995.

MILLER, Elmer S. *Nurturing Doubt: From Mennonite Missionary to Anthropologist in the Argentine Chaco*. Urbana: University of Illinois, 1995.

MONTGOMERY, Helen Barrett. *Helen Barrett Montgomery: From Campus to World Citizenship*. New York: Revell, 1940.

MULLER, Richard A. *The Study of Theology*. Grand Rapids, Mich.: Zondervan, 1991.

_________. *Dictionary of Latin and Greek Theological Terms*. Grand Rapids, Mich.: Baker, 1985.

NELSON, Rudolf. *The Making and Unmaking of an Evangelical Mind: The Case of Edward Carnell*. New York: Cambridge University Press, 1987.

NORRIS, Kathleen. *Amazing Grace: A Vocabulary of Faith*. New York: Riverhead, 1998.

_________. *Dakota: A Spiritual Geography*. New York: Ticknor & Fields, 1993.

O'CONNOR, Flannery. *The Habit of Being*, org. por Sally Fitzgerald. New York: Farrar, Straus & Giroux, 1979.

PALMER, Parker. *The Courage to Teach*. San Francisco: Jossey-Bass, 1998.

PERCY, Walker. *The Second Coming*. New York: Farrar, Straus & Giroux, 1980.

PHILIP, H. L. *Freud and Religious Belief*. Westport: Conn.: Greenwood, 1956.

PRUYSER, Paul. *Between Belief and Unbelief*. New York: Harper & Row, 1974.

SALVATERA, D. L. "Thomas Merton", em *Dictionary of Christianity in America*, org. Daniel G. Reid, Downers Grove, Illinois: InterVarsity Press, 1990.

SCHAEFFER, Frank. *Portofino*. New York: Macmillan, 1992.

SHANNON, William H. *Thomas Merton's Dark Path: The Inner Experience of a Contemplative*. New York: Farrar, Straus & Giroux, 1981.

SHAW, Luci. *God in the Dark: Through Grief and Beyond*. Grand Rapids, Mich.: Zondervan, 1989.

SMITH, David L. *A Handbook of Contemporary Theology*, Wheaton, Ill.: Victor, 1992.

SMITH, Huston. *Why Religion Matters: The Fate of the Human Spirit in an Age of Disbelief*. San Francisco: HarperCollins, 2001.

STROBEL, Lee. *Em defesa de Cristo*. São Paulo: Vida, 2001.

_________. *Em defesa da fé*. São Paulo: Vida, 2002.

STRONG, Augustus Hopkins. *American Poets and Their Theology*. Freeport, New York: Books for Libraries Press, 1968.

TEMPLETON, Charles. *Farewell to God: My Reasons for Rejecting the Christian Faith*. Toronto: McClelland & Stewart, 1996.

TILLICH, Paul. *The Protestant Era*. London: Nisbet, 1951.

VERKUYL, J. *Contemporary Missiology: An Introduction*. Grand Rapids, Mich.: Eerdmans, 1978.

VITZ, Paul C. *Faith of the Fatherless: The Psychology of Atheism*. Dallas: Spence, 1999.

WEIL, Simone. *A Spiritual Autobiography*, em *Pilgrim Souls: An Anthology of Spiritual Autobiographies*, org. Amy MANDELKER & Elizabeth POWERS. New York: Simon & Schuster, 1999.

WEHR, Gerhard. *Jung: A Biography*. Trad. para o inglês por David M. Weeks. Boston: Shambhala, 1987.

WHITE, Elizabeth Wade. *Anne Bradstreet: "The Tenth Muse"*. New York: Oxford University Press, 1971.

WOLTERSTORFF, Nicholas. *Lament for a Son*. Grand Rapids, Mich.: Eerdmans, 1987.

YANCEY, Philip. *Decepcionado com Deus: Três perguntas que ninguém ousa fazer*. São Paulo: Mundo Cristão, 1990.

_________. *Reaching for the Invisible God: What Can We Expect to Find?* Grand Rapids, Mich.: Zondervan, 2000.

Compartilhe suas impressões de leitura escrevendo para:

opiniao-do-leitor@mundocristao.com.br

Acesse nosso *blog*: www.mundocristao.com.br/blog

Diagramação: Assisnet Design Gráfico
Gráfica: Imprensa da Fé
Papel: Chamois fine dunas 67g (miolo)
Papel: Cartão enzo coat 250/gm² (capa)